# BUBBLEBALL

## INSIDE THE NBA'S FIGHT TO SAVE A SEASON

BEN GOLLIVER

# NBAの対コロナ作戦

## バブル方式顛末記

ベン・ゴリヴァー 著
小林玲子 訳

河出書房新社

# NBAの対コロナ作戦——目　次

祖母とすべての図書館司書たちに
母とすべての教員たちに

# ＮＢＡの対コロナ作戦　バブル方式顚末記

ウォルト・ディズニー・ワールドのコロナド・スプリングス・リゾート、カシータ・ホテル４号棟。３か月以上におよんだ2020年のNBAバブル計画の期間中、メディア関係者の自宅だった。

７月にオーランドのNBAバブルへ出発する前、バスケットボールをテーマにした、新型コロナウイルス感染症対策仕様の服に身を包んだ著者。

NBA がアリーナに設置した仮設のステーション。選手と世界各地のメディア関係者が参加する、試合後のバーチャルの記者会見に使われた。

ベテランの審判、スコット・フォスター（右）は、ピックルボールをバブル屈指の人気アクティビティにした。

シラサギの「マイキー」を追ってコロナド・スプリングス・リゾートを歩く。バブルで暮らした長い夏の日々、いちばん楽しい自由時間だった。

シーズン中の2020年３月11日にコロナ陽性が判明したユタ・ジャズのセンター、ルディ・ゴベア、復帰してバブルの公式戦初得点を決める。

チームはコロナド・スプリングス・リゾートのコンベンション・センターの宴会場で練習した。

ミルウォーキー・バックスとヒューストン・ロケッツの面々、警察の暴力に対する集団的デモンストレーションの一環として、国歌演奏のあいだ膝をつく。

スペース的な問題のため、VISA センターのメディア関係者席は、現代の NBA 記者にはこれ以上望めないほどコートに近かった。

レブロン・ジェームズの試合後の記者会見をのぞきこむロサンゼルス・レイカーズのスター、アンソニー・デイヴィス。

メディアに応対するスターリング・ブラウン（前列左）とジョージ・ヒル（前列右)。ウィスコンシン州ケノーシャで起きた警察によるジェイコブ・ブレイクへの発砲事件に抗議するため、ミルウォーキー・バックスは試合出場を見送っていた。

深夜の抗議デモ。10名を超える活動家たちがサレイシス・メルヴィンの射殺に関わった警官たちの逮捕を求めて、チャーターバスを止める。バスはESPNワイド・ワールド・オブ・スポーツ・コンプレックスからコロナド・スプリングス・リゾートへ、メディア関係者を運んでいるところだった。

ジャマール・マレー、コーチのマイケル・マローンに水をかけて祝福。デンヴァー・ナゲッツは1勝3敗と先行されてから巻き返し、1回戦でユタ・ジャズを破った。

フィラデルフィア・セブンティシクサーズのジョエル・エンビード、プレーオフでボストン・セルティックスに苦い黒星を喫して厳しい表情を見せる。

ディズニー・ワールド近く、ESPNワイド・ワールド・オブ・スポーツ・コンプレックス内のアドヴェントヘルス・アリーナ。2020年のNBAファイナルはここで開催された。

NBA ファイナルの期間中、ロサンゼルス・レイカーズのレブロン・ジェームズをはじめとする選手たちは、簡素なステージの上から、ソーシャルディスタンスを保ったバーチャルの記者会見を行なった。

メディア関係者にシャンパンをかけて4度目のチャンピオンシップ制覇を祝うジェームズ。

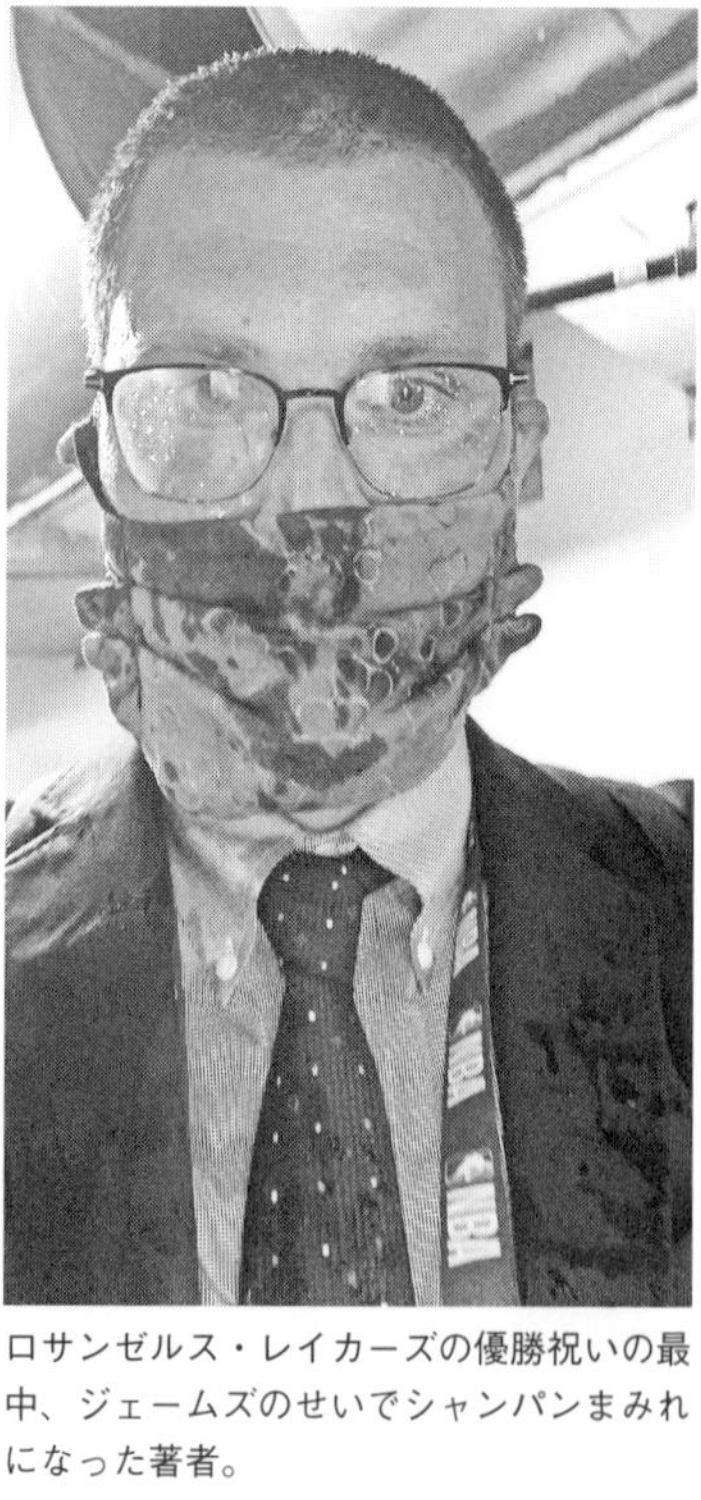

ロサンゼルス・レイカーズの優勝祝いの最中、ジェームズのせいでシャンパンまみれになった著者。

# 第1章　ようこそバブルへ

まぶしさに目を細め、すっかり癖になった警戒心を発揮しながら、わたしはフロリダ州中部の太陽のもとへと慎重に踏みだした。

ふつうの状況でも、わたしの行く手は少々刺激が強すぎるほどだった。ディズニー・ワールドの敷地内には背の高いヤシの木が立ちならび、あざやかな南国の花が咲いている。小さな爬虫類が足首にまとわりつき、青い湖の緑ゆたかな岸辺からシラサギが飛びたつ。

だがこのたびは、今まで生きてきたなかで最も異様な状況だった。警備員に一挙一動を見張られている。公共の場ではつねにマスクをして、IDカードを携帯するのが決まりだ。貸与されたキネクソン社の接近アラームは、うっかり誰かに近づきすぎると煙感知器のように警告音をたてる。先日受けた安全についての詳細なレクチャーによると、わたしの行動範囲はコロナド・スプリングス・リゾートの一角にかぎられ、はじめは散髪に行くのも、ホテルのギフトショップに行くのも不可、車で外出したり近隣のアトラクションを訪れたりするのは論外だった。

こうした容赦ない制限はディストピア小説そのものだが、いっぽうで自分がバスケットボールの楽園に足を踏みいれたことはすぐわかった。数分のうちにNBAの選手、輝かしい経歴を誇るエグゼクティブ、著名な審判とすれ違った。みんな水辺をそぞろ歩いたり、「ループ」と呼ばれるシンプルな楕円形の道をウォーキングしたり、湖の中央で合流する三本の橋で釣りをしたりしている。選手のおもな宿泊先、グラン・デスティノ・タワーは、わたしのIDカードで入場が許される区域のすこしだけ先にそびえ立っている。

NBAのチーム、ユタ・ジャズでシューティングガードのポジションを務め、オールスターゲームにも出場しているドノヴァン・ミッチェルが、蒸し暑くてあわただしいこの新世界へ、わたしを正式に迎えてくれた。「ようこそバブルへ」

わたしの心の中では、この場にやってくることができた喜びと緊張感がないまぜになっていた。まだ手さぐりの状況だ。そして、すこしハイになっていたかもしれない。

ここ一週間というもの、クイーンサイズのベッド二台、長いテーブル、大画面のテレビが置かれ、シンプルな浴室がついたホテルの部屋にがっちり隔離されていた。一日一回、数分だけフロントポーチに出ることが許されたが、それは白衣を着た医療関係者に鼻と喉の中をぬぐってもらうためだった。食事はできあいのものが、フェイスシールドと医療用手袋をつけていそがしく働くスタッフの手で、ドアの外に置かれていった。壁の向こうから隣人のたてる音がかすかに聞こえたが、顔なじみになったり、言葉をかわしたりする機会はなかった。部屋のただひとつの窓は開かなかった。来客は禁止されていた。

隔離期間をやり過ごすため、部屋の中を延々と行き来した。浴室に向かって八歩、きびすを返して浴室を背に八歩。毎朝、体温と血中酸素飽和度を測定し、iPhoneのアプリ上で健康状態についての細かいアンケートに回答して、几帳面にヘルスチェックをした。右手首にはNBAのロゴとミッキーマウスがプリントされた「マジックバンド」を巻いた。これがホテルの電子キー兼会場への入場パスで、しかも園内でのわたしの行動をトラッキングするのだ。リアルタイムで体温を検知するため、右手の中指には指輪型の体調管理センサーであるオーラリングをはめた。

長く、何もすることのない午後の時間には、窓の向こうで高々と水を放つ湖の噴水をながめた。もどかしくなるような光景だ。隔離生活のせいですこし調子がおかしくなり、サーカスの演者かリアリティ番組の参加者のような気分になった。ほかにすることがなく、行くところもないので、部屋を行き来する姿を撮影してツイッターに投稿した。ケージの中のハムスターと化した哀れなスポーツジャーナリストの動画は、十万回近く再生された。

SNSで話題になったおかげで、各国のメディアの支局から何十件もインタビューの申し込みがあり、わたしの苦境が多少ネタにされているような気もした。だが、おもしろがるのは理解できた。わたしは「地球上でいちばんハッピーな場所」〔ディズニーのスローガン〕で「囚われの身」になっていたのだ。

囚われの身とはスポーツ番組の司会者が、わたしの置かれた状況について語るときよく口にしたフレーズだったが、必ずしも真実ではなかった。この仕事にはみずから志願したのだ。バスケットボールの熱烈なファンとして、NBAの大胆かつ前代未聞のシーズン再開を、コートサイドでぜひ見届けたかった。勤務先のワシントン・ポストは、わたしが数少ない独立系メディアのひとりとして完全にバブルの中で生活し、仕事をするため、五万ドル超を支払っていた。そして理論上では、いつこの場を去るのも自由だった。ただしディズニー・ワールドにまず入場するため必要とされた金銭、エネルギー、ストレスの量を考えると、途中退場という案はあり得なかったが。

わたしはどのような経緯でこの場にやってきたのか。答えはシンプルだが、ひどく大がかりで、うまく説明するのは難しい。フロリダ州オーランドでの新生活はすべて、二〇二〇年初頭に中国経由でアメリカに新型コロナウイルス感染症が広がったことの結果だった。

二〇二〇年七月十二日にディズニー・ワールドに到着したとき、国内ではコロナによる死者の増加が止まらず、ビジネスは何か月も苦しい状況におかれていた。正式にはＣＯＶＩＤ－19とよばれるこの感染症は、発熱、倦怠感、咳、息苦しさ、節々の痛み、味覚と嗅覚の喪失など幅広い症状を引き起こす非常に危険な感染症で、とりわけ高齢者のような体力のない層はリスクが高く、拡大のスピードは速い。ワクチンが普及するのは何か月も先とされていて、アメリカ政府にはウイルスを叩き、感染拡大を食いとめる決定的なゲームプランがなく、筋の通らない感染防止策を掲げ、見通しを修正し、むなしい希望を与えるだけだった。ドナルド・トランプ大統領は、感染拡大は魔法のように終息するだろうと繰りかえした。

この目に見えない、突然やってきた危険なウイルスはアメリカの人びとを揺さぶり、ビジネスを存亡の危機に追いやった。感染拡大の初期の段階で二千二百万人が職を失い、ＮＢＡとて被害をまぬがれることはできなかった。十年近く経営が順調で、かつ放映権で潤っていたおかげで、コロナ以前のＮＢＡは年間八十億ドルの収益をあげていた。それが二〇二〇年三月十一日、選手ひとりの未知のウイルス感染が確定するやいなや、各地のアリーナを閉鎖し、無期限でシーズンを中断せざるを得なくなったのだ。「われわれの収益は実質ゼロになった」と、ＮＢＡのコミッショナーを務めるアダム・シルヴァーは、四月十七日の電話会議で認めた。

シルヴァーが就任してからの六年間で最も憂うつな発言をした約三か月後、二十二チームの三百五十人近い選手たちがディズニー・ワールドに到着した。綿密に計画を練り、リーグとＮＢＡ選手会が話しあいを重ねたすえ、パンデミックに対抗する抜本的かつ大胆な解決策が生まれていた。それは外部との接触を厳しく制限し、徹底した感染対策をとることで、数百試合を「バブル」の中で行なうというものだった。世の中から遮断された状態でレギュラーシーズンをまっとうし、プレーオフを開催しようとしていたのだ。

理論上ではその計画は筋が通っていたが、バスケットボールはコロナに対してとりわけ脆弱だった。専門家もまだウイルスの感染経路を把握しきれていなかったが、室内で集まるのはリスクが高く、密に接触する状況を避けなければいけないのはわかりはじめていた。言うまでもなく、バスケットボールは室内で行なうフルコンタクトスポーツだ。ひとりの選手が感染に気づかず試合に出てしまったら、チームメイト、コーチ、相手チームの選手、審判、場合によってはメディア関係者まで容易に感染リスクにさらされる。

だがNBAはテレビ放映による収益を確保しつつ、優勝決定戦をなんとしても開催する気で、わたしもその成否をぜひとも見届けたいと思っていた。

ナイキ本社のお膝元であるオレゴン州ビーヴァートンで育ったわたしは、マイケル・ジョーダンを起用した宣伝を絶えず目にし、リップ・シティことポートランド・トレイルブレイザーズが一九九〇年と一九九二年にNBAファイナルに進出したおかげで、幼いころからバスケットボールに夢中だった。二〇〇七年にNBA担当記者になってからは、リーグのスケジュールにそって生活を組みたて、クリスマスゲームの記事を書き、春になるとプレーオフの取材のため出張し、夏の終わりの暑い日々に短い休暇をとった。

一週間にだいたい五本のバスケットボール関係の記事を書き、五本のバスケットボール関係のポッドキャストに出演した。アリーナが閉鎖されて電気が消えると、わたしの人生も真っ暗になった。自宅で過ごす安らぎを手ばなし、プライベートな医療情報を渡さなければいけないにしても、二〇一九〜二〇年のシーズンを彩るビッグネーム、すなわちレブロン・ジェームズ、カワイ・レナード、ヤニス・アデトクンボのタイトル争いが見られるのならまったくかまわなかった。ミルウォーキー・バックス、ロサンゼルス・レイカーズ、LAクリッパーズという三強にはコート上でしか証明できないものがあった。

わたしはシーズンを無事に終えるため、ＮＢＡに求められることならなんでもするつもりだった。ささやかな犠牲だ。

メンフィス・グリズリーズのガード、ジャ・モラントは「こだわりを持たないから」すぐさまバブルでの生活になじんだと言った。クリッパーズのガード、パトリック・ベヴァリーも「バブルは自分しだい」だと言った。わたしはモラントの無理のないアプローチと、ベヴァリーの現実的な考えかたを取りいれてみようとしたが、ここではすべてが予想外で、あてになる前例も、目安になる情報もなかった。

これまでＮＢＡファイナルを九回観戦して記事にしたが、ふだんは高校のトーナメントに使われている会場で、ほぼ観客ゼロの状態で行なわれた試合などひとつもなかった。大勢の選手をインタビューしてきたが、命にかかわる感染症と向きあったことについて、聞くのがつらくなるような詳細を口にした選手は誰もいなかった。千回近い夜をホテルの部屋で過ごしたが、まる一週間の隔離を義務づけられたことなどなかった。

わたしの孤独な軟禁生活は、七日連続で検査結果が陰性だったときに終了し、そのあとは失った時間の埋めあわせに力をそそいだ。どこかに連れてこられたばかりの人間なら誰でもするように、行動が許される範囲を知ろうと、メディア関係者に開放された区域をぐるりと一周する。「カシータ」という名の四階建てのホテルを縫うように歩く。五棟あるスペイン風の建物はシンプルだがいささか俗っぽく、外見も機能も、温暖な地域の大学の学生寮のようだ。わたしの部屋は四四三二号室、選手の宿泊するホテルから数えて四棟目の最上階だ。

どこを向いてもＮＢＡ関係の大物がいる。ミッチェルはバブルの非公式なアンバサダーとして、気さくな笑みを向けてくれた（着用を義務づけられたマスクのせいで口と鼻は隠れていたが）。ロサンゼルス・レイカーズの選手たちは湖に釣り糸を垂れていた。ボストン・セルティックスのコーチ、ブラッド・スティーヴンスは夕方の散歩を終えながら会釈してくれた。知名度の高さも、毀誉《きよ》褒貶《ほうへん》の激しさもリーグ屈指のベテラン審判スコット・フォスターは、急遽設けられたピックルボール〔表面に穴の開いたボールを木製などの固いパドルで打ちあうスポーツ〕のコートで躍動していた。わたしの新しい「寮生活の友人」はESPNのレイチェル・ニコルズ、ニューヨーク・タイムズのマーク・スタインなど、メディアの華々しい顔ぶれたちだ。

無料の手指洗浄液、消毒用の布、マスクが置かれたテーブルが一定の間隔で並び、マスク着用とソーシャルディスタンスの重要性を説く看板があちらこちらにある。カシータ・ホテルの部屋のいくつかは、バイオレファレンス・ラボラトリーズ社の検査用クリニックとして使われている。同社から派遣されてきた四人体制のチームが日々の検査を担当し、厳格なシステムにそった検査がひとり終わるたびに、部屋を徹底的に清掃する。検査結果は二十四時間以内にEメールで通知される。

ホテルの正面にはラゴ・ドラゴとよばれる湖が広がり、ワニに注意するよう書かれた看板が並んでいる。裏には横長の駐車場がある。それぞれの棟のあいだには凝ったデザインの噴水があり、芝生は緑で、よく手入れされている。湖のほかに小さなフィットネスセンター、屋外アクティビティ用のエリア、荷物を受けとるための倉庫もある。

ディズニー映画には興味がなく、子どももいないが、ファミリータイプの車が季節を問わずこの場所を訪れる理由はわかった。気持ちよく日焼けできるし、子ども連れで過ごしやすいし、主たるアトラクションもそれほど遠くないのだ。午後の気温が三十五度になり、毎日のように雷雨に見舞われるにしても、ここは泊まる価値のある場所だ。

探索の旅はカシータ・ホテル一号棟の近くで、レイムンドという警備員によってふいに中断された。選手たちのホテルを目指していたのだが、レイムンドはわたしのIDカードを見て片手をあげた。顔写真、名前、所属先が記載されたカードは緑色で、赤い線が入っている。全区域に入場可能なＩＤカードは緑一色だ。フェイスシールド、マスク、サングラスの奥からレイムンドはおだやかに、だがきっぱりと、引きかえすよう告げた。「メディア関係者には区域内に留まってもらいます」。トラブル発生に備えてトランシーバーを手にしながら。

カシータ・ホテル五号棟のそばでも似たようなやりとりがあった。警備員のジョシュアにＩＤカードをあらためられ、湖畔の道をこれ以上進んではならないと告げられた。わたしの新しいケージの大きさは全周約一・三キロということだ。ぐるりと一周しても十五分で、まんべんなく監視カメラが設置されている。

そのときふと、バブルに招待された二十二チームのうち十四チームは近隣のべつのホテル、グランド・フロリディアンとヨット・クラブに宿泊しているのを思いだした。わたしのいるところからは見えないし、入場もできない。だが少なくともグラン・デスティノ・タワーは見えるし、ときにはそこの居住者と顔を合わせることもできるだろう。

グランド・フロリディアンに宿泊している友人と朝の散歩に行けると思っていたのだが、ホテルはそれぞれバブルの役目をもっていた。たがいを行き来することは厳しく制限されている。ＮＢＡによると、選手やコーチがカシータ・ホテルを通りかかったとしても、メディア向けに定められたアクセス時間を超えるやりとりは禁止だ。手をふり、会釈するだけにしなければいけない。

レイカーズのフォワードのジェームズとトレイルブレイザーズのガードのデイミアン・リラードは、家族と離れてバブルに来た当初、監獄に来たような気分だったという。フィラデルフィア・セブンティシクサーズのフォワードのトビアス・ハリスも、ここでの生活を冗談まじりに「豪華な刑務所暮らし」と表現し、バブルで過ごした何人もがコロナド・スプリングス・リゾートを洗練された監獄にたとえた。

バブルで暮らしているあいだ、わたし自身もいまだかつてないほど自由を奪われ、監視の目にさらされていたが、すこし冷静に考えてみる必要はあるだろう。わたしたちは囚人などではなかった。仕事のためにそこにいたわけで、アダム・シルヴァーの言葉を借りればたしかに「とてつもない犠牲」を払っていたが、いっぽうでパンデミックの最中に国内で最も安全な場所のひとつで暮らすという特権を得ていた。

それでもこの小ぢんまりとしてすみずみまで管理され、出入りできる区域は明確に分けられ、住み心地がいいとは言いがたい場所が、これから九十二日間、わたしの家になるわけだ。なんとか明日より先のことを考えまいとする。

「昼も夜も、何度となくバブルを去ることを考えた」と、張りつめた空気と疲労感のなかでこの実験全体が空中分解寸前になった八月下旬、ジェームズは言った。「きみたちメディア関係者も含めて、みんなそう考えたはずだ。『ああ、もう出ていかせてくれ』と思ったことのない人間はひとりもいないだろう」

# 第2章　シーズン中断

ＮＢＡのシーズン再開計画にあわせてディズニー・ワールドに足を踏みいれる四か月前、わたしはバスケットボール界が急停止するのを青ざめて見ていた。歴史に残るのは、ＮＢＡは新型コロナウイルス感染症のせいでリーグを中断した国内初のメジャーなプロスポーツリーグであり、コミッショナーのアダム・シルヴァーは政府の指示を待たず二〇一九～二〇シーズンを中断した、という事実だけだろう。だが話はそう簡単ではなかった。二〇二〇年三月十一日、ボールがはずむ音が消えた日は混沌のうちに進んだ。

バスケットボール界はコロナが迫りつつあるのを知っていたが、完璧に備えができていた人間など誰もいなかった。もちろん、わたし自身も。二月中旬には、シカゴで開催されたＮＢＡオールスターウィークエンドに参加していた。シルヴァーは恒例のあいさつのなかで短くコロナにふれ、中国のメディア関係者が参加できなかったのは残念だと言い、国境を越えた支援活動に協力することを約束した。そうした点をのぞけば、ウイルスは存在しないようなものだった。

それから数週間で状況は一変した。三月上旬には、「エッセンシャルワーカー」や「マスギャザリング〔大規模な集会〕」といった言葉が世の中に浸透しはじめていた。わたしのもとには国外の読者から、ウイルスに警鐘を鳴らし、スポーツ界への影響を心配するメールが届いていた。ＮＢＡの試合は不要不急で、かつ室内で開催され、二万人超の観客が集まるという意味でハイリスクだった。いつまで通常どおりシーズンを続行できるのだろうか。

三月六日、レブロン・ジェームズが、感染防止のため無観客で試合をするという案に強く反対した。「おれがプレーするのは観客のためだ。それ以外に動機はない。アリーナに行って誰もいないのなら、プレーなんてするものか」。そんな状況でもわたしはワシントン・ポストの上層部から、三月七日にミネソタ州ミネアポリスに出張し、新米ヘッドコーチのライアン・サンダースと新米バスケットボール部門責任者のガーソン・ロサス率いる若きチーム、ミネソタ・ティンバーウルヴスを取材する許可を得た。サンダースとロサスは食事、睡眠、トレーニング、練習、試合など選手の生活全般を細かく把握することで、勝てるチームを作ろうとしていた。わたしの目的はチームのエグゼクティブ、コーチ、トレーナーの協力を得て、新加入の選手に対して行なわれているのとおなじハードなテストを受けることだった。ロサンゼルス国際空港には人影がなく、わたしは離陸の前にがらんとしたコンコースの写真をインスタグラムに投稿した。現地に到着すると、宿泊先のミネアポリス・マリオット周辺もおよそ人の気配がなかったが、それでもまっさきに手指洗浄液のスタンドに向かった。週末はほとんどホテルの部屋にこもって過ごした。なんともいえない空気を感じたからだ。

ミネソタ・ティンバーウルヴスの取材は順調に進み、大きな収穫があった。トレーナーには柔軟性、持久力、垂直跳びの数値、動作の機敏性を測定してもらった。栄養士には毎日の食事内容を徹底的に改善してもらい、スポーツ心理学者には性格診断を受け、コーチの指示でへとへとになるまで練習用コートで体を動かした。こうしてウルヴスのバスケットボール運営部門副社長のロビー・シッカからは、わたしがシュート練習にかけたエネルギーの量は、ポイントガードのディアンジェロ・ラッセルが軽く調整しているときより多いと言われた。要するにオフの日のラッセルということだ。まあ、いいだろう。あるひとつの面において、約一時間のあいだ、ＮＢＡのオールスターゲーム出場選手を超えたのだ。わたしの人生のなかで、運動を通して手にした最大の成果だ。

だが結局、この話を記事にすることはできなかった。もっと大きなストーリーが目の前にあったからだ。三月八日、ウルヴスとニューオーリンズ・ペリカンズの試合を観戦した。ウルヴスのエグゼクティブたちは、握手のかわりに拳を突きあわせる「フィストバンプ」を行ない、スカウティングのため各地に出向く頻度を減らすべきか、という点について意見を述べた。選手とスタッフはこまめに手を洗い、できるかぎり握手を控えることを奨励された。それでも試合はいつもどおり進んだ。アリーナには観客があふれ、コートサイドのかぶりつきの席で観戦する人びともいた。試合後のロッカールームには多少ぎこちなさと緊張感がただよっていたが、まだ記者が入室を許されるくらいだった。

翌三月九日、わたしはシッカがフランチャイズ・プレーヤー〔長期にわたっておなじチームでプレーする選手〕のセンター、カール＝アンソニー・タウンズをはじめとするウルヴスの面々を集め、新型コロナウイルス感染症についてのミーティングをするのに立ち会った。チームはまもなく長期遠征に出るところで、シッカは時間をかけて感染リスクについて語った。要約するなら「全員、無事帰宅してほしい。そのためには今回の遠征中は遊びに出てはならない」ということになるだろう。

選手たちにとって意義のあるミーティングだった。わたしにとってもそうだった。シッカの言葉のおかげで、無観客試合をめぐるジェームズの発言は軽率だったことがわかった。のちにジェームズは発言を撤回したが、あの発言はリーグ全体の知識不足のあらわれだった。だが、選手だけが無知だったわけでもないだろう。あの時点では、新型コロナウイルス感染症がもとで命を落としたアメリカ人は二十五人に満たなかった。

おなじ日、ＮＢＡは記者のロッカールームへの出入りを禁止し、取材中もソーシャルディスタンスを保つよう通達してきた。まもなく各チームのエグゼクティブからもメールが届きはじめた。残りシーズンの開催は不透明、来シーズンにも影響があるかもしれないとみな言っていた。「われわれが感染しないという保証はない」と、あるエグゼクティブはわたしに言った。「自分自身や子どもたちのことを案じているし、両親のことも心配だ。今回の件はＮＢＡどころではなく、トランプ大統領と国内の医療制度にとって前代未聞の試練だ。この先どうなるのかわからず、本当に最悪の状況になるかもしれない。不安を煽っているわけではない。それが事実なのだ」

事態は動きはじめていた。オハイオ州知事マイク・デワインは、クリーヴランド・キャヴァリアーズの三月十日の試合が無観客で行なわれることを「強く求め」た。翌日、サンフランシスコ市議会は室内での千人以上の集会を禁止し、チェイス・センターが拠点のゴールデンステート・ウォリアーズの試合がそれに引っかかった。ジェームズの反発はさておき、無観客試合は次の段階としてやむを得なかった。対策を延ばすことは正当化できなくなってきていた。

こうしたさまざまな動きにくわえて、わたしはミネソタ州で世間の様子を垣間見て、シッカのプロとしての対応を目にし、ニューヨーク・シティの感染拡大についての報道も増えていたのだが、それでもまだピンときていなかった。三月十日に家路につき、ふたたび空港の写真を投稿した。今回は医師をしている大学時代の旧友ふたりから、叱責のメールが届いた。

「何をしているんだ」と、ひとりは書いていた。「さっさと家に帰れ。これからの出張はすべてキャンセルしろ。家にこもれ。外に出るなと両親に伝えろ。このウイルスは命にかかわるぞ」。もうひとりもこんな調子だった。「頼むから聞いてくれ。おまえに死んでほしくないんだ。命より大切な記事などないだろう。そうやって飛行機に乗ることをまわりがどんなふうにとらえるか、よく考えろ」

三月十一日の水曜日、ロサンゼルスの自宅で過ごしていたとき、アダム・シルヴァーの呼びかけで理事会が開かれ、世間の圧力が増すなかNBAが次に取るべき行動について、話しあいが行なわれた。おおかたの意見は観客の安全を守り、リーグの評判に傷がつくのを防ぎ、どのような形でもシーズンを続行するため、無観客試合に切り替えるべきだというものだった。

だが意見を異にするオーナーも何人かいて、最終的な決断は三月十二日の木曜日に持ちこされた。たとえばヒューストン・ロケッツのオーナーで富裕なレストラン経営者であるティルマン・フェルティッタは、三月六日のCNBCの取材に際して、はっきりとこう述べていた。「一週間か二週間にかぎって、リーグを中断するべきだろう。観客不在の試合はやりたくない。うまくいくとはとても思えない」。ほとんどのオーナーは感染拡大の規模と、対策が一刻を争うことを悟りはじめていたが、足並みの乱れと政府の指示不足が遅れにつながった。

「感染拡大がいずれどのくらいの規模に達するか、まるで理解していないチームの多々には衝撃を受けた」と、理事会に出席したあるエグゼクティブはわたしに言った。「地元でまだ感染者の急増を経験していなかったチームのいくつかは、話しあいの必要はないと考えていた。政府が介入するまでいつもどおり試合を開催するべきだ、と強く主張したチームもふたつあった。『観客を入れてもいいじゃないか』というわけだ。それはバスケットボールのファンと地元に対して無責任きわまりない態度だった」

水曜の夜、最初の異変のサインはオクラホマシティ・サンダーの人的パフォーマンス部門副主任のドニー・ストラックが、午後八時からのユタ・ジャズ戦開始直前にコートに駆けこんできたことだった。そんな場面はまず見たことがなかった。オクラホマシティの会場で、両チームはいつもどおり試合に臨むつもりでいた。数日前、ミネソタ州で観戦した試合とおなじだった。

ストラックの劇的な登場が、決して忘れることのできない、緊迫した夜の始まりだった。彼はセンターコートで三人の審判を呼びあつめ、体調不良のため先発から外れていたジャズのセンター、ルディ・ゴベアがつい先ほどコロナ陽性と判明したと告げた。ゴベアはオールスターゲームに選出されたばかりで、NBA最優秀守備選手賞を二度受賞し、玄人筋《くろうと》には非常に受けがよかった。だが身長七フィート一インチ〔約二メートル十六センチ〕のフランス出身のセンターは、一般のファンのあいだでの知名度はそこまでもなかった。もともと母国の小さなリーグでプレーしていて、アメリカの大学には行っておらず、ドラフトでの注目度も低かったからだ。そのゴベアが今、アメリカのスポーツ界の「ペイシェント・ゼロ」として歴史に名を刻もうとしていた。

こうした事態へのマニュアルが用意されているわけもなく、ストラックと審判たちはひとまず両チームをそれぞれのロッカールームに戻らせ、時間を稼いだ。ゴベア抜きで試合を行なうという選択肢がないのは、すぐにわかったことだろう。ゴベアはチームとともに移動し、体調を崩すまでチームメイトと濃厚接触していた。つまりユタ・ジャズの遠征組全員に、感染の可能性があった。

そのまま試合を開始していたら、あらゆる形でさらにウイルスが拡散していただろう。オクラホマシティ・サンダー、審判、ボールボーイ、コーチ、両チームのエグゼクティブ、メディカルチーム、スコアキーパー、コートサイドのメディア関係者、ファン。みなの健康が危険にさらされていたはずだ。いっぽうユタ・ジャズの選手、コーチ、スタッフは、予定どおり行動するにしても地元に帰るにしても、検査を受ける必要があった。

わたしがこの現実とも思えない光景のなかで身じろぎもできずにいるうち、開始の遅れはいつしか三十五分になった。不安がいっそうふくらんでいった。翌日の夜はステープルズ・センターで開催されるレイカーズとロケッツの大一番を取材する予定だった。レブロン・ジェームズとジェームズ・ハーデンの直接対決が楽しみだったが、いっぽうで先日届いた叱責のメールが頭から離れずにいた。レイカーズのトレーナーがステープルズ・センターのコートに駆けこんできたら、わたしはラップトップをひっつかみ、息を止めて、一刻も早く帰宅しようと車まで走っていただろう。

オクラホマシティの試合オペレーションスタッフは、ハーフタイムショーを先に始めるというかたちで対応した。ずいぶん経ってから会場アナウンサー、マリオ・ナンニが、混乱してブーイングをする観客に悪い知らせを告げた。ゴベアの名前や、陽性という結果にはふれなかった。「観客のみなさん、想定外の状況により本日の試合は延期します」と、ナンニは言った。「危険はありません。あわてず、順序よくアリーナをご退場ください。今晩はご来場ありがとうございました。危険はありません。安全運転でお帰りください。よろしくお願いします」

ゴベアが感染したという情報はあっという間に伝わった。ユタ・ジャズとオクラホマシティ・サンダーの関係者、それに何人かのメディア関係者はアリーナに足止めされ、オクラホマ州保健福祉省による検査を受けた。ESPNのロイス・ヤングによると、オクラホマシティの関係者は医師の検温を受けたあと解放されたが、ユタ・ジャズのほうは現地時間の真夜中過ぎまでロッカールームに拘束され、検査結果を待ったとのことだった。

そのあいだ、よその会場では四試合が通常どおり行なわれていた。サクラメント・キングスとニューオーリンズ・ペリカンズのナイトゲームは、審判のひとりが二日前にユタ・ジャズの試合を裁いていたという理由で中止された。おそらくリーグ関係者の誰もが、記憶を探っていただろう。「ユタ・ジャズと最後に対戦したのはいつだったか」、「ユタ・ジャズと対戦したチームと最後に試合をしたのはいつだ」、「自分は無事なのだろうか」

午後九時三十二分、NBAは短いプレスリリースを出した。「今晩の試合の状況によるシーズン中断のお知らせ」という件名を読んで、わたしの手は震えた。「ユタ・ジャズ所属の選手一名の新型コロナウイルス陽性が先ほど確定しました」。プレスリリースにはそう書かれ、当該選手がアリーナにはいなかったことが記されていた。「NBAは今晩予定されていた試合の状況を受け、今後の対応が決まるまでシーズンを中断いたします。本中断期間を用いて感染拡大のなか、次にどのような対策を取るか検討いたします」

ショッキングなニュースだったが、わたしのとっさの反応は安堵のため息をつくことだった。バスケ関係の友人や仕事仲間の健康が心配だったのだ。そして身勝手な話だが、これでレイカーズの試合の取材がなくなり、体調を崩す不安はなくなった。今後控えているプレーオフの期間中、三か月のあいだ国内を飛行機で移動することについて、覚悟を決める必要もなくなった。自宅にこもり、感染状況を見守っているだけでいいというわけだ。

シーズン中断についての記事を急いで完成させたあと、わたしは物思いにふけった。先ほどNBAのオーナーたちは決定を先延ばししたわけだが、それはそのまま彼らに降りかかった。本当に、シーズン再開は難しいかもしれない。開幕から五か月ほどプレーしてきたのに、プレーオフが始まりもしないうちに終了を告げられるかもしれない選手たちのことを考えると胸が詰まった。膨大な時間を費やした練習、試合、情熱がすべて水の泡かと思うと、気分が悪くなりそうだった。

今シーズンを彩るいくつものストーリーが、目の前で消えていった。レブロン・ジェームズは四度目のタイトルを狙っていたが、コロナのせいで「マイケル・ジョーダンに代わるバスケ界の『神』になる」という野望は潰《つい》えるかもしれない。現MVPであるミルウォーキー・バックスのスター選手ヤニス・アデトクンボは、二〇一九年のプレーオフが失意のうちに終わったあと、キャリア初のタイトルを目指していた。前回のNBAファイナルのMVPで、二〇一九年七月にトロント・ラプターズを離れてLAクリッパーズに加入したカワイ・レナードは、異なる三チームでの三つめのタイトルを狙っていた。

ＮＢＡは一九四七年以来、毎年チャンピオンを生みだしてきた。七十三年間、一度も絶えることがなかったのだ。コロナのせいで、年表に空白の一行ができるのだろうか。

悲しみ、怒り、混乱、無力感。三月十一日のバスケ界はこうした感情に満ちていて、いっぽうで少々懐疑的だったり皮肉めいたりした意見もみられた。

選手のコロナ陽性という結果へのシルヴァーの対応は早く、シーズンに蓋をするという判断は評価された。翌週にはナショナルホッケーリーグ（ＮＨＬ）、メジャーリーグベースボール（ＭＬＢ）、メジャーリーグサッカー（ＭＬＳ）がそろっておなじ決断をしたのだ。だが混乱した空気のなかで、わたしはリーグがもっと早く動くべきだったと強く思った。

複数のチームのエグゼクティブが、ゴベアの感染がなくてもシルヴァーは木曜から無観客で試合をするだろうと思っていたようだ。水曜の試合が開催されたことに批判的な人びともいた。「ゴベアが検査を受けていると知っていたのに、試合を開催しようとしたとは正気の沙汰ではない」と、ひとりはわたしに言った。「陽性結果が出なければシーズンを中断できなかったのか。選手を真夜中までロッカールームで待機させたのは間違いで、観客も会場に入れてはいけなかった」

金銭は小さくない要因だった。チームはレギュラーシーズンの一試合ごとに平均二百万ドルの収益をあげており、ＮＢＡの年間八十億ドルの収益の約四十％はチケットの販売、駐車料金、グッズの販売など試合がらみだ。三月十一日、二〇一九〜二〇シーズンはレギュラーシーズンが残り一か月というところで、何チームかは既に事実上プレーオフ進出が不可能になっていた。プレーオフに出ないチームのオーナーにとっては、あと数週間、ウイルスとにらみ合いをしていればいいだけだった。

事実を受けいれることへの抵抗感もあった。ＮＢＡのオーナーをふくむ世界中の人びとが、致死的なパンデミックも自分自身の健康やビジネスには影響しないと思っていた。この時点での感染状況は諸外国のほうが厳しく、一九一八年から大流行したスペイン風邪についても、ほとんどの人間は教科書で読んだことしかなかったのだ。トランプ政権はまだじゅうぶんな警告を発していなかった。実のところトランプ大統領は一月下旬、著名なジャーナリストであるボブ・ウッドワードに対して、「大混乱」を避けるためわざとウイルスに関して控えめに語っている、と言っていた。

権力をもつ立場にある誰かが、はっきりと大きな声で繰りかえし「バスケの試合を開催したり観戦したりするのは命にかかわる」と言うことはできなかったのか。開始直前に関係者がコートを走ってくる前に、その種の警告がされているべきではなかったか。

シルヴァーとオーナーたちが三月十一日の理事会でもっと積極的な策を取らなかったことに、わたしはいら立ちをおぼえていたが、わたしもまた甘かった。何週間も新型コロナウイルス感染症についての資料を読み、国外の惨憺《さんたん》たる状況を知っていた。ワシントン・ポストの上層部は早くから出張を制限し、のちに出社を禁止した。わたしにはコロナに関する質のいい情報を得る機会がたくさんあった。それでも楽観的にかまえ、最悪の状況に対する心の準備ができていなかったのだ。

多くのアメリカ人とおなじように、ウイルスはわたし自身の人生とはどうにも相いれなかった。NBAのシーズン真っ只中だったわたしにとって、シーズンを邪魔するものなどあってはならなかった。一月にはレイカーズのレジェンド、コービー・ブライアントの痛ましい死についての記事を手がけ、まだショックを引きずっていた。プレーオフは目前に迫っていた。わたしは多忙で、毎日をめいっぱい過ごし、締め切りと闘っていた。

NBAにとって幸運だったのは、ユタ・ジャズがゴベアのための検査を手配でき、陽性が確認できたことだった。三月上旬の段階では検査を受けるのはきわめて難しく、三月十一日に行なわれた検査は全米で五千件弱だった。ゴベアの陽性が判明したことで、それ以降のNBAの試合から感染が爆発的に広まる危険は回避され、五十八人のユタ・ジャズ関係者と水曜日の夜に同行していたメディア関係者などを対象に、さらなる検査がリーグ内で行なわれた。オールスターゲーム選出のガード、ドノヴァン・ミッチェルもその晩、陽性が確定した。

ユタ・ジャズは公式声明を出し、ゴベアとミッチェルの名前は伏せつつ、二件の陽性結果が出たことを明かした。検査結果が出る前にゴベアと接触していたデトロイト・ピストンズのクリスチャン・ウッドなど、ほかにもリーグ内で感染者が確認された。ロサンゼルスで三月十日に対戦していたブルックリン・ネッツとロサンゼルス・レイカーズからも陽性者が出た。ミネアポリスへの出張がなかったら、わたしはその試合を観戦していただろう。ゴベアが三月十一日に陽性にならなかったら、おそらく三月十二日のレイカーズ対ロケッツの試合を観戦してもさしつかえないという判断をしていた。可能性としては、どちらの試合でも感染リスクにさらされていたわけだ。

間一髪だったが、オクラホマシティで目撃した場面のほうが恐ろしかった。あんなことが起きていなければ、と今でも思わずにいられない。シルヴァーとオーナーたちには、もっとできることがあった。トランプ大統領にも、もっとできることがあった。そしてわたし自身にも。

# 第3章　日付《デート》ではなく、データ

どうやらわたしは、ＮＢＡと自分の人生に対する新型コロナウイルス感染症の威力を低く見積もっていたようだ。ひとたび気づいてからは力の及ぶかぎり、失った時間を埋めあわせようとした。人生の新しい目標は「過剰に償うこと」だった。

まず自分の恵まれている点を数えあげた。ミネアポリス出張のあとも体調に異変がないこと、ロサンゼルスの自宅で仕事をするのに慣れていること、現地へ出向かなくてもリーグ中断についての記事が書けること。ワシントン・ポストは国内で最も経営の安定したメディアのひとつで、わたしのほかの仕事先も堅実だった。これらの事実だけでも、わたしは間違いなく幸運だった。

それでも不安は尽きなかった。ＮＢＡが中断してから数日はろくに眠れず、日の出前に起きて、暗く人気《ひとけ》のない路上でストレスを発散した。ウイルスの致死性、世界的な経済の停止、失業の増加といった悪いシナリオが恐ろしかった。ＮＢＡの中断がある程度長引いたら、新しい記事のネタを探さなければいけないだろう。だがほかに書けることなど、わたしにあるだろうか。

わたしの人生と人間関係のほとんどは、いつ再開するかわからないスポーツを軸にしていた。二〇〇七年には禁酒に成功していたが、バスケットボールと縁を切るのは比較にならないほど難しいことだった。バスケットボールは人生の数少ない幸福と充実感のみなもとだった。この仕事を辞めるなど、考えたこともなかった。最年長の存在として記者席に座る自分の姿を、いつも思い描いていた。

ほかに趣味などあるだろうか。各地でのスポーツ観戦、国立公園を訪れること、ミシガン大のアメフトチームの追っかけ。たいへんよろしい。コロナのせいで旅行は不可能、大学のアメフトシーズンの開幕は遠い先だった。それも、シーズンが開幕されるならの話だ。どうやって日々を過ごしたらいいのだろうか。

コロナ禍の人生においては、どうやらシンプルに生きることが鍵のようだった。わたしは表に出る機会を頭の中で数えあげ、それらを極力省くよう心がけた。コーヒーショップ、スーパーマーケット、ドラッグストアに行くのは禁止。家族や友人知人とふれあうのは、スカイプでのやりとりにかぎる。月に一回、家賃を払うため銀行を訪れた。二週間ごとに汚れものをクリーニング店にもっていき、食料品はすべて配送にした。ドアノブや郵便箱に素手でふれるのはやめ、一日十五回ほど手を洗うようになった。

時間をつぶすため、複雑なレゴのセットを組み立て、折り紙に挑戦し、ＴｉｋＴｏｋをダウンロードし、両親に電話をかけた回数は四月だけで去年一年分を超えた。一日に少なくとも十三キロほどウォーキングし、チョウを追い、カタツムリを観察し、車通りの絶えた路上を小さな生きものがのし歩くのを驚きの目でながめた。野生のクジャクがすたすたとやってきたときは、思わずのけぞってしまった。シラサギがくちばしでモグラを突き殺した場面も忘れられない。わたしの住むロサンゼルス西部の住宅街は、ＢＢＣの自然ドキュメンタリー『プラネットアース』のロケ地と化していた。

新しいエクササイズの日課にくわえて、ミネソタ・ティンバーウルヴスの専門家の教えにしたがって食生活も引きしめた。炭水化物や甘いもののかわりに、タンパク質と果物を摂るようにした。五月には、大学を卒業して以来の自己最低体重を記録していた。感染が拡大してからまだ二か月だったが、わたしは別人のようになっていた。

いささかやりすぎだったかもしれないが、おかげでバスケットボール抜きでも心身のバランスを保つことができた。オフシーズンの噂が試合とおなじくらい興味をかきたてるという点で、ＮＢＡは年間スポーツだ。中断期間中、そのノンストップのサイクルも途切れ、バスケ界はＳＮＳが普及してからいまだかつてないほど静まりかえっていた。

選手たちはチームの設備を使ってトレーニングすることを禁止されていて、多くの選手の動静がたちまちわからなくなった。経営陣もＮＢＡからの指示を待っている状態で、大半が表舞台から消えていた。ヒューストン・ロケッツのティルマン・フェルティッタやダラス・マーヴェリックスのマーク・キューバンといった数人のオーナーが、テレビ局の取材に通りいっぺんの答えを返していたくらいだ。

リーグが中断してからの数日間、なんらかの意味のあるニュースを発していたのはアダム・シルヴァーだけで、それもほとんどが悪いニュースだった。三月十二日、シルヴァーは中断が少なくとも三十日におよぶだろうと言った。その後のターナー・ネットワーク・テレビジョン（ＴＮＴ）の取材ですぐ、たとえ中断が六週間延びようともファイナルは七月下旬に開催可能だとつけくわえた。ただしレギュラーシーズンとプレーオフの中止も「もちろんあり得る」とのことだった。三月十五日、米疾病対策センター（ＣＤＣ）は、五十人以上の集会は最低でも八週間、「中止または延期」が望ましいとした。

その方針は、ＮＢＡのシーズン再開に大きく影響しかねなかった。仮に残りのレギュラーシーズンを割愛し、直接プレーオフに突入したとしても、通常の十六チームによる四回戦方式のプレーオフを実施するには約二か月必要だ。遅くとも五月中旬には試合を始めないかぎり、六月下旬のＮＢＡドラフト、七月一日のフリーエージェント、七月下旬のサマーリーグをふくむ夏の予定表を白紙にしなくてはいけない。この時点ではまだ七月から九月にかけて、東京オリンピック・パラリンピックも予定されていた。シーズン再開がさらに遅れたら、十月開始の二〇二〇〜二一シーズンまで繰り下げの必要が生じかねなかった。

やっかいな問題が山積みだった。感染拡大が世界を混乱に陥れ、アメリカ国内でも感染が加速しているなか、シーズン再開を計画するのは倫理的に正しいのか。二か月以内に状況が劇的に改善すると、本当に期待してもいいものか。プレーオフ進出またはタイトル獲得のチャンスが皆無のチームは、果たして再開を望むのか。ＮＢＡは通常のポストシーズンのように、選手を国内各地に遠征させるのか。

実際にシーズンを再開したとして、ＮＢＡはどのように選手たちを感染リスクから守るのだろうか。中断期間のあと、各チームが調子を戻すのにどれくらい時間が必要か。再開を待ちすぎたらこれまでのシーズンの続行ではなく、新シーズンの開幕のようになってしまうだろう。試合が行なわれなくても、選手たちには給料が支払われるのか。いっそ全員、翌シーズンに気持ちを切り替えるべきなのだろうか。

三月十一日にシルヴァーがリーグ中断を正式発表する前から、わたしはこれらの問題点を検討していて、三月十四日のコラムにわたし自身のおおよその案を記した。すなわちＮＢＡは選手の移動をすべて省くため、中立の開催地を用意するべきだろう。観客は入場禁止。多くのチームと選手が参加する残りのレギュラーシーズンは行なわない。プレーオフは完全にテレビ放映向けのイベントとする。選手は会場の近くで寝泊まりし、ＮＢＡと無関係な人間との接触は極力制限する。試合は中一日、近接した会場で複数の試合を同時に行なう。開催地としてはラスヴェガスを想定していた。毎年のサマーリーグの際、ふたつの隣りあった会場を使用しているというのがおもな理由だ。規模を縮小し、八チームでプレーオフを行なえば六週間しかかからない。

本当のところ、机上の空論という気がしないでもなかった。理屈としてはすべてうまくいくはずだったが、感染対策をめぐる問題が相変わらず残っていた。一件でも陽性が判明したら、何もかも取りやめるべきだろうか。その場合、損失はどれくらいになるだろう。ファンはこうして誕生したチャンピオンを正統な王者として認めるだろうか。選手は試合に出たいと思うだろうか。準備は間にあうのか。シルヴァーとオーナーたちはこうした前代未聞の案に、自身の評価と長期的な利益を賭ける気になるだろうか。

わたしの案が不完全なのは明らかで、熱心なファンをふくむ多くの読者が、コロナが終息するまでまじめに議論するに値しないという反応を示した。感染拡大という点では、アメリカ社会とリーグをめぐる状況はいっそう悪化していた。

三月十九日、ワシントン・ポストに、わたしとジュリエット・アイルペリンによる新型コロナウイルス感染症検査についての調査記事が載った。ユタ・ジャズの五十人超の関係者が、三月十一日の時点で無症状だったのにすぐさまオクラホマ州保健福祉省の検査を受けられたいっぽう、ある重症の救急救命士はその近くのタルサの病院のベッドに横たわり、検査を受けることができずにいた。

おなじような場面がニューヨーク・シティでも繰りひろげられていた。ブルックリン・ネッツが民間企業に金を払ってチーム全員を検査したのだ。看板選手のフォワード、ケヴィン・デュラントほか三人の陽性が判明した。そのかたわらでブルックリン在住のある教員は十一日間、検査のツテを探し求め、ようやく検査できたのは入院して酸素マスクをつけられたあとだった。

全国的に検査の機会が不足するなか、NBAはきわめて微妙な立場にあった。政治家もその点を見逃さなかった。「重症患者が検査を待っているのに、NBAチームの全員が検査を受けるということがあってはならない」と、ニューヨーク市長のビル・デブラシオはツイートした。「検査は裕福な者ではなく、病んだ者のためにあるべきだ」

シルヴァーと各チームの経営陣は、世間の声が非難一色になるのを防ごうとした。シルヴァー曰く、遠征の機会が多い選手たちは大規模な感染拡大の契機になる危険があったので検査が必要だった。ネッツも公式声明を発表して、ロスター〔登録選手〕の検査は「選手と家族のために必要だったことで、医療および感染症対策の見地からもその責任があった」と述べた。

一部のチームは、選手に症状が出ないかぎり検査はしないと表明した。ゴールデンステート・ウォリアーズのゼネラルマネージャー、ボブ・マイヤーズは言った。「検査の機会が不足していることは知られている。わたしたちは特別な立場ではない。卑下すべき立場でもない。いち企業と変わらない、ただのバスケットボールのチームなのだ」

NBAに対する厳しい批判はリアルかつ正当なものだった。財力と知名度が、検査を受けるための基準であってはならない。だがいっぽう、NBAをやり玉に挙げればいいというものでもなかった。仮にNBAがまったく検査を手配しなかったとしても、世の中にじゅうぶん機会は行きわたらなかっただろう。手軽で安価かつ効果的、さらに手間のかからない検査は、六か月後も世界中で不足していた。かつ症状が出た人間のみ検査しているのでは、感染者の二十%超が無症状であるこのウイルスの抑止にはならない。

公衆衛生の大々的な失敗の矢面に立たされるかたちになったNBAは、シーズン再開に向けた歩みについて、細心の注意をはらって情報を発信するようになった。公共のリソースを使ったり、一般市民が診療を受ける機会を奪ったりしていると思われてはならない。良心的であることを旗印とし、比較的若く、どちらかというと左寄りの観客層をもつNBAにとって、それは越えてはならない一線だった。

四月下旬、米政府が小規模なビジネスの支援のために三千億ドル超の支出を決定したとき、おなじような炎上まがいのできごとがあった。給与保護プログラム（PPP）と銘打たれたこの制度は従業員数が五百人以下の企業を対象に、コロナ禍での給与の支払いを援助するというものだったが、ウェブサイトは何度もダウンし、対応はずるずると後手にまわった。「早い者勝ち」で設計された制度だったせいで、該当する企業の多くは置き去りにされた。

そんななかNBAでおそらく最も金満で知名度が高いロサンゼルス・レイカーズが、給付金を申請し、初回の受給対象として四百六十万ドルを得ていた。その一件が公になると、すぐさま全額を返還することを約束したものの、チームは激しい非難をあびた。フォーブス誌が資産価値およそ四十四億ドルとするプロスポーツ団体が、なぜ支援を受けるのか。その金を、制度が想定している対象に回すことはできなかったのか。

カール＝アンソニー・タウンズと母親の一件が報じられたのは、そんな最中のことだった。わたしはミネソタ州に出張したとき、ウルヴス所属のセンターでオールスターゲームにも選出されているタウンズと話をする機会があったのだが、そのわずか二週間後、彼は母親のジャクリーンがコロナに感染して昏睡状態だと明かした。三月二十五日に公開された動画の中で、二十四歳のタウンズはウイルスを甘く見ないよう視聴者に呼びかけ、母親のことを「世界一強い女性」と呼んだ。

ジャクリーンは検査を受けるためニュージャージー州の病院に行ったが、結果はなかなか出ず、咳や四十度近い発熱といった症状は悪化するいっぽうだった。「それでも峠は越えたと思っていた」と、タウンズは言った。「まだ闘いの日々は続くが、正しい道を歩んでいるつもりだった。ところが容体が急変したと（医師たちに）告げられたんだ。あっという間だった。肺の状態がとてつもなく悪くなった。うまく呼吸ができなくなってしまった」

医師たちはタウンズに、母親は人工呼吸器を装着する必要があると告げた。「愛していると母さんに言ったよ。毎日、どれだけ愛しているか伝えた。母さんの姿からは、見たくない現実が見えた」

四月十三日、タウンズと家族は、ジャクリーンが数週間にわたる昏睡状態ののち息を引きとったことを明かした。五十九歳だった。「彼女は驚くほどの強さの持ち主でした。熱い気持ちの持ち主で、思いやりに満ち、どこまでも愛情深く、出会う人全員の心をつかむ人でした」と、一家は語った。「温かさにあふれた人でした。彼女のエネルギーは唯一無二です」

ウルヴスの会長、ガーソン・ロサスは「胸が痛む」と述べ、NBAの各方面から追悼の言葉が寄せられた。チームは悲嘆を隠そうともせず、タウンズは何か月も公の場に姿を見せなかった。「このウイルスの危険性はほんものだ」と、タウンズは動画の中で言った。「コロナを軽くあしらってはいけない。家族や愛する人、友人、自分自身を守ってほしい。ソーシャルディスタンスを実行すること。人が密集した場所には行かないでほしい。この病気は命にかかわる」

タウンズの勇敢かつ切実なメッセージは、NBA界隈がしっかりコロナに向きあっているか、今一度見直す機会をわたしに与えてくれた。二週間前、この青年はチームの練習用設備で朗らかに笑い、ペリカンズ戦では審判たちに大声で注文をつけていたのだ。彼が長年の友人にして新しいチームメイト、ディアンジェロ・ラッセルに寄りかかっている場面と、コーチたちと並んで練習用コートをあとにする場面をわたしは写真に撮っていた。ウルヴスのエグゼクティブ、ロビー・シッカが新型コロナウイルス感染症の安全対策について解説するあいだ、頬杖をついて真剣に聞く姿も見ていた。

そんな彼が今、母親の死と向きあっていた。華やかに活躍した高校時代も、ケンタッキー大での最初で最後のシーズンも、ミネソタに来てからも、試合のたびに姿を見せていた母親。シッカも憔悴していた。「正直に言うと、泣いたよ」と、三十八歳のエグゼクティブは言った。「彼の心の痛みが伝わってきたんだ。一見するとわからないが、彼は感情指数（EQ）が高い。地域とまわりの人びとのために、何か前向きなことをしなければと強く思ったんだな」

シッカは喪失の痛みを、絆と気づきというメッセージとして発信した。「これからもっとつらくなるぞ」と、三月下旬にはウルヴスのスタッフたちに告げていた。「これ以降、コロナはさらにわれわれの愛する人たちに魔手をのばすだろう。覚悟はいいか。言葉をかわす準備はできているか。こちらに来る気があるか。もしあるなら、いくらでも助けの手を差しのべよう。われわれは家族なんだ」

シッカの警告は大げさでもなんでもないもので、ＮＢＡがあとどれだけ持ちこたえられるか、わたしは内心危ぶんだ。二〇一九〜二〇シーズンはシルヴァーの就任以来、最大の国際的危機のなか幕を開けていた。ヒューストン・ロケッツのゼネラルマネージャー、ダリル・モーリーが自由を求める香港の活動家に連帯するツイートをしたことで、中国の政府とメディア、スポンサーがロケッツおよびＮＢＡと縁を切ったのだ。

元コミッショナーでシルヴァーの師匠にして盟友、前任者のデヴィッド・スターンは脳出血を起こし、一月一日に七十七歳で他界していた。月末にはレイカーズのレジェンド、コービー・ブライアントと十三歳の娘ジアナが、計九名が巻きこまれたヘリ墜落事故の犠牲になった。

わずか四か月のあいだに、ＮＢＡは最も重要な国際市場からの莫大な収益を失い、おそらくリーグ史上最も存在感のあったエグゼクティブに去られ、まだ殿堂入りもしていないほど若いバスケ界のヒーローと死別した。コロナによるリーグ中断とジャクリーン・タウンズの死は、あがくリーグには背負いきれないのではないかと思った。

自宅で一か月過ごしたあと、わたしは自分がシーズン再開を望むかどうかわからなくなっていた。仮にそれが中立地開催という生半可な案でわたしが示した、あるべき手順に沿うものだとしても。全米大学スポーツ協会のトーナメントや野外音楽フェスティバルのコーチェラ・フェスティバルといった、大規模なイベントも中止されていた。これはＮＢＡにとって勝敗ではなく、生死の問題だった。タウンズとティンバーウルヴスは、悲しみにきちんと向きあう時間を当然与えられるべきだった。アメリカ社会も、いま起きていることを整理するため、すこし時間と場所が必要だったのではないか。

中国との縁切りからコロナに至るできごとをＮＢＡの歴史的な文脈のなかで解釈するのは、さほど難しいことではなかった。人びとの感情と経済面の課題にくらべたら何ほどでもない。ストライキのせいでシーズン開幕がずれこむことは何度もあったが、ＮＢＡはいつも遅れを取りもどし、チャンピオンを生みだしてきた。審判のティム・ドナヒーらによる二〇〇七年の八百長スキャンダルは、スターン体制下のＮＢＡの信用を揺るがしたが、リーグは比較的早いうちに立ち直った。クリッパーズの当時のオーナー、ドナルド・スターリングの人種差別発言の録音が公開された件は、二〇一四年のシルヴァーにとって大きな試練だったが、新コミッショナーは的確に危機を乗りきった。

二〇二〇年四月、導き得る結論はひとつしかなかった。わたしは毎晩、近所の人気《ひとけ》のない路上を歩き、ジャクリーン・タウンズの死を受け止めようとしたり、新型コロナウイルス感染症がもたらす次なる脅威について思いをめぐらせたりしながら、何度もそのことを考えた。

結論はひとつ。今季は史上最悪のシーズンだった。

＊＊＊

シーズン再開へのＮＢＡの道のりは長く、疲労感に満ち、緊迫感があった。それにも増して、誰もが及び腰だった。

中断から一か月、アダム・シルヴァーはあまり公の場に姿を見せず、リーグのパートナーのテレビ局による遠隔インタビューに時おり応じるくらいだった。そうした戦略には、それなりの理由があった。四月一日の時点で、アメリカでは世界最多である二十万件超の感染が確認されていて、コロナ関連の死亡者数は約四千三百人だった。比較的早くシーズンを再開できるだろうというシルヴァーの希望的観測は、急速な感染拡大を前に色あせ、今やコロナの先行きを予測しようとしたり、予定を発表したりすることに意義はほとんどなかったのだ。

シーズン中断と同時に、選手やスタッフはアリーナと練習用設備への入場を禁じられた。ステイホームの指令を考えるといつ、どのような形で建物が開放されるかは不透明だった。選手が自チームの無人の設備でシュート練習をすることがかなわないのなら、試合開催は望み薄で、ポストシーズンなど夢のまた夢だった。

再開を遅らせる以外の道はなかった。シルヴァーは四月十七日の電話会見でようやく記者たちに対して、リーグはまだ、わたしが三月に想定したようなシーズン再開計画に「本腰を入れている段階ではない」と言った。ＮＢＡがどこかの敷地をバブル環境にして、より安全に試合を開催する策を検討しているという噂が流れていたが、シルヴァーは期待を煽るのを避けた。

バブル計画を実施するとしたら、ＮＢＡの団体協約の範疇から外れるはずで、そうした異例の形で再スタートを切るならＮＢＡ選手会との交渉が必要とされた。労働組合はどこでもそうだが、選手会は選手の健康と安全を守るために力を惜しまないだろう。たとえシルヴァーとオーナーたちが比較的安全なプレー環境を用意できたとしても、選手たちを納得させる必要がある。選手の多くは高額の年俸を受けとっており、コロナ禍をそこそこ快適に乗りきる余裕があった。

ディズニー社長、ボブ・アイガーの直近のＮＢＡ理事会での発言を引用しながら、シーズン再開計画はウイルスの様子によって決めるとシルヴァーは言った。「大事なのは日付《デート》ではなく、データだ。予定を立てるには未知の要素が多すぎる。選手たちの安全を一部犠牲にするつもりなどさらさらない。優先順位という点では、安全が第一だ。まだ明確な手順が決まっている段階ではなく、選手たちを集めてシーズン再開を告げられるほどの道のりも見えていない。人命より大事なものなど何ひとつないのだ」

シルヴァーの発言には医療の専門家を混乱に陥れ、病院を圧迫しているウイルスに対して、多くのアメリカ人が抱いている生々しい恐怖がよくあらわれていた。この状況はいつまで続くのか、ウイルスはどれくらい危険なのか、感染はどう拡大するのか。政府の発信は一貫性を欠き、事態を悪化させるばかりだった。マスクは有効か、否か。三か月で終息する問題なのか、一年半かかるのか。おもに高齢者を死に至らしめるウイルスなのか、誰もがリスクを抱えているのか。ビーチや公園を閉鎖するべきか、屋内のレストランが真の原因なのか。

こうした疑問に対する明確かつ一貫した答えを得られないまま、アメリカ人は患者であふれた救急救命室や、何千体もの遺体を積んでいるとされる遺体安置所のトラック、じゅうぶんな防護具をもたない医療関係者、政府と州知事の政治的対立についてのニュースを目にするしかなかった。ニューヨーク・シティではセントラル・パークとジャヴィッツ・センターに野外病院が設けられ、増加する感染者に対応していた。誕生日パーティ、結婚式、老人福祉施設でクラスターが発生していた。ロッカールームや飛行機、バス、食堂、ホテルで共に過ごすバスケットボールのチームがハイリスクなことは、想像に難くなかった。

おもにルディ・ゴベアの陽性判明と、つづくドノヴァン・ミッチェルとクリスチャン・ウッドの感染が、悪夢のシナリオに拍車をかけた。ひとりの選手が感染し、気づかないままでいたら、たとえ無観客で試合を行なったとしてもウイルスは大勢の人びとに広がりうる。試合中、試合前などの円陣《ハドル》、プレーが止まっているあいだの口論、試合前のミーティング、試合後の会食、移動。感染はどこでも起こる可能性があった。

ジャクリーン・タウンズの死によって、ウイルスがＮＢＡ界隈を直接脅かし得ること、またバブルに完全な解決策としての保証はないことがわかった。シルヴァーたちには本当に、選手やコーチの死というリスクを負う覚悟があるのだろうか。サンアントニオ・スパーズのグレッグ・ポポヴィッチやロケッツのマイク・ダントーニなど、著名なコーチのなかにはハイリスク層の高齢者もいた。命の危険性が低いとされる二十代や三十代の選手にしても、感染したらキャリアが狂うかもしれず、長期的な健康への影響も未知数だ。彼らがそんな危ない橋を渡りたがるだろうか。選手の家族にはバブルで生活する許可が出るのか。その場合、家族が体調を崩したらどうなるのだろう。許可が出ないのなら、選手たちは別離と孤独な生活をどう受け止めるだろうか。

健康をめぐる不安にくわえて、運営面での課題も山積みだった。仮にクラスターが発生した場合、チームは不戦敗になるのか、隔離状態に置かれるのだろうか。試合のスケジュールを遅らせることはできるのか。どうやらテレビ放映権がリーグの早期再開を後押ししているようだが、ならば視聴率の稼げるスター選手の感染が発覚した場合、特例が適用されるのだろうか。

わたしには、これらは答えようのない問題に思えた。早くバスケットボールが観たかったが、最悪のシナリオを考えると、短期間での再開は不可能だという気がした。もちろんオーナーや選手たちと違って、財布に直接の影響は受けていなかったわたしの場合、百%の対策という立場をとるのはたやすかったのだが。

感染拡大の初期段階では、夏になって気温が上がればいったん状況は改善し、秋とともに第二波がくるのではないかといわれていた。データに従うというシルヴァーの発言は、それをふまえた可能性を示唆しているようだった。しばし我慢して、ウイルスの勢いが弱まった時点で行動に移れば、前代未聞の再開計画も可能かもしれないというわけだ。夏のあいだに試合をしたら、翌シーズンの開幕は遅れることになるが、プレーオフの開催には十億ドル超のテレビ放映権がかかっていた。

いっぽうウイルスは暮らしのあらゆる面に影響をおよぼしていて、三月に多くの人びとが期待したように、三～六か月で日常が戻ってくるとは思えなかった。公園を管理している部署がストリートボールを阻止すべく、全国的にバスケットボールのリングを撤去している状況で、いったいどうしたらＮＢＡは百試合ほどあるプレーオフを開催できるというのか。

シルヴァーによると、シーズン再開の鍵は「新規感染者数、検査へのアクセス、政府のガイドライン」に関する三つのデータがにぎっていた。第一波が収まれば、一般の人びとが検査を受ける機会は増え、さまざまなレベルの役所がアリーナなどを使用する許可を出すだろう。試合が再開できるかもしれない。

シルヴァーが発言した四月十七日、ＷＨＯによるとアメリカ国内の新規感染者数は二万八千七百十一人だった。二万四千～三万二千人という、四月の日々のおおよそ平均だ。これらの数字は、三月とくらべて感染者が急増しており、出口が見えないことを示していた。だが国民の多くはまだ大規模なクラスター発生を経験しておらず、トランプ大統領はステイホームの宣言を解除し、経済を活性化させるため国外との行き来を再開させようとしていた。おかげで今後数か月の感染状況を予測するのは困難だった。

シーズン中止の可能性に対するリスクヘッジとして、ＮＢＡと選手会は五月十五日、二〇一九～二〇シーズンの各選手の残り給与の二十五％を保留することに合意した。それはシーズンが結局再開しなかった場合の経済的な打撃をやわらげ、「より時間をかけて給料を減額する」ための措置だった。シルヴァーはまた、副コミッショナーのマーク・テイタムおよびＮＢＡのトップエグゼクティブ十名の給与を二十％減額すると発表した。リーグのスポークスマンのひとりは「前代未聞の事態」として、リーグには「厳しい経済的打撃を乗りきるため急ぎ対策をとる必要がある」とした。

シルヴァーはＮＢＡが陥っている倫理的なジレンマについて、率直に述べていた。感染症対策が最優先だが、それだけが論点ではないということだ。「われわれの収益は事実上ゼロになり、チームやアリーナをめぐるビジネスが多大な影響を受けている」と、シルヴァーは言った。

「多くの仕事が影響を受けていると、NBAは強く認識している。観客のみなさんに見えるところばかりではない。ウイルスは公衆衛生の差し迫った課題だが、経済が停滞するのも問題だ。だからこそリーグは、安全な方法である程度試合を再開すること、あらゆる可能性を検討することを追求している」

その発言は何かを確約するものではなかったが、行間を読み、NBAがシーズン再開に積極的だと結論するのは難しくなかった。コロナによる経済の打撃はすでに全米に拡大しており、四月には二千万人が失業し、バスケ界も無傷ではなかった。三月には融資限度額を五億五千万ドルから十二億ドルに拡大し、多くのチームが職員やパートタイムのアリーナ係員を解雇していた。

中断期間に入る前、無観客試合は「うまくいくとはとても思えない」と語っていたヒューストン・ロケッツのオーナー、ティルマン・フェルティィッタは、とりわけ財政的な問題について積極的に発言していた。ランドリーズという名のレストランチェーンを経営するフェルティィッタは、三月に自身のカジノやレストランで働く四万人の従業員を一時解雇していた。四月にはコロナ禍を切りぬけるため、三億ドルを金利十三%という驚きの利率で借りた。

五月中旬にフェルティィッタはホワイトハウスを訪れ、トランプ大統領とスティーヴン・ムニューシン財務長官に、零細企業のみを支援するのではなく、ランドリーズのような大手企業を対象にした枠をPPPに追加するよう求めた。フェルティィッタはロサンゼルス・レイカーズとおなじくPPPの給付金を受けとったことを認めつつ、「零細企業から金を奪った億万長者」とみなされるのはごめんなので金は返還したと言った。

だがそう言いつつ、フェルティィッタはホワイトハウスに頭を下げた。トランプ大統領の質問に答えるかたちで、ジェームズ・ハーデンとラッセル・ウェストブルックにマックス契約〔選手が契約できる上限の契約〕にあたる年俸を出していると言った。「ラッセルとジェームズはどちらも年俸四千万ドルで、今も給料を受けとっている。だからわたしの従業員たちの多くは、切実にＰＰＰの給付金を必要としているのです」

大統領はフェルティッタのレストランが「自分に長年家賃を払ってくれている」としたうえで、その提案に乗り気な様子をみせた。いっぽうムニューシンは、給付金を確保しようとしたロサンゼルス・レイカーズが「猛批判にさらされた」と言い、いささか及び腰のようだった。「問題があるのは知っていて、従業員のみなさんの状況も理解しており、気の毒に思う。だがＰＰＰは、規模の大きくない企業のための支援策だ」

大統領はおもなプロスポーツリーグが再開計画を練ることを望んでいて、四月四日の会談では、夏の終わりには再開することを期待している、ＮＦＬの新シーズンは例年どおり秋に始めてほしいとコミッショナーたちに告げていた。六週間後、大統領は待ちきれないといった様子で、ＮＢＡの計画の最新状況についてフェルティッタにたずねた。

「いくつかの州が今後どうなるか見守っている状況で、プレーを再開できるか検討しているようです」と、フェルティッタは答えた。「感染状況がこれから数週間でいい方向に向かうのを確かめたいのでしょう。この調子ならば、ＮＢＡおよび今回の件では非常によくやっているコミッショナーのアダム・シルヴァー、そして三十名のオーナーたちは、シーズン再開へと舵を切るでしょう」

「何試合かやって調子を戻しつつ、世間の関心を集めることになるはずです。それから直接、プレーオフに突入するでしょう。アメリカにとっていいニュースのはずです。みんなバスケットボールに飢えていて、すばらしいＮＢＡチームを目にしたいのです」

国内で再開が望まれているのは間違いなかった。ワシントン・ポストは日々の紙面に単独のスポーツ面を設けていた。「スタイル」面の裏側で、コンテンツが不足するなか何でもいいから紙面を埋めようとしていた。ＥＳＰＮのテレビ番組表は、みるみるうちにコロナ関連の番組に取ってかわられていた。主だったスポーツチームのＳＮＳは、昔の名場面や印象深い場面の動画を投稿した。ＮＢＡ選手たちはバーチャルでポーカーのトーナメントを開催したが、反応はいまひとつだった。

マイケル・ジョーダンはつねにタイミングを見誤らない男だが、コロナ禍でバスケ界が沈没していたころ、またしても救いの手を差しのべた。五十七歳のジョーダンは、二〇〇三年に現役を引退したあと、シャーロット・ホーネッツのオーナーの地位に就いていた。二〇〇九年の殿堂入り、いくつかの雑誌の特集記事、二月のコービー・ブライアントのお別れの会での心のこもった弔辞をのぞけば、あまり世間に姿をみせていなかった。プライベートを大切にしていて、ＳＮＳを嫌悪し、二番目の妻と子育てにいそしんでいた。

それでもジョーダンの影響力は、バスケ界とＳＮＳに色濃く残っていた。古くても名シーンの動画をアップすれば再生回数が伸びるので、メジャーなスポーツ系アカウントはそれらを定期的に投稿していた。レブロン・ジェームズの安定した活躍は、どちらがバスケ史上最強かという議論を盛りたて、ロサンゼルス・レイカーズのスターであるジェームズはジョーダンの一九九六年の映画『スペース・ジャム』のリメイク撮影に取り組んでいた。

だがいっぽう、わたしが母の受け持ちの小学校のクラスを訪れ、ジョーダンの名前を口にしても、ぽかんとした表情が並ぶばかりだった。この子どもたちは、一九九三年のわたしと同い年だった。ジョーダンの名前にピンとくるとしたら、プレーではなくシューズのほうだった。わたしが幼いころ脳裏に刻みつけたジョーダンの偉業、すなわち優勝六回、シーズンＭＶＰ五回、ＮＢＡファイナルＭＶＰ六回、金メダル二個、得点王十回も、子どもたちにとっては異国の言葉のようなものだった。ザ・ショット、ザ・シュラッグ、ザ・ラストショットと言われてもちんぷんかんぷん。わたしは落胆してクラスを後にした。

ジョーダン本人と周囲のアドバイザーたちは、ジェネレーションギャップが広がっていることに気づいていた。そこで彼らは偉業をたたえる『マイケル・ジョーダン：ラストダンス』と題したドキュメンタリーの撮影を進めた。NBAエンターテインメントのカメラがとらえていた、ジョーダンの六回目にして最後の優勝争い、一九九七〜九八シーズンの未公開の舞台裏の映像をもとにしたものだ。

監督のジェイソン・ヘーヒルは最初の脚本を二〇一六年に書きあげ、それからの年月で百六回のインタビューを行なっていた。スタッフと話しあって幅広くリサーチすることに決め、五百時間の秘蔵映像と一万時間超のアーカイブに目を通したという。インタビューの相手にはバラク・オバマ、ビル・クリントン、NBAの名選手たち、そのほかセレブがふくまれていた。ジョーダン自身も長時間のインタビューを受け、涙を流し、栄光の瞬間を追体験し、当時のライバルを舌鋒鋭く斬り、遠慮なく悪態をついた。

「あいつらに負けたあと、おれは二年連続で全員と握手をしたんだ」。シカゴ・ブルズが一九九一年のイースタン・カンファレンス〔東部地区〕決勝でデトロイト・ピストンズを破ったあと、アイザイア・トーマスがおなじようにしなかったことに、ジョーダンは怒りをあらわにした。「試合にはリスペクトというものがある。どんなにきつくても、スポーツマンシップを忘れちゃいけない。いや本当に、きつかったよ。あいつらは、おれたちと握手するのを避けたんだ。こてんぱんにやっつけてやったからな。ある意味では、優勝するよりよかったよ」

子どものころ、わたしはジョーダンを崇拝していた。シューズ、バスケットボールのカード、ポスター、バレンタインデーのカード、ビデオ。なにもかもだ。家で飼いはじめた雌のゴールデンレトリバーの名前を「マイケル・ジョーダン」にしてほしいと両親にせがんだくらいだ。結局、頭文字の「エム・ジェイ」に響きが似た「エミー・ジェーン」に落ちついた。

わたしは計八時間強のドキュメンタリーを、眠るときだけ停止しながら十八時間かけて鑑賞し、それから二度繰りかえして観た。夢のような時間だった。ジョーダンはブルズの当時のゼネラルマネージャー、ジェリー・クラウスを「口撃」し、殿堂入りしたガードのギャリー・ペイトンに対して毒を吐いていた。一九九八年にジャズを粉砕したあと、ホテルのピアノを弾く場面も収録されていた。天国のようだった。日曜の夜をまるまる五回費やす価値があり、その後も果てしない議論の種を提供してくれる映像だ。ほかに何も記事の材料がない状況で、わたしは一か月のあいだ映像に登場するエピソードをまとめ、脇役として登場する人びとについてコラムを書いた。

『ラストダンス』は大評判になり、エピソード一本につき約五百万回の視聴回数を記録した。ジョーダンのキャリアを記憶するには若すぎたNBAの選手たちも、MJという伝説についてみっちり「教化」された。『ラストダンス』はソーシャルディスタンスとステイホームの時代に、人びとの数少ない共通の話題となってくれた。ジョーダンは一九九七年のNBAファイナルの死闘を制したとき、なんとインフルエンザにかかっていたという。

「マイケルのプレーを目撃できなかった若いファンも、なぜ彼がバスケ史上最高の選手といわれるのか、今では理解できるだろう」と、レイカーズのレジェンド、マジック・ジョンソンはツイートした。「おれにとってはどうか？　マイケル・ジョーダン、マイケル・ジャクソン、ビヨンセが人生の三大エンターテイナーだ。モハメド・アリを入れてもいいかもしれないな」

ESPNは当初、『ラストダンス』を六月に組まれていた二〇二〇年NBAファイナルのオフの日に放映する予定だった。理想のシナリオとしては、ジョーダンの物語とレイカーズのレブロン・ジェームズの優勝への道のりが、二週間にわたって交互に放映されるはずだったのだ。コロナのせいですべて台無しになったわけだが、それも怪我の功名だったのかもしれない。ブルズは一か月にわたって脚光を浴び、わたしのようなバスケットボールの熱烈なファンに、あきらめないことの大切さを教えてくれた。ジェームズとレイカーズも、やがて注目を集めることになる。

わたしはジョーダンの思い出に満たされつつ、コロナ禍でＮＢＡがどうやってシーズンを救うつもりなのか、相変わらず首をひねっていた。五月なかばには、罹患率と死亡率は四月のピーク時にくらべて落ちついてきていた。検査へのアクセスにはまだ課題があり、一日の新規感染者数は引きつづいて二万件超、死者は千人ほどだったが、病院や医療システムは初期の最悪の状況を乗りこえていた。大統領選を戦っていたドナルド・トランプと保守派の仲間たちは、これらのことを進歩としてアピールするのに熱心で、国としての活動を再開しようとしていた。

ＮＢＡもチーム設備から締めだされ、二か月近く自宅に留め置かれていた選手たちを、おそるおそる解放するようになった。早いうちにロックダウンが解かれたジョージア州のような地域では、リーグやチームのエグゼクティブは、選手たちがトレーニングの機会を求めて一般向けのジムに行くことを恐れていた。感染リスクは間違いなく、そういった場所のほうが高い。それを受けてＮＢＡは四月下旬、地方政府がステイホームの指令をゆるめた場合、練習設備を開放して個別にトレーニングさせてもかまわないと発表した。

最初に選手たちを迎え入れたのはクリーヴランド・キャヴァリアーズとポートランド・トレイルブレイザーズで、どちらも五月八日だった。リーグの指示に従って、各チームは厳しい感染対策をとりつつ活動を再開した。たとえばトロント・ラプターズは、練習設備には時間帯を問わず一度に選手ひとりとコーチひとりしか入場させないという方針だった。どのチームも建物に入るときは、マスク着用と検温を義務づけていた。選手たちには練習用のコートのみが開放され、残りの設備とウェイトルームは閉鎖されたままだった。トレーニングの前後にコートは毎回消毒された。こうした新しいルールと隔離環境にもかかわらず、選手たちは「第一歩」を歓迎した。キャヴァリアーズのフォワード、セディ・オスマンはインスタグラムに設備の写真を投稿し、「戻れて最高だ!!!」とコメントした。

いっぽうシルヴァーは同日、NBA選手会と一時間にわたって行なった電話会談のなかで、浮わついた様子は見せなかった。夏にはシーズンを再開することを望むとしつつ、有観客でプレーする可能性は否定したという。移動の回数を減らし、安全な環境を作るため、ひとつの会場を用意する必要があるだろうとも言った。試合を再開する場合、選手たちは毎日検査を義務づけられ、完全にプレーオフ圏外のチームは参加を拒まれるかもしれないとのことだった。会談に参加した選手のひとりは語った。「何が疑問で不安かというと、また選手の誰かが感染したらどうなるかということだ。全員、おなじように気をつけておけと言われるのか。NBAはシーズン再開に向けて楽観的にかまえているようだ。個人的には、シーズンを再開するだけして、ワクチンも用意しないというのは賢明とは思えない」

再開するか否かの最終的な決断は六月まで持ち越すかもしれない、とシルヴァーは選手たちに告げ、どこを開催地に選ぶかという点についても正式に述べなかった。だが噂は乱れ飛んでいた。四月十六日、ディズニーで働いたあとスポーツライターに転身したキース・スミスが、「ディズニー・ワールドがNBAにとってシーズン再開に最適な理由」と題した記事をYahoo!に投稿した。

スミス曰く、ディズニー・ワールドは宿泊先の選択肢が豊富で、近くにはESPNワイド・ワールド・オブ・スポーツ・コンプレックスという大規模なスポーツ施設があった。シルヴァーとアイガーが親しいこと、NBAとディズニーのビジネス面での密接な関係、ディズニー・ワールドが私有地でバブルという閉鎖空間に変更しやすいことも指摘されていた。

案の定、スミスの記事には批判が寄せられ、裏づけのあるレポートではなく絵空事だといわれた。裕福なＮＢＡ選手たちが、ディズニー・ワールド程度のホテルに泊まりたがるだろうか。ＮＢＡの試合を、高校生用の体育館で行なうのか。多くの人間にとって、それは妄想のたぐいにすぎなかった。スポーツ選手がディズニー・ワールドを訪れるのは大会で優勝したあとで、危険なウイルスを避けるために三か月も自宅を離れ、そこで過ごすなどとは思えないというわけだ。

だがじわじわと、バブル計画はＮＢＡの内外で認知度を高めていった。三月の時点では、わたしはラスヴェガスがシーズン再開の地になるだろうと踏んでいた。サマーリーグ開催の実績があること、高級ホテルがそろっていること、第一波のあいだに観光客がほぼ完全に絶えてしまっていたことが理由だった。

ただしラスヴェガスには、いくつか明らかな問題もあった。何千というホテルの客室が必要とされるわけで、そのためにはラスヴェガス・ストリップの宿を使うことが避けられないだろう。だがその種の地域で、囲いこまれた生活環境を作るのは非常に難しい。街がロックダウンを解き、言わずと知れた誘惑に手が届くようになったら、選手やスタッフは厳格な感染対策を守りきれるだろうか。ラスヴェガスのバブルで暮らす人間にとって、どういった活動が安全なものとして奨励されるのか。夏の後半には四十三度近くになるのもめずらしくないネヴァダ州の砂漠の酷暑のもと、屋外でゴルフをプレーしたり、運動したりするのは現実的とはいえなかった。

五月二十三日、シルヴァーはようやくＮＢＡの計画を公表した。中身はシンプルで、ディズニー・ワールドでシーズンを再開するため先方と「慎重な話しあいを行なっている」というものだった。ここへきてはじめて、ＮＢＡはスケジュールを明かした。再開は七月後半。どのチームが招待されるのか、どこに宿泊するのか、何試合行なわれるのか、プレーオフはどのような形式になるのか、といった多くの疑問には答えが与えられないままだった。

ディズニー側が再開にあたってホスト役を引きうけようとする動機は明白だった。ディズニー・ワールドもESPNワイド・ワールド・オブ・スポーツ・コンプレックスも、コロナ禍では閉鎖を余儀なくされていたのだ。多方面にわたってビジネスが直接的な打撃を受けた結果、九月には二万八千人のキャストの解雇が予定されていた。NBAがやってきたら利益が挙がり、現状では放置されている設備やホテルも使用でき、提携しているABCとESPNによって長尺のコンテンツが作られるはずだった。

NBAは夏のあいだ罹患率が下がることを望み、同時にフロリダ州のビジネス重視の地方政府の協力にも期待していた。共和党の州知事でトランプ派のロン・デサンティスは、新型コロナウイルスはそこまで危険ではないと声高に主張していた人間のひとりで、経済活動の再開を強く望んでいた。五月十八日、大半の州に先がけてデサンティスは州のロックダウン解除の第一歩に踏みきり、レストラン、スポーツ施設、理容室をふくむビジネスは、人数制限しつつ営業してよいとした。

多くの予算を必要とする大規模なイベントを予定するのは難しいことだったが、NBAはデサンティスが突如として中止に舵を切る心配だけはしなくてよかった。実のところ彼は、チームやリーグが一時的にフロリダ州に拠点を移すことに手ばなしで賛同していたのだ。「プロスポーツはみんなフロリダ州に来るといい」と、五月十三日には発言した。「どうしても活動が許されない地域にいるなら、ここフロリダ州で場所を用意しよう。活動再開は重要で、安全に行なう方法は心得ている」

わたしは複雑な心境だった。バスケ界の再始動を望むいっぽう、ディズニー・ワールド計画は壮大すぎて、かつ時期尚早ではないかと思っていた。NBA再開をめぐる議論は、経済活動の再開や職場の開放をめぐる、より規模の大きな国内の議論を反映していた。政治にまみれてしまった議論だ。NBAはおおむね進歩的なリーグとして振る舞い、ＬＧＢＴＱの権利や多様性をめぐる課題に神経をつかっていたが、そのとき温められていた大胆な計画は、右派の政治家と歩みをともにするものだった。

よく知られた話だがトランプ大統領は三月に、アメリカの経済活動はコロナ禍でも再開せねばならないと語り、「問題より解決が事態を悪くしてはならない」としてその理由を挙げていた。デサンティスもステイホーム指令は「おそらく何万というフロリダ州民の失業につながる」として、「彼らの人生をひどく狂わせかねない」と言った。テキサス州のダン・パトリック副知事も、ロックダウンによる経済への打撃はウイルスによる人命の喪失より深刻なことになりかねないと言い、「人びとのサバイバルと引き換えに、子どもや孫のためのすばらしいアメリカが失われようとしている」とした。

多くの人びとにとって、感染対策ではなく経済をめぐる議論ばかりが取り沙汰されるのは、ＮＢＡの冷淡さ、見当違い、無知のあらわれだった。だがＮＢＡは思わぬ相手と呉越同舟することになったいっぽう、データについてはある程度味方につけていた。シルヴァーが最初に会見を行なった四月十七日、新規感染者数は二万八千七百十一人だったが、ディズニー・ワールド計画を披露した五月二十三日には二万四百七十五人にまで減っていた。このペースで感染拡大が収まるなら、バブル始動と目される七月下旬には安全、あるいはそれに近い状態が確保できるはずとされた。

だが残念ながら、その見通しは楽観的にすぎた。

NBAはディズニー・ワールドをシーズン再開の地に選んだわけだが、だからといって再開の保証はなかった。リーグの団体協約には、世界的なパンデミックの際の対応がはっきり記されておらず、試合の再開はNBA選手会の承認を必要としていた。条件面で合意できなければ、オーナーはコートに戻るよう選手たちに強制することはできない。だがいっぽう、オーナーたちには「不可抗力条項」という名の最後の手段があって、コロナ禍のような変事においてはそれを発動することができた。不可抗力条項の発動はそれまでの合意を白紙に戻し、選手の給与をストップするもので、労働争議を引き起こす可能性があった。

それを望む人間は誰もいなかった。アダム・シルヴァーとNBA選手会事務局長のミシェル・ロバーツの尽力により、両陣営はこれまで友好的かつ実りある関係を築いており、直近では二〇一七年に団体交渉協約をめぐって合意に至っていた。シルヴァーは長いこと、選手とオーナーを「パートナー」として扱おうとしており、それはデヴィッド・スターンのより強権的かつ戦闘的なアプローチとは一線を画していた。バブルをめぐる交渉では、そのパートナーシップと信頼が試されることになった。金銭的な損失の大きさと、当然ながら健康面の不安がのしかかる状況だった。

五月の終わり、ロバーツはおおかたの選手がシーズン中止より安全な状況でプレーすることを望んでいると語ったが、多くの疑問が残されたままだった。シルヴァーとオーナーたちは、ディズニー・ワールド計画を選手たちにアピールする必要があった。だが選手たちはそれどころではなく、怒りと深い失望、恐怖にさいなまれていた。ある白人の警官が、黒人の男性の首を膝で押さえつけたという事件をめぐって。

五月二十五日、ミネアポリス警察の警官デレク・ショーヴィンによってジョージ・フロイドが殺害され、警察の暴力に対する数週間におよぶ抗議活動「ブラック・ライブズ・マター（ＢＬＭ）」に火がついた。フロイドを逮捕する際、ショーヴィンは相手の首を膝で押さえつけ、八分以上もそのままでいたのだ。その場面は撮影されていた。ほかの三人の警官は傍観していた。死の直前、拘束され手錠をかけられていたフロイドは母親の名前を呼び、「息ができない」と警官たちに訴えてから意識を失った。フロイドの死はのちに殺人と認定されるが、ショーヴィンら警官たちがただちに逮捕されることはなかった。

著名なＮＢＡ選手たちは長年にわたって警察による暴力を非難し、デモを呼びかけ、エリック・ガーナーの窒息死事件やタミール・ライスの射殺事件などに際しても公正な裁きを求めていた。だがフロイドの死はとりわけ痛切だった。二〇一四年に十四年の選手生活にピリオドを打ったスティーブン・ジャクソンの幼なじみだったのだ。顔や姿が似ていることからフロイドを「双子」と称していたジャクソンは、すぐさまミネアポリスに飛んで抗議デモの先頭に立ち、警官たちの逮捕を求めた。レブロン・ジェームズらＮＢＡのスターもジャクソン支持を表明し、カール＝アンソニー・タウンズとジョシュ・オコーギーはミネアポリスの市庁舎前でのデモに参加した。

「おれがここにいるのは双子の兄弟、ジョージ・フロイドの人格がおとしめられないようにするためだ」と、ジャクソンは言った。「多くの場合、警察は失敗に気づくとすぐさまもみ消しをはかり、自分たちのばかげたまねには理由があったと言わんばかりに、被害者の過去の行動を持ちだしてくる。殺人に理由などあるものか。なのに相手が黒人の場合、それがあるとされてしまう。おれの兄弟の首を膝で押さえつけて、ポケットに片手を入れたまま命を奪ったとき、あの男のにやけ顔には『おれは守られているから』と書いてあった」

何百万人が職を失い、国内の多くの地域がまだロックダウン下にあるなか、フロイドの死はおそらく一九六〇年代以来最も長期間におよぶ人種間の公正を求める抗議活動を引き起こした。何週間にもわたってデモ隊が路上を占拠し、時には警官たちと衝突した。NBA選手たちもカリフォルニア、ジョージア、ノースカロライナ、オレゴン、ペンシルヴェニア、ウィスコンシンの各州とそのほかの地域でデモに参加した。

ボストン・セルティックスのジェイレン・ブラウンとインディアナ・ペイサーズのマルコム・ブログドンは、アトランタでのデモの様子をライブ中継した。「おれは黒人で、ここのコミュニティの一員だ」と、ブラウンは言った。「おれはこの土地で育った。これは平和的な抗議活動だ。おれたちは歩いている。それだけだ。みんなの気づきをうながしているんだ。これまでに起きてきた不公正は許されるものではない。若者たちは、おれたちの意見に耳をかたむけてほしい。声を聴いてくれ。おれは二十三歳だ。なにもかも理解しているわけじゃないが、おれの気持ちはみんなとおなじだ」

ブログドンは自分の祖父がキング牧師といっしょにデモに参加したと語り、自分たちがまた路上に出ていることを「祖父は誇りに思ってくれるだろう」と言った。「おれにはデモに参加している兄弟姉妹や友人たちがいる。毎日毎日、車を停めるよう命令され、差別されている人間だ。何度も、何度も。これは社会のシステムの問題だ。家に火を放つつもりはない。おれたちはこの街を造った。ここは世界のどこよりも誇り高い黒人の街だ。その誇りを胸にして、力を合わせよう。今がそのときだ。今、ものごとを動かす機会がきている」

ポートランド・トレイルブレイザーズのフォワード、カーメロ・アンソニーも自身のインスタグラムにこう投稿した。「おれにはアメリカン・ドリームが見えない。見えるのはアメリカン・ナイトメア〔悪夢〕だ。世界最悪の暴力の扇動者。それがおれたちの政府だ。黙ってなどいられるか」

多くの黒人のコーチも声明を発表し、LAクリッパーズのドック・リヴァースとデトロイト・ピストンズのドウェイン・ケイシーは、自身の差別体験について明かした。「数えきれないほど人種差別的な暴言を浴び、肌の色のせいで車を路肩に停めるよう命じられ、家を燃やされたことさえある」と、リヴァースは言った。

ケイシーも統合されたばかりのケンタッキー州の小学校に通っていたころの「無力感」について語った。「わたしのことを誰も見ていない、聞いていない、理解しようとしていないという気がした。今でも大勢の人たちがおなじ気持ちを味わっている。無力感、いらだち、自分を消されるような感覚、怒り」

NBAのオーナーたちはもっぱら人種問題について公に発言するのを避けてきたが、フロイドの死に関してはほとんどのチームが声明を発表し、人種差別と警察による暴力を非難した。現役時代はバスケットボール以外の話題について発言しないことで知られていたマイケル・ジョーダンも、人種間の平等と社会の公正を後押しするため、十年かけて一億ドルを寄付すると約束した。「この国に根ざした有色人種への差別と暴力を告発している人たちを支持する」。ホーネッツのオーナーを務めるジョーダンは言った。「差別はもうたくさんだ」

ジョーダンの言葉どおりだった。フロイドの死とその際のおぞましい映像は、壊れたシステムと社会に浸透した黒人憎悪の明らかな証拠で、多くのアメリカ人は「もうこんなことはたくさんだ」と感じていた。バスケ界の反応もそうした空気のあらわれで、社会全体を巻きこむこの種のできごとにあまり関わってこなかったリーグにとって、新しい局面を示すものだった。

フロイドの死の四日後にショーヴィンは逮捕され、のちに第二級謀殺のかどで起訴された。それからも抗議活動は何週間もつづき、いくつかの都市ではコロナ禍の外出禁止令に上乗せするかたちで、夜間外出禁止令が敷かれることになった。ロックダウン中のロサンゼルスでは、デモ隊と警官隊が繰りかえし衝突した。エリック・ガルセッティ市長は、早くて午後六時から外出を控えるよう指示を出し、たびたび直前になってEメールでの連絡や通知を行なった。わたし自身、夕方の散歩の予定を何回か調整しなければならず、外出自粛がスタートしてからはじめて、寝室ひとつの自宅に幽閉されているような気分になった。

バスケ界の内外を問わず、空気はぴりぴりと張りつめ、フロイドの死がNBAのバブル計画にどう影響するかわからない状況だった。ひとつだけはっきりしていた。圧倒的多数が白人であるNBAのオーナー陣は、圧倒的多数が黒人である選手たちに、コロナ禍で命の危険を冒してプレーし、不自由かつ孤絶した環境で暮らすことを求めていたというわけだ。

五月上旬にミシェル・ロバーツはESPNの取材に応えて、バブルの運営のため武装した警備員を配置するという案が出ているが、それは「刑務所のような方法に思える」と言った。フロイドの殺害はバブル計画の人種的な含みと、オーナーと選手たちの人種的分布の偏りを浮き彫りにしていた。シーズン再開案を成立させるには、両者が針の穴を通すような話しあいをする必要があった。

「コロナとの闘いは、有色人種とそのコミュニティをことさらに圧迫している。そしてわれわれは、この国にはけっして癒えていない傷があることを突きつけられている」と、シルヴァーは関係者用の資料に記した。「人種差別、警察による暴力、人種間の不公正はこの国の日常に浸透しており、目をそむけるわけにはいかない」

フロイドの死の以前でさえ、これらは簡単に折り合いがつくことではなかった。テレビ放映権で約十億ドルの利益をあげ、チャンピオンを生みだすというのがNBAの希望で、選手たちは経済的な事情から、健康面のリスクをおしてその案に歩み寄ろうとしていた。Yahoo!によるとレブロン・ジェームズ、カワイ・レナード、ヤニス・アデトクンボをはじめとする主力選手たちは全員、五月十一日の会談に参加した。リーグ三強の意見はそれぞれ、シーズン再開を望むという点で一致していた。六月に選手会が非公式に行なったアンケートによると、大多数がシーズン中止ではなく再開を望んでいた。

両陣営ともバブルの開催地については合意していたが、誰が、何を、いつ、どのようにやるかという点については協議の必要が残っていた。再開がどういった形で行なわれるか、みなが感触を得ていたという点は前向きな材料だった。だが、その感触が人によってばらばらだという問題があった。

チームや選手のみならず、暇をもてあましている記者やファンのあいだでもそれはおなじだった。わたしは慎重派だった。理由のひとつとしては、記者が現地に招かれるならわたし自身が向かうことになるという予感があったからだ。ワシントン・ポストには世界中に読者がいて、NBAについて報道しているメディアとしては最も規模が大きく、安定した団体のひとつだった。

機会が与えられるならシーズン再開について取材すべし、というプロとしての使命感のいっぽう、わたしは外出自粛を生真面目に実行していて、すこしでも感染の危険を冒したくなかった。NBAには選手たちを守る倫理的な義務があるはずで、バスケットボールを愛しているからといってハイリスクな環境に身を投じるのはごめんだった。どんなバブルにしても、必ず弱い部分があるはずだ。中の住人との接触を避けることはできても、各地からやってきた何百人という選手を取材しつつ、隔離状態を保つのは無理だろう。

ＮＢＡが感染対策についての総合的なガイドラインをなかなか発表しないことに、わたしはいら立っていた。選手も世間も、ＮＢＡが何を目指しているのか知らされてしかるべきだろうし、わたし自身、できるだけ多くの情報にもとづいて判断したかった。両陣営はプレーオフの形式とスケジュールについて話しあいを始めていたが、とらぬ狸の皮算用をしているようにしか見えなかった。そもそもバブルが維持できなかったら、試合などできるわけがない。

わたしの意見としては、ＮＢＡはディズニー・ワールドに招集するのを十六チームに限定し、レギュラーシーズンの再開ではなくただちにプレーオフに入るべきだった。そうしたら期間を約二か月に短縮できるし、下位の十四チームを地元に留まらせ、規模を絞ることもできる。プレーオフにおける一回戦のアップセット〔番狂わせ〕は稀なので、優勝候補は格下のチーム相手に肩慣らしをして、より厳しい二回戦に臨むこともできるはずだ。

そしてチャンピオンは極力シンプルかつ迅速、クリーンに選ばれるべきだろう。形式を複雑にしたり、無用なチームを参加させたりするのは本末転倒になりかねない。チームが増えればテレビのコンテンツも増えるが、そのことによって得られるものはわずかのはずだ。有名選手の誰かが体調を崩したり、優勝候補のチームでクラスターが発生したらバブルの信頼性は失われ、存続がたちまち危うくなる。大半のライト層の観客は、特定のスーパースターや話題性のあるチームを観るためにテレビをつけているのだから、よけいなリスクを負う必要はないはずだ。

だがＮＢＡのオーナーたちが、テレビ放映権を最大限生かすことのほうに意識を向けているのも理解できた。バブル建設と維持には二億ドル近くかかる見通しで、そのプロジェクトから無理のない範囲で極力多くの利益を得ようとしていたのだ。全三十チームを招集するべきで、下位に低迷し、事実上プレーオフ進出の芽がなくなったチームも呼ぶべし、と主張する向きもあった。バブルは暫定的な方策にすぎず、新型コロナウイルス感染症がもたらした多大な経済的ダメージは、二〇二〇～二一シーズンに持ち越される可能性が大きかった。

二十～二十二チームを招くのがよいという意見もあり、その大きな理由はニューオーリンズ・ペリカンズのザイオン・ウィリアムソンだった。ペリカンズはリーグ中断の前、プレーオフに手が届くかどうかという順位だった。だがこの大型ルーキーが一月にデビューした際は、二百三十六万人の視聴者が集まった。ステフィン・カリー、ケヴィン・デュラント、カイリー・アーヴィング、クレイ・トンプソンといったスターたちが怪我のため欠場する見通しのなか、バブルに参加したら最もテレビ局が映したがる選手とみなされていたのだ。ウィリアムソンは非常にカリスマ性があり、ＮＢＡがペリカンズの試合をオープニングナイト、クリスマス、キング牧師記念日に全国テレビで放映したくらいだった。わたしもその華々しいデビューを見届けるべくニューオーリンズに飛び、予定を二度変更して第二、第三戦を観戦してきた。わたし自身にしても、大勢のファンにしても、それくらい魅力的な選手だったのだ。

ＮＢＡと地域のスポーツネットワーク、すなわち各チームの試合を地元の視聴者向けに放映する局は、七十試合を開催する契約になっていた。リーグは中断のせいでその指標にわずかに届いていなかったが、慣らし試合を数週間行なったらクリアできる見込みだった。それは十六チーム以上をバブルに招集するのは本末転倒だ、というわたしの主張に対する強力な反論だった。

プレーオフの形式についてもリーグ内ではすぐ結論が出なかったが、上位のチームはおおむね試合に意欲的で、圏外のチームは地元に留まることを望んでいた。プレーオフ進出が期待できないチームのエグゼクティブたちは、招集されないほうが望ましいと言った。彼らにしてみたら、勝てる見込みもないのに感染リスクを負うのは割に合わない。スティーヴ・カーの率いるゴールデンステート・ウォリアーズはウェスタン・カンファレンス〔西部地区〕の最下位で、彼は四月ごろには既に「われわれにとってシーズンは終わったようなものだ」と述べていた。

より判断が難しいのは当落線上の中位チームだった。ポートランド・トレイルブレイザーズのようなチームはこのたびの機会を歓迎し、プレーオフに進出するため試合の開催を望んだ。いっぽうワシントン・ウィザーズ、ブルックリン・ネッツ、サンアントニオ・スパーズなどは、主力選手が怪我や感染への不安、契約上の理由などでバブル参加を見送ることになっていた。

アダム・シルヴァー、ミシェル・ロバーツ、そしてオクラホマシティ・サンダーのクリス・ポール率いる選手会の理事たちは、誰もが満足するシナリオなどないことをよく知っていた。アトランタ・ホークスやクリーヴランド・キャヴァリアーズといった下位に低迷するチームも、参加の意思を表明していた。プレーオフ進出の可能性はゼロだったが、若手に経験を積ませようと考えていたのだ。なおややこしいことに、上位のチームは競争面でのアドバンテージを求めはじめた。ホームアドバンテージが得られないのなら、少なくともより条件のいいホテルに泊まりたいし、試合中はファンの歓声の録音を流し、本拠地で使っている床材を搬入したいというわけだ。

数週間にわたって侃々諤々《かんかんがくがく》やりあった結果、六月四日に詳細が決定した。招集されるのは二十二チーム、レギュラーシーズンの試合を八試合行ない、必要とあらば両カンファレンスでプレーインを開催して、しかるのち通常の十六チームのプレーオフを行なう。ウォリアーズは不参加を認められた。ブレイザーズの参加の意向も了承された。全米規模のテレビネットワークはウィリアムソン所属のペリカンズの試合を集中的に放映することになり、大半のチームは地元のテレビ局との契約である七十試合の指標に届くこととなった。

計画の実施には三十人のオーナーの四分の三の賛成票が求められ、結局二十九票が賛成だった。唯一の反対票は、二十チームの参加を望んだブレイザーズだった。選手会の理事たちも六月五日に暫定的に計画を承認し、健康に関するガイドラインなど未解決の問題については以降の話しあいを待つとした。選手たちは七月二十二日までに、チームに合流するよう求められた。あと三週間弱だった。

話しあいの結論が出たのはいいことだったが、まだバブルの大きな枠組みについての不安は残っていた。レギュラーシーズンを八試合と通常のポストシーズンを行なうには、最短でも三か月かかる。バブルは本当に、そこまでもつのだろうか。二十二チームを参加させるということは、ディズニー・ワールドにやってくる選手は三百人を超える。果たして全員が、きちんとルールに従うだろうか。そもそも、どのようなルールが設けられるのか。リーグがどのようにして安全を守るつもりか知らされないまま、選手たちは試合に出場することに同意しているのか。

ＮＢＡ選手会が大枠で合意していたいっぽう、選手個人が参加を強制されるわけではなかった。自宅に留まることを選んでも、ペナルティはなかった。多くの選手は前々からコロナをめぐる心配ごとを口にしていたが、今ではフロリダ州に行くことでＢＬＭ運動によからぬ影響がおよぶのではないか、という不安も浮上していた。ほとんどが黒人である選手たち数百人が、バブルという隔離環境に身を置いて試合に出場し、ほとんどが白人のオーナーの利潤に貢献するという図は、社会へのどんなメッセージとなるだろうか。プレーオフのせいで抗議活動についての報道が減り、構造的な人種差別と警察の暴力から世論を遠ざけてしまうことになりはしないか。

そのような不安を先頭に立って表明したのは、選手会の副会長カイリー・アーヴィングだった。選手七十五名超が参加した六月十二日の電話会議において、ブルックリン・ネッツでガードを務めるアーヴィングは再開反対の意思を示し、選手たちは自宅に留まることでより強力な反人種差別のメッセージを発することができると言った。ＮＢＡにとって、一定数の選手が感染リスクを避けるため参加を見送るのは覚悟の上だったが、社会の公正をめぐって参加忌避の空気が広がるのは、バブル計画が雲散霧消しかねない危機だった。

「(感染リスクを避けるため)『参加はしない』と言おうとしている選手たちがいる」と、インディアナ・ペイサーズのガード、マルコム・ブログドンはザ・リンガーという名のポッドキャストで語った。「ほかの連中はこうだ。『黒人のコミュニティと自分の身近な人たちは、今たいへんな思いをしている。バスケに関わってなどいられない。黒人のコミュニティよりバスケを優先するつもりはない』」

数週間前はブレイザーズのバブル招集を強く望んでいたデイミアン・リラードも、にわかに揺らいでいた。「このリーグは大勢のアフリカ系アメリカ人で成り立っている。おれたちの心はみんなとともにある」と、ESPNの番組で語った。「思いは仲間たちとひとつだ。おれたちも闘いに参加するべきだと思う。それが今、あちこちから聞こえてくる声だ。シーズン再開について思い悩むより、この件に集中するべきなのかもしれない。そのいっぽう……おれは自分の立場から語ることしかできないが、おれたちは家族やコミュニティを経済面で支えている。黒人のコミュニティとビジネスを支えるため、金銭面で大きな責任を負っているんだ」

選手たちのためらいによって、わたしもいったん立ちどまり、構造的な不平等をめぐる自分自身の体験を振りかえってみた。オレゴン州の郊外の公立高校を卒業し、ジョンズ・ホプキンス大に入学した当初、エリート寄宿校や著名な私立校から来ていた多くの同級生を見ていると、自分の経験値の低さにわれながら驚いたものだ。

ボルティモアの小学校でボランティアの英語教師を務めたときも、一時間で教育格差という言葉の本当の意味が身にしみた。子どもたちはひとり親あるいは祖父母のもとで育っていて、誰かに宛てて詩を書かせてみると、相手は収監されたり亡くなったり、薬物依存で命を落としたりした家族だった。学校にはパソコンルームも、まともな図書館もなく、わたしが世話になった教員たちは校舎の暖房システムがひと冬もつか案じていた。

ＮＢＡの選手の多くも恵まれない子ども時代を過ごし、逆境に打ち勝っていた。それでもプレーするか否かの全体としての判断を、倫理的な理由だけをもとに下すわけにはいかなかった。仮に自宅に留まることにしたら、ＮＢＡのオーナーたちは労働協約を破棄するという行動に出て、労働争議になるかもしれない。なんといっても前回の労働争議のとき、世間は裕福な選手たちに対して冷ややかだった。バブル計画を拒絶したら、おそらくバッシングの的になるだろう。

反バブルの旗印としてのアーヴィングの立場は、なんとも微妙なものだった。多くの選手たちと違って、自由気ままにものが言えたからだ。二十八歳のアーヴィングはすでに一億ドル以上の給料を得ていて、最近になってネッツと四年にわたる一億三千六百万ドルのマックス契約にサインしていた。ナイキ社およびペプシ社とも、高額のＣＭ出演契約を結んでいた。おまけに三月に肩の手術を受けてリハビリ中で、バブルに参加する予定はなかった。つまりお金には困っておらず、そもそも優勝争いとは関係がなく、バブルで感染リスクを負うわけでもなかったのだ。アーヴィングはこのたびの議論に、ただ抗議活動にたずさわるひとりの人間としてのみ参加していて、心のままに金銭や権力、現実的な振る舞いを拒絶していた。

その立場のせいで、たちまちアーヴィングの主張は純粋に受けとられなくなってしまった。記者もファンも、彼が昔から陰謀論の支持者で、地球は平面だと主張しているのを知っていて、それもまた信ぴょう性を損なうこととなった。二〇一八～一九シーズン、ボストン・セルティックスは不安定かつ期待外れなシーズンを過ごしたが、アーヴィングはチームの輪を乱す振る舞いにおよんでいた。懐疑的な向きは、アーヴィングが選手会を経済的な苦境に追いこもうとしているとした。彼はぱっとしないキャリア終盤の選手でも、年俸の低いルーキーでもないので、金銭面をかえりみず哲学的な問題として議論に参加する恵まれた立場にあるのだ、とする意見もあった。

わたし自身も長年、アーヴィングの試合内容とリーダーとしての素質に疑問を呈してきた。球離れが悪く、守備に貢献せず、派手なプレーばかり狙い、チームメイトをおとしめる発言を繰りかえしてきたからだ。だがそうした過去はさておき、彼の一貫した発言はそれなりの評価に値するものだった。

ほかにも大勢の選手が、このたびの問題に深く心を痛めていたが、アーヴィングのように矢面に立つことはなかった。彼が公に発言したおかげで、社会の公正をめぐるオーナーと選手会の次なる話しあいの方向性が決まった。アーヴィングはディズニー・ワールドでコートにこそ立たなかったが、その足跡は何か月にもわたって消えなかった。

アーヴィングが進んで嫌われ役を引きうけたのと同様に、クリス・ポールは選手会の会長として、また話しあいのまとめ役として任務をまっとうした。ロバーツをはじめとする選手会のリーダーたちとともに、ポールはシルヴァーおよび副コミッショナーのマーク・テイタムとの数週間にわたる協議に臨み、バブル計画を選手たちの社会の公正への思いを汲んだものにするため交渉を重ねた。

試合開催と抗議活動は相反するものではない、というのが選手会の最終的な結論だった。だが選手たちに数か月にわたる試合に集中してもらうなら、バブルがどのような理念をもとにしているのか、観客に対してどう見せていくのか、方向性があってしかるべきだろう。「この国の構造的な人種差別と警察による暴力には終止符が打たれるべきだ」と、ポールは六月下旬のプレスリリースに記し、選手とリーグはバブルでの試合中「これらの問題に注目を集める必要がある」とした。

シルヴァーとオーナーたちは選手の不安をやわらげるため迅速に動き、黒人コミュニティの経済的課題を支援するべく、十年にわたる三億ドルの基金をもうけた。そこには職業訓練、高卒後の就職支援、キャリア支援などが盛りこまれていた。だが世の中の緊迫した空気を考えると、金銭だけでは不十分なことをNBAのリーダーたちは理解していた。

「このリーグにはもっと大きな期待が寄せられているはずだ」と、シルヴァーは言った。「その期待の一部とは、すでに取り組んできたことではあるが、しっかり相手の声に耳をかたむけることだ。それから選手たちとともに、きわめて具体的な行動を起こすことだ。われわれの幅広い観客層をどう生かし、選手とともにどう変化を起こしていけるだろうか。抗議活動はさまざまな形で行なうことができる」

結局、アーヴィングの主張への最も説得力ある反論はシンプルなものだった。抗議活動のためにバブル参加を見送るのは、一日かぎりの新聞の一面ネタにはなるが、選手が各地域に散ってしまったらメディアはべつのネタを探しにいくはずだ。だがバブルで抗議活動をしたら、毎晩まる三か月にわたって、大統領選挙を控えたテレビの前の大勢の観客にメッセージを届けることができる。試合に出ながら抗議活動をすることには、数百万の有権者の心を揺さぶり、人種差別と警察による暴力についてリーグ一丸となったメッセージを届ける可能性を秘めていた。

バブルは黒人の怒り、決意、政治的な力を見せつける場になり得るのだ。

# 第5章　土壇場のアピール

我慢の限界を超えていたのは、わたしだけではなかったはずだ。

ＮＢＡがディズニー・ワールドをシーズン再開の地に選んでから、選手たちが緊張感あふれる意見のやりとりをした二週間をふくめて一か月近く経っていた。ところがいまだにＮＢＡは、バブル内部での生活がどんなふうになるのか詳細を公表しておらず、感染対策についての細かい説明もなかった。取材のためオーランドに飛ぶまで一か月弱だというのに、何が待ちうけているのか、さっぱりわからなかった。

「ちょっとまだあやふやなんだ」。バブルに参加するのかとＴＮＴに訊かれて、ブレイザーズのフォワード、カーメロ・アンソニーは言った。「詳しいことを知らされていない。情報があまり回ってこないんだ。それがないかぎり、百％集中するのは難しいよ」

アンソニーのような選手に積極的になってもらうのは不可欠だった。すでに実績のある彼は、金銭を必要としていなかった。プレーオフ圏外のチームのロールプレーヤー〔決められた役割をこなす選手〕だったため、優勝杯を手にする可能性もなかった。まもなくフリーエージェントになるので、次の契約の確保に向けていいプレーをするという多少のモチベーションはあっただろう。だがアンソニーには家族がいて、これまでのキャリアで二億六千万ドル近く稼いでいた。状況に不安があるなら、バブル参加を見送ることもじゅうぶんにできた。

六月十六日、ＮＢＡは選手会のリーダーたちと、人種間の公平を求める運動を行ないつつバブル計画を遂行する方法について話しあったあと、バブルでの生活について選手たちに説明文を送った。翌日、わたしはＮＢＡの感染対策についての総合的なガイドラインも入手した。早く読みたくてしかたなかったので、午後に近所の湿地を散歩したあとは大急ぎで家に帰り、資料を熟読した。これだけじりじりさせられたのだし、シーズン再開までほとんど時間がないのだから、大まかな枠組みではなく網羅的かつ理にかなった計画であることを期待した。

説明文はＮＢＡプレジデントのバイロン・スプリューエルによるもので、約二千四百語、そして三十三ページのハンドブックもついてきた。まず大原則として、選手はディズニー・ワールド到着後ホテルの部屋で三十六時間の隔離状態におかれ、公共の場ではマスクを着用してソーシャルディスタンスを守り、いかなるときも他人の部屋に入ってはならない。いつバブルを離れるのも自由だが、戻ってくるときは最長十日間の隔離を課される。

二十二チームからディズニー・ワールド入りできるのは各三十五人で、例外は認められない。遠征チームは選手最大十七名、コーチングスタッフ、用具係ひとり、セキュリティ担当者ひとり、経営側から任意のひとり。家族の帯同は最初のうちは不可で、外部の人間とのフィジカルな接触は禁止だ。

想定内の文言だったが、それでも不満の声があがるだろうと思った。有名選手はパーソナルトレーナー、シェフ、代理人、その他サポートにあたるスタッフを同行させられないというわけだ。選手、コーチ、スタッフ、誰もが配偶者や子どもたち、恋人と少なくとも一か月は引き離されることになる。だが重要な点として、一回戦を突破したチームは家族のためにホテルの部屋を確保し、バブルに招待することができた。

不満をいなすためなのか、ハンドブックは感染対策よりもディズニー・ワールドの豪奢な宿泊設備や特典のきらびやかな写真に力点を置いていた。両カンファレンスの上位四シードは宿泊先にグランン・デスティノ・タワーをあてがわれるそうで、夕映えの湖をバックに撮影した写真が載っていた。続く四シードが泊まるのはグランド・フロリディアンで、広々とした白いポーチと釣り場に行くボートのチャーターサービスつき。プレーオフ圏外の六チームは風格あるヨット・クラブで、これまた美しい水場がそばにあった。

つづいてハンドブックには、そのほか多数のサービスについて説明があった。プライベートラウンジ、筋トレ用のジム、プール、ランドリーサービス、理容室、ネイルケア、ヘアサロン、映画の上映、ＤＪの参加、卓球、カードゲーム、二十四時間体制のコンシェルジュサービス、ゴルフやボート、釣りのツアー。食事はすべてディズニーのシェフが作り、バブル外のレストランからのデリバリーサービスも可能だという。買い物のためバブルを出ることはできないが、必要な品や差し入れの届け先として巨大な倉庫があり、そこで消毒および配達が迅速に行なわれるとのことだった。大麻使用の検査が一時中止されることまで決められていた。

チームの現地入りは七月九日までとされた。レギュラーシーズンの試合は七月三十日に始まり、プレーオフは八月十七日から最長で十月十三日まで。上位のチームは九十日以上、滞在することになる。試合会場にはアドヴェントヘルス・アリーナ、ＨＰフィールドハウスとＶＩＳＡセンターの三か所を使用し、それにくわえてコンヴェンション・センターの宴会場やホテルの会議室を改造した仮の練習用設備を七か所用意する。感染拡大のリスク軽減のため、会場と練習用設備は使用前後に入念に消毒する。

細部まで行き届いた内容には感心したが、高級マンションに住んでいたり、フォーシーズンズの滞在に慣れていたりする選手の多くが、こうした設備に納得するかどうかは疑問だった。ディズニー・ワールドはわたしのような人間がマリオットポイントをいくらか費やして骨休めに行く、中級クラスのリゾートという感じだった。

「みなが満足するとはかぎらない」と、ＥＳＰＮの特別番組でシルヴァーは言った。「選手はもちろん、コーチや審判といった関係者は大きな犠牲をはらうことを求められるだろう。たしかに理想的な状況とはいえない。われわれはコロナ禍と経済停滞の最中――それどころか四千万人が失業し、アメリカ社会が大きく揺らいでいるなか、ふつうの状況を作り出そうとしているのだ。いろいろな課題に取り組むなかで、選手の一部が『自分には合わない』と感じるかもしれないのは理解できる。家族や健康をめぐる事情かもしれないし、よそで過ごすほうがいいと思うからかもしれない」

わたしの場合、ベッドと空調設備、それにＷｉ-Ｆｉがあれば生きていけた。本当に気にしていたのは感染対策のガイドラインだったのだが、それについては安心したし、いい意味で驚かされた。百十三ページにわたる資料には日々の検査の計画と、それぞれ入場できる区域が記されていた。選手と接触する相手を厳しく制限することで、いわば広いディズニー・ワールドのなかに、ふたつめのバブルを作るようなものだった。

第一区域への入場を許可されるのは選手、コーチ、メディカルスタッフ、用具係、審判のみ。つまり、コートに直接立ち入ることになる人びとだけだ。第二区域はメディア関係者の一部とスコアキーパー、サイドラインに立つ人びと、経営陣、チームのセキュリティ担当。選手との接触の機会は限られるが、試合の観戦中はコートサイドに座っていることができる。

第三区域はディズニー・ワールドの従業員で、選手の不在時にかぎってホテルの部屋を清掃する。第四区域はスポンサー、ＮＢＡ従業員、選手会の職員。第五・第六区域は残りのメディア関係者。数字の大きな区域に属する人びとはみな、選手との直接的な接触を禁じられていた。

わたしの見立てでは、バブル最大のウィークポイントはやはり試合だった。ハイレベルな試合を行ないながら、ソーシャルディスタンスを守ったりマスクを着用したりするのは不可能だし、選手と審判はよく至近距離で激しいやりとりをする。コロナに感染した選手が出場してしまったら、複数のチームにわたるクラスターの発生は避けられないだろう。

ガイドラインを読んでいると、漠然とこうした問題の存在が認められているようで、試合環境を厳しく管理すると記されていた。連結型のベンチ一列のかわりに、チームのベンチは複数の列にして、かつ単体の椅子が間隔をあけて置かれるという。ゲータレードのタンクを一個用意するかわりに、選手は個別の給水所を与えられる。スコアキーパーの机の前にはアクリル板が置かれ、ボールボーイはマスクとゴム手袋の着用を求められる。審判については唾が飛び散らないよう、ホイッスルに小さな袋までつけるとのことだった。

選手たちは指をなめる、マウスガードをいじる、唾を吐く、タオルを共同で使う、鼻をかむ、相手選手とユニフォームを交換するといった行動を控えるよう求められていた。試合に出ていない選手たちは、ベンチに座っているあいだのマスク着用を義務づけられていた。ふだんの試合中のように、ハイタッチをしたりゴールを祝ったりするのはかまわないが、相手チームとはつねに「不要なフィジカルコンタクト」をとらないようにする。試合が終了すると、選手たちはただちにソーシャルディスタンスを守った取材を受け、アリーナの共同設備を使うかわりに、各自のホテルの部屋に戻ってシャワーを浴びる。記者や特定の用事がないスタッフは、ロッカールームへの入室を禁じられていた。

よく対策されているようだが、ひとつ不穏なパラグラフが目を引いた。「それでもスタッフ、選手、そのほか二〇一九〜二〇シーズン消化にかかわる人間が陽性反応を示すか、発症することはあるだろう。

少数あるいは想定の範囲内の感染例は、二〇一九～二〇シーズンの中断または中止の判断を要しないものとする」

それは現実的かつやむを得ない姿勢だった。バブルが完璧に機能するという保証などあるわけもなく、二億ドル近い資金を注ぎこもうとしているＮＢＡとしては、スーパースターがファイナルの直前に陽性反応を示した場合や、過密日程の最中にクラスターが発生してチームのロスターに支障が起きた場合の「調整の余地」が必要だった。この実験の成否はひとえに、ガイドラインがどの程度うまく設計され、維持されるかにかかっていた。アメリカ国立アレルギー・感染症研究所所長で、アメリカの新型コロナウイルス感染症の第一人者であるアンソニー・ファウチは計画を了承しており、その点が客観的な信頼性を一段階増しつつ、緊張感をやわらげていた。

それでも、陽性反応についてのくだりを読んでいると背筋が冷えた。バブルの住人の誰かが命にかかわるウイルスに感染したと知りながら、簡単には立ち去ることのできない環境で暮らすとはどういうものなのか。自分のもとに知らない医者から電話がかかってきて、あなたは陽性だと告げられたり、感染したという記者仲間のメールを読んでいたりするところを想像した。

ツイッターを開いて、長いこと待っていたニュースにＮＢＡ界隈がどう反応しているか、チェックしてみた。ガイドラインについて熱く議論がかわされているか、陽性という結果が出ても試合を続けたいというリーグの姿勢について不安の声があがっているのではないか。ところが見つかったのは、ヨット・クラブについての冗談ばかりだった。

理由はさておき、プレーオフ圏外の六チームをヨット・クラブに泊めるというのを、ＮＢＡ関連のアカウントはひどくおかしな話として受けとったようだ。わたしにしたらヨット・クラブはじゅうぶんな滞在先に思えたし、実際に現地で見た建物は洒落ていた。ところがこうしたアカウントは優勝候補のバックスやレイカーズ、クリッパーズの宿泊先のグラン・デスティノ・タワーと比較して、三流ホテルあるいはみすぼらしいゲストハウス扱いしていた。

ホテルが笑いの種になっているのは不可解だったが、そうした軽いやりとりは、数か月の重苦しい会話のなかでは一服の清涼剤だった。ここがターニングポイントなのかもしれない。バブル計画についての情報の不足は、わたしのような心配性の人間や、ＮＢＡが利益を求めて欲をかいていると思っていた批判的な向きには、ある種の空白のような状態をもたらしていた。そこへ情報が一挙に解禁され、バスケットボールを観戦してすこしでも日常を取りもどしたいファンにとっては、あたらしい会話の種が生まれた。バブルがどこまで機能するかはさておき、ほかに話題もないスポーツ界において、人びとの想像力を刺激することができたというわけだ。

選手たちも、試合を続ける準備ができていた。ガイドラインについて公の場で大勢による批判が口にされることもなく、六月二十六日、ＮＢＡと選手会はバブル計画について合意した。公式なゴーサインだった。

「こんなかたちで試合をするとは夢にも思わなかった」と、クリス・ポールはシルヴァーやロバーツとともに出席した合同電話会談で述べた。「健康や安全というと、だいたいの人間は怪我や新型コロナウイルス感染症のことを思いうかべる。どちらも重要だが、選手の多くがまず考えたのはメンタルヘルスではないか」

マイアミ・ヒートのフォワードにして選手会の副会長のアンドレ・イグダーラは、選手たちはコロナの現状について、また社会の公正のため抗議活動をする機会について、「じゅうぶんな情報が与えられたと感じている」と言った。「誰もがなんらかの犠牲をはらっている。アメリカの多くの人びとは今、失業中だ。おれたちには希望の光となり、連帯を示す機会がある」

選手たちがそうしたメッセージを発するいっぽう、フロリダ州ではコロナの脅威が高まっていた。一か月ほど前に交渉が始まったとき、州の新規感染者数は一日あたり千人をやや下回っていた。だが六月二十二日の時点では、四千人を超えていた。六月二十五日には五千五百人超、七月四日には一万一千人超。バブルの開催地である州および近隣は、明らかな感染爆発の局面にあった。

シルヴァーが「ＮＢＡの決断を支える」としていた「データ」は、いつの間にか彼の味方ではなくなっていた。「ウイルスと共存する方法を学ぶという選択肢しかない」と、シルヴァーは六月二十六日に述べて、空気がはっきりと変わったことを示唆した。「今、ノーリスクの選択肢は存在しない。永遠にコートサイドに座りこんでいるわけにはいかないのだから、適応しなくては。わたしの究極的な結論は、ウイルスを振りきることはできないというものだ。バブルは不可侵ではないが、言ってみればまわりの感染例から守られている。こうした理由によって、やはりオーランドは安全だ」

フロリダ州では多くのプロや大学チームがシーズン開幕に向けて動きはじめるなか、警告をあらわす信号が点滅していた。六月下旬はあまりに多くのチームから感染者が出て、事態を追うのが難しいほどだった。ＭＬＢのフィラデルフィア・フィリーズ、ＮＨＬのタンパベイ・ライトニング、ＮＦＬのタンパベイ・バッカニアーズ、全米女子サッカーリーグ（ＮＷＳＬ）のオーランド・プライド。野外スポーツをふくめて、団体競技の試合の開催にはバブルが不可欠になっていた。選手やスタッフから十名の感染者が出るに至って、オーランド・プライドはトーナメントの棄権を余儀なくされた。感染者たちは、規模を縮小して営業していたオーランドのバーに行っていたことが判明した。ＭＬＢの開幕は七月二十三日だったが、多くのチームが陽性結果を受けて設備を閉鎖することになり、選手の一部は検査結果の通達の遅れを批判した。そのせいでチーム間の感染が広がっている可能性があったというわけだ。

いっぽう六月下旬にチームに合流した三百人超のＮＢＡ選手のうち、十六人（五・三％）が陽性と判定された。陽性率がそこまで高くなかったことにロバーツが「ある程度安堵した」と言ういっぽう、シルヴァーはこのニュースにみながショックを受けないよう、誰ひとりとして「重症ではなかった」と言った。シルヴァー曰く、選手たちが三か月以上目の届かないところにいたことを考えると、感染者数はリーグの予想の範囲内だった。

七月二日の時点では、三百五十一人の選手のうち二十五人（七・一％）の感染が判明していて、そのなかにはオールスターゲームに選出されているニコラ・ヨキッチとラッセル・ウェストブルックもいた。「煎じ詰めれば、バブル内のほうが外より安全だろう」と、シルヴァーは述べた。だが「感染が劇的に拡大」した場合、バブルを閉鎖する可能性にも言及していた。「何が起きても猪突猛進というつもりはない」

それでも、選手の一部は自宅に留まると決断した。レイカーズのエイヴリー・ブラッドリーは子どものひとりに持病があって、感染した際のリスクが高いという理由で辞退した。ブレイザーズのトレヴァー・アリーザは、子どものひとりの親権をめぐる事情で参加を断念した。サンアントニオ・スパーズのラマーカス・オルドリッジ、インディアナ・ペイサーズのドマンタス・サボニス、ユタ・ジャズのボヤン・ボグダノヴィッチ、ワシントン・ウィザーズのブラッドリー・ビールは、それぞれ怪我のため参加を見送った。ウィザーズのフォワード、ダーヴィス・ベルターンスは、フリーエージェントを目前に怪我をしたくないという理由で辞退した。ブルックリン・ネッツの複数の選手は陽性結果を受けて不参加を選び、負傷中のスター選手ケヴィン・デュラントとカイリー・アーヴィングは、チームに帯同しないと決めた。

だが実質的にレブロン・ジェームズ、ヤニス・アデトクンボ、カワイ・レナード、デイミアン・リラードらスター選手は全員そろっていて、五月にバブル計画を前進させることになった電話会談に参加した有力選手たちもそろっていた。ザイオン・ウィリアムソンはニューオーリンズ・ペリカンズの一員として参加予定で、全体二位指名で入団したメンフィス・グリズリーズのジャ・モラントもいた。バブルに消極的だった選手のひとり、カーメロ・アンソニーも、ブレイザーズの一員として出場を決めた。

ガイドラインによると、二〇二〇年のタイトル争いに参加する三百五十人強の選手および数百人のコーチとスタッフは、貸し切りの飛行機やバスでディズニー・ワールド入りすることになっていた。搭乗や乗車の前には全員が検温し、マスク着用は必須、途中で停まらずバブルに直行するとのことだった。現地入りしてからは、選手たちは各自の部屋で最低三十六時間の隔離状態が予定されていた。

困ったことに、わたし自身はまだバブルに行って取材ができるのか不明だった。ＮＢＡは六月二十六日にメディア関係者の参加受付を始めていて、名前や所属先といった基本的な情報の提出を求めていたが、並行して届いたＥメールには、バブルで生活するのは「ごく少数の」メディア関係者だと書かれていた。リーグのテレビパートナーと関係のないメディアから選ばれる記者はわずか十人、一社につき一名足らずという計算だ。なんとしてもバブル入りしたかったわたしにとって、つづく二週間はバブルがらみの経験のなかでも最も神経にこたえた。

ワシントン・ポストからは参加申し込みの許可を得ていた。金銭的な負担は非常に大きく、宿泊費、食費、交通費、日々の検査代をひっくるめてひと晩五百ドル超という計算だったのだが。予定どおり九十二泊した場合、合計は五万四千ドルだった。ほとんどの記者の年収を上回る額で、わたしもＮＢＡの担当記者を始めて数年は、とてもそれだけの金額は稼げなかった。ＮＢＡのバブル計画を取材するというワシントン・ポストの決定には、ふたつの理由があった。ひとつはこの計画を客観的に評価したかったこと、もうひとつは何か問題が起きた場合、現地から報道したかったことだ。

わたしは申し込みの手続きをすませた。参加のためには七日間、自宅で隔離生活を送り、出発前にはコロナの症状がないかチェックする。到着後はホテルの部屋で七日間の隔離、滞在中は毎日検査を受け、検温し、体調のチェックを行なわなければいけない。

健康リスクについて耳にたこができるほど話を聞き、リーグのガイドラインをすみずみまで研究した結果、バブル生活の大半には問題なく対処できるとわたしは結論していた。記事の執筆やポッドキャスト放送はひとりきりの作業なので、忙しくしながら、感染の危険から距離をおくことができていた。何より、冒険がわたしを呼んでいた。二〇一〇年以降のNBAファイナルは欠かさず取材していたが、今回が記者人生で最も印象的なものになるかもしれないと思うと、武者震いがした。参加を逃すわけにはいかない。

選手の多くは退屈を心配していたようだが、わたしはあまり気にならなかった。今までやってきたことをするだけだ。この三か月は近所を延々と散歩し、マイケル・ジョーダン時代のブルズについて原稿を書きながら過ごしてきた。ディズニー・ワールドの中を歩きまわり、プレーオフについて書きながら過ごすこととくらい簡単だ。どのみち九十二泊で終わることではあったが、わたしは海外への短期留学のようなものとしてとらえようとしていた。オープンマインドで臨み、何かすばらしい物語をつかんでくるのだ。

両親、同僚、記者仲間、かかりつけ医、心臓専門医、精神科医にはあらかじめ話をしておいた。わたしは生まれつき大動脈弁に欠陥があって、これまでに二度手術を受けている。そのうち一度は二〇〇八年の人工弁置換術で、抗凝結剤を毎日服用している。世話になっている医師たちはバブルで生活しても差し支えないという意見で、ディズニー・ワールド内が外の世界の大半よりははるかに安全だというアダム・シルヴァーの見解にも、おおむね同意していた。こうしてわたしは健康についての詳細な調査表を埋め、心臓の手術歴と医師の許可についても記した。それから待った。ひたすら待ちつづけた。

数日後、ＮＢＡの広報部門代表のティム・フランクから電話があり、本当にフルタイムでバブル生活を送りたいのかと訊かれた。そうだと答え、そのことを考えるとむしょうに興奮してくると冗談まじりに伝えた。それからの数日は記者仲間とやりとりして、誰が申し込んだのか推測しようとしたり、ＮＢＡがどう割り振りをするか予想したりした。だが独立記念日の週末にさしかかってもＮＢＡから連絡はなく、わたしは不安になりはじめていた。試合が始まるのはわずか数週間後で、窓が閉ざされかけているような気がした。

七月四日の土曜、フランクからＥメールが届いた。二〇二〇年にオーランドで開幕するＮＢＡシーズン再開に参加できるとのことで、現地入りは七月十二日、シーズン終了まで滞在していいとのことだった。わたしは急ぎ同僚に連絡して、コロナ禍での移動はどうしたらいちばんうまくいくか、策を練りはじめた。

わたしの計画は単純だった。オーランドには直行便で行き、その際はファーストクラスの座席を予約する。空港からはＳＵＶを手配し、バブル入りの前はディズニー・ワールド付近のリッツ・カールトンに泊まる。移動中はずっとＮ95マスク、フェイスシールド、ゴム手袋を身につける。離陸前のデルタ航空のラウンジでは人混みを避け、公衆便所は使わないようにして、荷物は人にさわらせず、消毒用の布を使う。手指の消毒液を肌身離さず持ち歩く。

それでじゅうぶんだと思っていた。飛行機代とホテル代は、コロナ禍で旅行客が激減したせいで五十％値引きされており、ふだんとはかけはなれた贅沢をすることも許されそうだった。出発前々日の七月九日まで、すべてが順調だった。

ＮＢＡには膨大な書類にサインするよう求められていた。免責同意書、新型コロナウイルス感染症に関する警告と遵守合意書、以降のメディア関連の企画などに際する肖像権の放棄、そのほか健康情報についての書類。すると調査表に記入した心臓手術の件が先方の医師のひとりの注意を惹いたようで、機械的な文面のEメールが届いた。「ご提供いただいた情報をもとに検討しましたが、NBA委託の医師は、あなたがオーランドでのシーズン再開にまつわる諸々に参加できないものと決定いたしました」

わたしの人工弁はなんの問題もないのだが、このときは激しい動悸がして、顔が紅潮した。最悪の事態だ。蹴ろうとしていたアメフトのボールを、最後の瞬間にかっさらわれる『ピーナッツ』のチャーリー・ブラウンのようだ。わたしは遠征について心の準備を整え、宿泊の手配をすべて済ませ、パッキングまでだいたい終えていた。完全にパニックだった。

こういう経験は以前にもあった。大学を卒業してまもなく、平和部隊のスタッフに採用されて、ヨルダンへの派遣が決まっていた。小学校時代の一時期、イスラエルのハイファに住んでいたので、中東を再訪して現地の言葉を学べるのを楽しみにしていた。当時のわたしは将来にすっかり迷っていた。バスケットボールと文章を書くことが好きなら、バスケについて書く仕事をしたらいいのに、なぜかそのことを思いつかなかったのだ。

ところが間際になって、平和部隊の医師たちから手紙が届き、心臓の病歴のため派遣は認められないと告げられた。交渉の余地はないとのことだった。当時のわたしは打ちのめされたものだが、またおなじ事態になりかけているのだった。だがあらためてEメールを読むと、短くこう記されていた。「かかりつけの心臓外科医の推薦状が用意できたらお送りください」

わずかな光明が見えたが、推薦状を用意して飛行機に乗るまで三十六時間ほどしかなく、心臓外科医はおそろしく連絡の取りにくい相手だった。週の後半で、コロナのせいで診療所は閉鎖されていた。電話をかけて、すがりつくしかなかった。

その日の午後、必死の電話を三回かけたことで、わたしの心臓外科医の受付を務めるジェニーという女性は、なんとか奇跡を起こさないかぎり何度でも電話がかかってくると悟ったらしい。しばし手間どったのち、非番だった医師に連絡し、わたしが正式な書式を使って推薦状を書くのを手伝い、金曜の朝いちばんに医師の机に載せておいてくれた。わたしが目をさまして確認の電話を入れるころには、署名入りの書類がEメールで届いていた。

その推薦状をNBAのオンライン健康ポータルに送ったあとは、十五分ほどパソコンの前を落ちつきなく歩き、ウェブサイトを更新した。NBAの医師たちは、フロリダ州を目指す多くの人びとからの何百件という申し込みの対応に追われているのだから、時間がかかってもしかたがなかったが、ついに待ちきれなくなってリーグに連絡した。その日の午後五時二十三分、NBAのジャラライ・クリスティアーノからEメールが届いた。「参加を承認します」

ミッション完了、フライトまで残り十八時間。オーランドへの移動についてあれこれ頭を悩ませてきたが、この滑りこみにくらべたら子どもだましのようだった。空港二か所とホテルのロビーを、極力人との接触を避けて歩くという綿密なプランを立てていたが、もうそこまでこだわる気持ちはなかった。

バブルが最後までもつのか、わたしは相変わらず疑問に思っていたが（あまりに長期間かつ無謀な計画に見えたのだ）、困難な二週間が過ぎると、実際に超えなければいけないハードルはもうなかった。平和部隊に参加しようとして味わった失望の再来はない。参加できるのだ。何か月も自宅にこもることを余儀なくされ、四か月近くバスケットボール断ちを強いられていたが、これからは隔離期間をクリアしたらすぐ、練習やスクリメージ（チーム内の練習試合）、試合を取材できるのだ。

フィラデルフィア・セブンティシクサーズのセンター、ジョエル・エンビードはバブル入りにあたって防護服に身を包んだ写真をインスタグラムに投稿し、アメリカのラッパー、50セントのアルバムタイトルを添えた。「ゲット・リッチ・オア・ダイ・トライン」。徹底的にやるというような意味で、こうしたときのエンビードには誰もかなわないが、わたしも自分にできる範囲でマスク、フェイスシールド、ゴム手袋を身につけ、サングラスをかけた。珍妙ないでたちの仕上げとして、着古した紫のジョン・ストックトンのジャージをはおり、各自がこだわりの格好をするルーキー選手の写真撮影のように、カリフォルニア州での最後の朝を過ごした。

たまっていた不安も解消され、純粋な興奮と、たとえ長く留まることになってもディズニー・ワールドで起きることを前向きに受け入れよう、という気持ちが湧いていた。米疾病対策センターも満足するだろう紫のジャージ姿の写真には、こうキャプションをつけた。「目指すはバブル」

# 第6章　バブルに慣れる

急いで、待って、また待って。

それがバブルに到着した全員の経験したことだった。わたしの飛行機は時間どおり着陸し、空港ではSUVの運転手が待っていて、リッツ・カールトンでのチェックインは問題なく済み、ホテルからディズニー・ワールドへの移動も予定どおりだった。わたしはバブルに到着したメディア関係者の第一陣のひとりで、すぐさま部屋を割り当てられ、ルームキーの役割を果たすマジックバンドを渡された。緑色のプラスチックのリストバンドも受けとった。これは、まだ隔離期間を終えていないことを示し、敷地内で警備員に見つかったら声をかけられることになる。

チェックインのとき数人の記者と言葉をかわしたが、その場には長居しなかった。ルールでは各自の部屋に直行し、最初の食事とPCR検査を待つことになっていた。その場の雰囲気をつかむため、またワシントン・ポストに送る動画を撮るため、カシータ・ホテル四号棟のまわりをさっと散策してから、わたしは隔離生活に突入した。七日間のあいだ、四四三二号室から出ることはまかりならず、もし出たら一からやり直しだ。

初日に最も印象的だったのは、NBAのバブル計画に対する世界の熱いまなざしだった。ホテルの部屋に着いたあと、わたしはなんということもない動画を投稿した。ベッド二台、椅子二脚、長いデスク、ナイトスタンド、風変わりなサボテンの絵、浴室をざっと映したものだ。その十四秒の動画はツイッターで十八万八千回以上も再生された。コールドパスタ、チーズ数個、ぶどう、りんご、サラダ、ドリトス一袋という最初の食事の写真のインプレッション数は約十四万八千回だった。腰を抜かしそうになった。

すぐわかったのだが、バスケ界の再始動が歓迎されるいっぽう、一部の人びとはバブル計画の破綻を待っていたのだった。イギリス、ドイツ、オーストラリア、ニュージーランド、カナダなど多くの国から取材の申し込みが殺到したが、記者たちはおしなべておなじ質問をした。体調不良者が出ると思うか。クラスターが発生したらNBAはプレーオフを中止するか。誰かが亡くなったらどうするのか。身の安全を感じられるか。隔離生活のせいで気が変になりかけていないか。

これらはネガティブだが、まっとうな質問ではあった。わたしにはほとんど答えようがなかった。まだ、外に出ることを許されていなかったからだ。かわりに外の世界を部屋に呼びこむべく、七日のあいだにインスタグラムでライブストリーミングを行ない、少なくとも二十五本のラジオやテレビ局の取材に応じ、十本のポッドキャストを放送した。二日目には野次馬の好奇心を満たすため、室内を延々と往復したり、二台のベッドに橋をかけるような格好でプランクをしている光景を動画に撮った。動画は何十万という人たちが再生したようだ。注目度の高まりを受けて、ワシントン・ポストがわたしの隔離生活日記をウェブ版のトップページに掲載し、「外出絶対禁止」と見出しをつけた。数時間のうちに高校時代の友人、元同僚、何年も音信の絶えていた知人から、わたしの身を案じるメールが続々と届いた。呆然としてしまった。

だがコロナ禍では笑いも絶えがちだったので、SNSに寄せられた多くのメッセージにくすりと笑うのはいい気分だった。わたしはカシータ・ホテル四号棟を「タイプ・ハウス」と命名してみた。Tik Tokの人気ユーザーたちがロサンゼルスで同居するのに使っていた「ハイプ・ハウス」を、物書き風にもじったものだ。だが、その名前は定着しなかった。わたしの記者仲間たちは、TikTokの平均的なユーザーよりだいぶ年上だったからだ。まあ、かまわない。

その週の大半は窓の外に目をやり、遠くの三本の橋のそばの噴水をながめ、午後の雷雨に驚き、眼下の歩道をＮＢＡの関係者が通りかかるのを見つけようとしながら過ごした。ほとんどの場合は、名前を知らないアシスタントコーチが散歩に行くところや、ホテルの係員が調理済みの食事をあわただしく配りに行くところが目に留まるだけだった。隔離生活のおかげで、ツイッター、インスタグラム、フェイスタイム、ネットフリックスといったテクノロジーのありがたみが身にしみた。また運動量を管理するアプリのおかげで時間をやり過ごし、孤独な時間を乗りきることができた。

隔離期間中の食事は、機内食と似たようなものだった。申し訳ていどの鶏の胸肉、スナックの箱、プロスポーツ選手には少なすぎる食事量といったあたりを選手たちが口々に批判していたせいで、相当覚悟していた。だがメディア関係者が到着する前に改善されていたので、いつも健康的だったりおいしかったりしたわけではないのはさておき、選択肢はたくさんあった。しばらくのあいだ、わたしは甘ったるいソーダ水、コーヒー、ポテトチップスの袋、クッキーやケーキといったジャンクフードを取りわけて、胸が悪くなるようなその山をながめて楽しんだ。

アダム・シルヴァーからはある日の午後、メディア関係者のバブル到着を歓迎するＥメールが届いた。思いがけず温かみを感じるできごとで、この状況を考えるとありがたかった。わたしは自分の幸運を思った。いまだに多くのアメリカ人が気軽に検査を受けられずにいるなか、毎日ＰＣＲ検査が受けられること。気を紛らわす手段がたくさんあること。短期間の隔離の終了日時がはっきりしていること。ここは刑務所とはほど遠かった。

荷ほどきをしたとき、赤と黒のスニーカー「ジョーダン2」と、フォーマルウェア三着は脇によけておいた。このスニーカーは愛好家たちのあいだで「ザ・プレーオフ」と呼ばれているので、NBAがレギュラーシーズンを消化し、ポストシーズンに入ったらおろしてみるつもりだった。スーツはNBAファイナルのためだった。オーランドの夏の蒸し暑さを考えると、ふだんはカジュアルな格好が基本になるだろうが、原稿書きに追われる記者たちも、NBAにとって一年の最も大切な日には、伝統としてまともな格好であらわれる。ジョーダン2を履くことになるのは間違いないと思っていた。スーツについては、まったくわからなかった。

七日目、NBAの渉外代表のマーク・ブルサードがやってきてIDカードを差しだし、自由を保証してくれた。「みんな外へ出て、陽にあたり、体をほぐすのが楽しみだと言っていますよ」。バブルに入場するタイミングだった。「IDカードをつけるのがこんなに待ち遠しかったのは初めてです」と、わたしは言った。

NBAのバブルに足を踏みいれるのは、言葉の壁がないのをのぞけば外国を旅行するようなもので、自由の身になってから数日間はふつうの生活との違いをあれこれ挙げてみた。コロナド・スプリングスの初回の観察にはさして時間がかからなかった。ホテルの部屋を出て、右手の中央の湖に沿って歩き、四百メートルほどでドノヴァン・ミッチェルと最初のセキュリティポイントにぶつかった。メディア関係者と選手たちはあまり接触してはいけないことになっていたが、短い会話くらいならしてもいい「停戦区域」が、いつしかできあがっていた。保温庫や冷蔵庫から容器に入った料理を選んで持ち帰りができるレストラン、マヤ・グリルもあった。ディズニー・ストアをのぞこうとすると、いっそう多くの警備員と目が合った。選手とコーチ以外の立ち入りは禁止だ。上位チームの宿泊先、グラン・デスティノ・タワーはさらに向こうにあった。近づくすべはない。

Uターンして部屋に戻る途中、スコット・フォスターをはじめとする審判の一団が、アクティビティエリアでピックルボールに興じているのが目に入った。ピックルボールについては無知だが、灼熱の太陽のもと、彼らがエネルギッシュにプレーしていたのは印象に残った。

コート上では厳格な振る舞いで知られるメリーランド州出身のフォスターは、自分は「ピックルボールのコミッショナー」であるとわたしに言った。ひと夏のあいだ、二対二の試合を取り仕切るつもりだという。一ゲームにつき十一点先取したほうが勝ちだ。審判たちは、試合のない日はマラソンをしていた。

五十三歳のフォスターは「伝道者」を自認し、ピックルボールに臨む姿勢は真剣そのもので、毎週仲間たちの戦績をランクづけしてEメールで周知するほどだった。もちろん、首位は彼自身だ。「わたしと、その他大勢だ」と、フォスターは言った。「傲慢に聞こえてしまうかな」。試合が熱を帯びてくると、フォスターは敵を挑発し、味方を叱責した。罵り言葉もしょっちゅう口にした。「わたし自身が試合の審判なら、『とんでもない男だ』と思っただろう。自分自身を退場処分にしたかもしれない」

ピックルボールのコートの先には、仮設のコロナ検査センター、湖、来場者のための広々として空っぽの駐車場があった。バブルの住人は車の使用を禁じられていたので、停まっていた車は従業員のものだった。数台のピックアップトラックには、「トランプ2020」という大統領選に向けたステッカーが貼られていた。ここが共和党寄りのフロリダ州であることを考えると納得できたが、そのメッセージは選手たちの政治的姿勢とは相容れないようにも思えた。

駐車場の向こうには道があったが、まだそこを歩くことは許されていなかったので、向きを変えて自室を目指した。途中でまたセキュリティポイントがあった。十五分に満たない散歩のあいだに、行けるところにはすべて行った。自室の窓から見えた三本の橋は入場禁止区域にあった。新鮮な空気を吸ったら、あとは翌日練習が始まるのを待つくらいしかなかった。

わたしは一時間ほどあたりを散策し、数人の警備員と言葉をかわし、ウェルカムディナーで記者仲間と雑談し、隔離明けの印象を書きとめるため部屋に戻った。その晩はこんなふうに書いた。「お菓子の店にいる子どものような気分だ。ただし、いちばんほしいお菓子は届かないところにあり、鍵がかかっている」

次なるカルチャーショックは翌日、レブロン・ジェームズとレイカーズの面々が最初の記者会見に臨んだときに訪れた。わたしはディズニー・クルーズ・ラインのチャーターバスに乗り（車体にはミッキーマウスの絵がでかでかと描かれている）、十二分間の乗車を経てESPNワイド・ワールド・オブ・スポーツ・コンプレックスに着いた。三つのアリーナが、厳重に警備された巨大な敷地に並び、使われていない野球場と広いサッカーのピッチもあった。敷地全体が要塞のようだった。車はすべてセキュリティポイントを通過しなければならず、メインの入り口を警官が二十四時間見張っていた。わたしはディズニーの従業員が注意ぶかく見つめるなか、マジックバンドをスワイプして中に入った。

レイカーズはバブルの誇るアドヴェントヘルス・アリーナで練習することになっていた。七千五百席の多目的スタジアムは、アマチュア運動連合（AAU）の大会から高校のチアリーディング選手権まで、あらゆる用途に使われていて、NBAはそれをプレーオフの最も重要な試合に使うため改造していたのだ。左手の小さな丘の上には五千席のバスケットボール用アリーナ、HPフィールドハウスがあった。高校の大きすぎる体育館のような設備で、プレーオフの二回戦まで使われることになっていた。HPフィールドハウスの向かいにあるのはVISAセンターで、こちらはもっと小ぢんまりした、千二百席のバスケットボールおよびバレーボール用のアリーナだ。今回はプレーオフ前、レギュラーシーズンの試合の予備の会場ということになっていた。

レブロン・ジェームズを見るのは三月以来だったが、腕を組み、白いものがまじった髭を生やした姿には威圧感があった。心穏やかな様子には見えなかった。「二〇二〇年は何もかもがふつうではない」と、ジェームズは言った。「すべてが違ってしまっている。ものごとが元どおりになることなど、あるのだろうか。今は二〇二〇年だが、視力が両眼二・〇というわけではない。見通しが利いているわけではない」

ジェームズはバブル内のメディア関係者に対して、つねに率直だった。はじめてそれを感じたのは練習初日、先日亡くなったジョージア州選出の下院議員にして公民権運動の草分け、ジョン・ルイスに哀悼の意を表したときだった。だがジェームズの姿勢はともかく、その場の光景は奇妙だった。ジェームズは薄型テレビに取りつけられたカメラの前に座っていて、質問への回答は世界各地からリモートで記者会見に参加している記者たちにリアルタイムで配信されていく。会見場の記者たちはソーシャルディスタンスを保ちつつ、テレビのまわりの席を取りあうことになった。たがいに近づきすぎるとキネクソン社の接近アラームが鳴りだし、距離をとるまで止まなかった。みながバブルに来て日が浅いころは、頻繁にアラームが鳴り、会見が中断されるごとにため息や不満の声が漏れた。

会見の方式はハイテクだが非人間的で、ジェームズが質問に答えるとき、記者とアイコンタクトするのではなくカメラを見るよう指示されていたせいで、なおさらそう感じさせられた。「Ｓｉｒｉに質問を任せたら家に帰れそうだな」と、わたしはあとで記者仲間に冗談を言った。ジェームズの話が終わると、ＮＢＡのスタッフが巨大な黒テープをもってきて、インタビュー席のまわりに張りめぐらせた。記者はその範囲の外に留まって、選手には近づかないよう申し渡された。果てしない非人間的なルールの一覧に、またひとつ項目が増えたわけだ。こうした場面は、ふだんは大規模なウェディングや会議に使われている宴会場などで、練習のたびに繰りかえされた。

NBAは時間をむだにしなかった。メディア関係者が隔離を終えたわずか三日後にはスクリメージが始まった。選手はコンディションを上げ、NBAは設備をテストし、メディア関係者は慣れない動線や環境になじむ必要があったからだ。

非人間的な記者会見とは反対の点として、小さいほうのアリーナには親密な空気があった。ボストン・グローブ紙のボブ・ライアンのような記者が、古きよき時代には目と鼻の先で試合が行なわれていたものだ、と話すのを何度も聞いていた。わたしが記者としてはじめて座ったのは、ポートランドのモダ・センターの二百レベル、すなわち一階スタンド席の最後列だった。足がすくむような高所ではないかわり、やはりコートからは遠かった。二〇一五年にロサンゼルスに引っ越したあと、ステープルズ・センターの記者席に座ってみると、そちらのほうがずっとましで、一階コートサイド席の数列後ろだった。熱くなった選手たちの声が聞こえることもあった。

バブルの席はこれまで経験したことがないもので、わたしはスクリメージの初戦からコートに釘づけだった。三つのアリーナのうち最も小さいVISAセンターでは、メディア席はコートレベルのサイドライン沿いだった。レイカーズの試合を観戦するジャック・ニコルソンやリアーナのような気分だった。会場はほとんど無人だったので、サインプレー、敵を挑発する声、審判と言い争う声など何もかもよく聞こえた。コートに特殊な照明が当てられていたこともあり、そうして観戦するのは非常にインパクトが強く、VR体験あるいは近未来のビデオゲームのような気がした。目の前でアクションが繰りひろげられる。こんなに速く、躍動感に満ち、観ていてエネルギーを吸いとられるようなバスケットボールは初めてだった。

HPフィールドハウスでは、座席はサイドラインより少し奥にあったが、バブルが始まってある程度時間が経つとコートサイドが開放された。拮抗した試合の最中、わたしはタイムアウトになるとべつのエリアに移動して、試合をより間近で観た。ボストン・セルティックスが遠いほうのエンドで球をもっていたときはそちらへ行き、コートレベルの席にすわった。トロント・ラプターズがボールを奪いかえして逆方向に行くと、わたしもいっしょに移動した。バスケを愛する人間の夢だった。

フィールドハウスで開催されたある試合では、レブロン・ジェームズがクリス・ポールからファウルを勝ち取った。当然ながらポールは、審判たちに不服を申し立てた。望んでいた答えが得られないとコートを離れて、元審判で今はＮＢＡの審判育成部門副部長を務めるモンティ・マカッチンに訴えはじめた。マカッチンの真後ろに座っていたわたしには、ポールが「責任者を呼べ」のバスケットボール版を行なうのがよく聞こえた。そのやりとりはハーフタイム中に再開され、ポールがついにあきらめるまで続いた。

まもなくわたしは、アドヴェントヘルス・アリーナを「ザ・セット」と呼ぶようになった。バスケットボール用の体育館が、いわばテレビ撮影用のステージに改造されていたからだ。ここのアリーナでＮＢＡファイナルが開催される予定で、いちばん派手に飾りつけられていた。サイドライン沿いには、コート上の動きを間近でとらえるためのレールカメラが据えつけられ、バックボードには別アングルから撮影できるようカメラが固定され、シューズが床をこする音やボールが弾む音をとらえるための高感度のマイクも設置されていた。ＮＢＡは無観客の寂しさを、テレビの前の観客により臨場感ある空気を届けることでカバーしようとしていて、「新感覚ゲーム」というキャッチフレーズを使っていた。

コート周辺でいちばん目を引くのは大型ディスプレイだった。両ベースライン沿いとチームベンチの背後に設置されて、空の客席をカバーしつつ、ノンストップで視覚的な刺激を供給していた。選手のグラフィック、ハイライトシーン、踊るチアリーダー、そして賛否は分かれるだろうがバーチャルの観客たち。マイクロソフト社との提携を通して、ＮＢＡはいわばコートを巨大なオンライン会議に変えていたのであり、ファンは自宅からいっしょになって声援を送ることができた。選手がフリースローを失敗すると、敵チームのファンがそろって拍手をするのが映った。

「開始後の六分ほど観戦していたときは、得点した選手のグラフィックがディスプレイに映るのはクールだと思ったよ」と、スクリメージが始まって間もないころ、クリッパーズのガードのルー・ウィリアムズは言った。「『守れ』というチャントが聞こえた。だがいったんコートに出ると、見えないし、聞こえないし、感触もなかった。試合に集中していたんだ。アリーナに観客はいなかったのだし、誰のためのサービスだったのかはわからない。少なくとも、選手のためではなかった」

マイクロソフト社の説明を最初に聞いた時点では、ディスプレイにはいろいろと不具合が起きるだろうと確信していたのだが、実際はとてもうまくいっていた。バーチャルな感じはぬぐえなかったが、空の観客席や、コロナ禍に開催されたほかのスポーツの試合で背景を埋めていた段ボールの人形《ひとがた》よりはずっとよかった。オバマ前大統領やリル・ウェインといった著名人がディスプレイに登場予定と聞き、わたしは『ウォーリーをさがせ！』のように二次元の群衆に目をこらした。

アドヴェントヘルス・アリーナの観客席は位置が高く、ほかの会場とくらべてサイドラインから離れていたが、それでもＤＪが音楽を流したり、人工的な音が流れたりするあいだも選手がコート上で話すのを聞くことはできた。おもにファウルを受けたと思ったとき、フリースローを求める「アンドワン」、いい流れのときの「よし」という声、うまくいかないときの罵り声。アンソニー・デイヴィスがポストエリアでボールを手にすると味方のベンチは沸きたち、料理の名前を大声で口にした。オールスターゲーム選出のフォワードの「餌食になろうと」している守備陣をからかっていたのだ。

コートを間近で見ることができたし、テレビ視聴を心ゆくまで楽しんでもらえるようＮＢＡが最善を尽くしていたのはわかったが、それでもバブルで開催される試合には違和感があった。全体として、会場には選手、コーチ、チームのエグゼクティブ、メディア関係者、カメラマン、ボールボーイ、スコアキーパー、リーグの職員、選手会のスタッフなどを合わせてもたいてい二百人弱しかいなかった。視聴者は静かに、落ちついて観戦するよう言われていて、いつものにぎやかな観客席とはほど遠かった。

「わたしはディヴィジョン3でプレーしていたから、わずかな観客の前でプレーすることには慣れっこだよ」と、ポモナ・カレッジの卒業生でミルウォーキー・バックスのコーチを務めるマイク・ビューデンホルツァーは笑って言った。「われわれは最初から最後まで、安定した試合運びをするチームだ。いつも日々のルーティンを重視していることが、異なる環境でも生かされることを願っている」

レブロン・ジェームズにしたらオハイオ州の高校でプレーしていた四年目のシーズンのほうが、よほど観客がいただろう。それを言うならわたし自身も、中等学校の大会でプレーしたときのほうが多くの観客がいた。ビーヴァートン・ランニン・ビーヴァーズの一員としてオレゴン州の田舎に遠征したときでさえ、もっと多かった。「AAUのような雰囲気だ」と、それでもジェームズは言った。「とてもいい感じだよ。純粋に試合をする喜びと、バスケへの愛だけがあって」

その発言にはほろ苦さがあった。ジェームズのような天才的スター選手は毎晩、何万人もの喝采を浴びてしかるべきだろう。同時にわたしは、自分が毎晩のようにグッゲンハイムやシドニー・オペラ・ハウスで、貸し切りで鑑賞しているような気分でもあった。

この奇妙な状況とどう折り合いをつけるべきか、選手たちは戸惑っていた。レイカーズはディフェンスに注文を出し、ベンチから掛け声をかけることで静寂を埋めようとしていた。ほかのチームはウォームアップのため早足でコートに上がるとき、幻の観客に手を振ってみせた。選手を盛りたてる観客がいない状況では、派手なゴールセレブレーションや言い争いもなりをひそめた。

「コートに出たときは違和感があるが、試合が始まってしまえばいつものバスケだ」と、クリッパーズのコーチ、ドック・リヴァースは言った。「コートに出ていれば、選手としてやりやすい状況や、ふつうの状況を作りだすことができる」

わたしの頭も混乱していた。スクリメージが始まると、試合数が多いわりにバブルに参加した全二十二チームについての記事の書き手が足りないことに気づいた。ある日の午後の試合では、空っぽなメディア関係者席の写真を撮り、記者より除菌シートの数のほうが多いことを書きとめた。つい考えてしまった――選手の誰かが空っぽな会場でキャリア最高の出来を披露し、そこに記者がいなかったとしたら、それは実際あったことになるのだろうか。

わたしはバブル入りするまでの長い時間を、中立の開催地と無人のアリーナはどう試合結果に影響するだろうか、と考えながら過ごしてきた。選手の能力差を埋める観客がいないことで、優勝候補は格下のチームをいっそう楽々とひねるのだろうか。あるいはプレーオフにアドバンテージ込みで臨むことに慣れている優勝候補が、脆さを露呈するのだろうか。ロールプレーヤーたちはしばしば、アウェイよりホームでより多く得点した。スリーポイントシュートに依存しているチームは、中立の会場で下駄が脱げてしまうか、それにもかかわらず好調を維持するだろうか。

ディズニー・ワールドに到着してみると、どうやら純粋な個の能力よりチーム力が大切だということがわかった。バブルでの暮らしは持久戦で、空っぽの会場でのプレーはチームのモチベーションに対する絶えざる挑戦だった。選手たちが団結していなかったり、ここでのプレーに集中していなかったりしたら、それは必ずどこかで露呈する。どのチームも、空っぽの会場では弱点を隠すことができない。

適応力も大きな要素だった。試合のさまざまな局面が、ふだんといささか異なっていたからだ。ボールボーイはゴム手袋とマスクを身につけ、審判は極力選手とのコンタクトを避けることになっていた。

白衣の清掃係が辛抱強く待ちかまえ、試合が終わるたびに床とリングを消毒した。テレビクルーはコートから離れた、指定のエリアに座らされ、試合中のインタビューはサイドラインに立った記者とコーチのあいだで、きっちりディスタンスをとって行なわれた。

そんな厳しいガイドラインのもとで仕事をするのは、はじめは息苦しかった。警備員が常時目を光らせていた。ある日の試合中、アイスティーを飲むためにマスクをずらして鼻が出た状態になっていたら、ものの数分のうちに広報担当のスタッフから「マスクを上げて」と注意するメールが届いた。ルールのすき間をめぐっては、ときどき混乱が起きた。試合が始まった最初の週、バスケットボールがメディア関係者席に飛んできた。わたしたちはたがいに顔を見合わせた。ボールを拾って、審判に返してもいいだろうか。それはルール違反になるのだろうか。

テレビ向けの改造とコロナ対応に紛れて忘れてはいけないのが、床に加えられた大きな変更だった。バブルの試合に使われた三つのコートすべてに、三つの単語が大きくペイントされていた。「ブラック・ライブズ・マター」。このフレーズはもともと、ある特定の団体を指していたが、やがて社会の公正、人種間の平等、警察組織の改革を求める大きなうねりをあらわすようになっていた。また政争の種にもなっていて、保守派は「オール・ライブズ・マター」、警察寄りの団体は「青い制服を着た警官の命を守れ」という意で「ブルー・ライブズ・マター」と主張していた。

だがこの夏に起きた警察の暴力をめぐる多くのできごとは、この運動に対する世論を大きく変えるきっかけとなった。ピュー研究所の六月の調査によると、回答者の六十七％がＢＬＭ運動の支持を表明していた。四年前、サンフランシスコ・フォーティナイナーズのクォーターバック、コリン・キャパニックが国歌演奏の最中に膝をつくようになった時点では四十三％だった。

トレイヴォン・マーティンの射殺事件やエリック・ガーナーの窒息死事件といった世間の耳目を引く

できごとのあと、NBA選手たちは連帯の意思を示すウォームアップ用のTシャツを着てあらわれることがあったが、意見表明の大半はSNS越しで、チームという場で何かをすることはなかった。だがバブルはその距離感を消し去り、残りの試合を使って運動を推し進めたいという選手たちの希望の結果、「ブラック・ライブズ・マター」というスローガンがコート、会場内のボード、Tシャツにあらわれることになった。選手たちはまた、「ブラック・ライブズ・マター」およびリーグ承認のスローガン(「息ができない」、「平等」、「彼女の名前を言おう」ほか)をユニフォームの背中につけたいとして、リーグと交渉していた。一部の選手は、ユニフォームにメッセージを刷るのはいささかやりすぎだと思っていたようだが、結局それはバブルと切っても切り離せないものになった。

バブルのオープニングナイトが迫るなか、選手たちは協力して練習や試合後のインタビューでメッセージを発し、ユニフォームのスローガンに裏づけを与えた。フィラデルフィア・セブンティシクサーズのフォワード、トビアス・ハリスは、ブリオナ・テイラーの死に関わったルイヴィルの警察官たちの逮捕を求めた。テイラーは無断家宅捜索令状をたずさえて自宅にやってきた警官たちに八発撃たれ、亡くなった黒人女性だ。二十六歳の救急救命士で、警官たちが踏みこんできたときは眠っており、彼らを強盗と勘違いしたボーイフレンドが拳銃を発射したのだった。クリッパーズのフォワード、ポール・ジョージは、ある試合後の記者会見ですべての質問への回答を社会の公正に結びつけた。「ブリオナ・テイラーの冥福を祈る」と、ジョージは言った。「ジョージ・フロイドの冥福を祈る。警察の手で無残に殺された者たちは、ほかにも大勢いる」

このときも最も注目を集めたのはジェームズで、ハリスとともにルイヴィルの警官たちの逮捕を求め、テイラーの事件はNBA選手たちにとって社会的公正をめぐる最重要の課題だと言った。七月二十三日、ジェームズはオバマ前大統領が退任して以来、人種をめぐる問題が改善されていないことを批判し、白人が大半を占める記者たちに言った。「みんな心を寄せてくれているのかもしれないが、アメリカで黒人として生きるとはどういうことなのか、決して本当に理解することはないだろう」

アメリカ全土で、新型コロナウイルス感染症の拡大は社会の建前を崩していた。在宅ワークをするようになって、人びとはよりカジュアルな服を選び、身づくろいに割く時間を減らした。オンラインでのやりとりは時間とともに険悪になり、ウイルスに対するいら立ちが募っていった。観客の姿がなく、格好をつける必要がないバブルでもおなじ現象が見られた。選手たちは歯に衣着せなくなり、試合前に洒落た服を着たり、髭の手入れをしたりすることもなくなった。

バブルという名の実験は純然たるバスケットボールと、アメリカ社会が緊迫してストレスの度合いが高まるなかで、むき出しの感情が混じりあったものとして立ちあらわれてきていた。レギュラーシーズンが再開する前に、わたしはある選手にぜひとも話を聞かなければならなかった。

# 第7章　オープニングナイト

ルディ・ゴベアがバブル参加を見送っても、誰も責めなかっただろう。

ユタ・ジャズのセンターであるゴベアのコロナ陽性のせいで、NBAは三月十一日にシーズンを中断したわけだが、彼のコロナとの闘いはほんの序の口だった。アメリカのスポーツ界の「ペイシェント・ゼロ」として、ゴベアはまだ国内の人びとがほとんど知らなかった危険極まりないウイルスを象徴する存在になった。陽性反応が出たとき、NBAは選手と記者のあいだのソーシャルディスタンスを奨励するようになったばかりだった。アリーナにはまだ観客の姿があり、リーグの内でも外でも、マスクは感染防止の重要な手段とはみなされていなかった。

陽性反応が出る数週間前、ゴベアは自身初のオールスターゲームに出場していた。それは大きな一歩だった。二〇一九年のオールスター投票に漏れ、公の場で涙を見せたフランチャイズの選手にとってはとりわけ。ドノヴァン・ミッチェルとともに、シーズンが中断した時点でゴベアはジャズに四十一勝二十三敗という記録的な戦績をもたらしていて、チームはウェスタン・カンファレンスの第四シードだった。順位表は団子状態で、ユタ・ジャズには第二シードまで登るじゅうぶんなチャンスがあった。トップテンの選手を欠くジャズは、バランスはいいが二番手のチームとみなされていたものの、過去三シーズンで二度、二回戦に進出していた。

それまでのゴベアは華やかなキャリアの頂点にいた。気がつくと深刻な病を患い、国じゅうから非難をあびていた。新型コロナウイルス感染症は、彼の上り調子の人生をすっかり狂わせてしまった。

七月下旬にゴベアをつかまえてロングインタビューを行なったとき、まだ彼はコロナに感染したことによる嗅覚の喪失から完全に回復していなかった。各国間の移動が制限されていたため、フランスにいる母親のコリーヌと離れたままだった。四か月のあいだ、視線を浴びつづけたことによる精神的なダメージも引きずっていた。

「メディアはおれがNBAのシーズンを断ち切ったかのような報道をした。これはパンデミックで、ルディ・ゴベアは陽性になったんだと伝えるかわりに」と、ゴベアは言った。「目の前に差しだされた情報しか気にしない連中は、本気でおれがコロナをアメリカに持ちこんだと思ったんだ」

感染が発覚する数日前、ゴベアは痛恨のミスを犯していた。長いこと、彼を苦しめることになるミスだ。記者会見を終えたあと立ちあがって、机の上に置かれた報道陣のマイク類をさわってみせたのだ。狭いロッカールームのかわりに会見場でやりとりをするという、NBAの新しい感染対策を軽く茶化したつもりだった。マイク類が机の上にあったのは、記者と選手のあいだのソーシャルディスタンスを確保するためだった。

陽性が確定したあと、そのときの動画が拡散し、多くの人びとがゴベアに同情ではなく非難のまなざしを向ける結果になった。風邪に似た症状が悪化し、つま先のしびれや感覚の喪失が起きるなか、多くのSNSユーザーがゴベアは軽率だったと言いたてて、シーズン中断の責めを負わせた。

「あのときのおれは、他人の安全や命を気にかけない人間のように見えた」と、ゴベアは認めた。「あの動画一本で、あれだけ多くの人たちがおれの人間性に疑問を呈したのはつらかったよ。大きな教訓だった。おれは自分のことを知っている。まわりの人間も、おれのことを知っている。人間はみんな、他人のことをそれぞれの視点から見て、勝手な印象を抱くもんだ。そのことに神経を遣いはじめたら、とても苦しい人生になってしまう」

ゴベアは信頼を回復するため、できるだけのことをした。長文の謝罪文を発表し、NBAの公共広告に出演し、コロナとの闘いのため五十万ドルを寄付した。その金は祖国のフランス、ユタ州、そして自身の感染が発覚したオクラホマ州で使われた。

オンラインで好き勝手なことを言う赤の他人も厄介だが、最も重要なチームメイト、ミッチェルとの関係にひびが入ったのは別次元の問題だった。二十三歳のミッチェルはオクラホマシティで陽性が確定したあと、しばらくゴベアと連絡を絶ち、グッドモーニング・アメリカに出演して憤懣《ふんまん》をぶちまけた。おなじチームの選手どうしは出場時間、シュート、カードゲーム、はては恋の相手などあらゆることをめぐって口論するものだが、コロナが原因で仲たがいするというのは前代未聞だった。わたしは遠くから見守りつつ、ユタ・ジャズはふたりの関係を修復できるのか、どちらかを放出するほうがいいのかと考え、コラムに疑問を綴った。放出というと冷たいようだが、問題の底にあるのは個人的な感情なのだ。

少し時間が経ち、どちらも徐々に落ちつきを取りもどした。ゴベアがミッチェルにうつしたのか、その反対なのか、または第三者がふたりの感染の原因なのか、突きとめるすべはなかった。ゴベアが幼稚な振る舞いをカメラに収められたのは間違いないが、あのころは国じゅうがパンデミックへの対処に迷っていたのだ。わたし自身もゴベアの感染が発覚する前日、ミネアポリス発ロサンゼルス行きの混雑した空の便に乗っていた。ゴベアに石を投げる資格のある人間など、そう多くないはずだった。

最初の数週間、ゴベアは厳しい状況にいた。体調不良、社会からの隔絶、ミッチェルとの対立、全米から浴びせられる批判、母親との別離。「何よりつらかったのは、母さんに会えなかったことだ」と、ゴベアは言った。「アメリカには来てほしくなかった。おれがまだウイルスを持っていたかもしれなかったからね。いろいろなことがあって、まだ母さんには会えていない。あまり話したくないんだが、子どものころから母さんには何度も助けてもらった。きっとひどく心配をかけているのに、そばにいられないことを思うと、心が折れそうだったよ」

その気持ちはよくわかった。わたしも母親と仲がよいのだが、二月から会うことができていなかった。ゴベアと母親は、これほど長いあいだ離れ離れで過ごしたことはなかったという。わたしも大学時代をのぞいて、こんなに離れていたことはなかった。こうしたケースはわたしたちに限ったものではなく、コロナは世界中で家族を引き裂いていた。

ゴベアはもうひとつの質問にもはっきり答えなかった。うつ状態になっていたのか、という質問だ。「弱さをさらけ出すのは難しい」という答えで、メンタルヘルスの問題を告白したケヴィン・ラヴやデマー・デローザンといった選手を尊敬するとのことだった。だがNBAが夏の再開を検討するようになった四月ごろ、ゴベアは苦しんでいたという。

「おれはまだ、バスケができるような精神状態ではなかった。あの時点ではとても無理だったんだ。時間が経って、ミーティングが開かれ、ウイルスについての知識が増えると、心身ともに調子が戻ってきた。ほとんどの選手が知りたかったのは、NBAがただおれたちにプレーさせて金を稼ぎ、健康などうでもいいという態度ではないということだった」

コートに復帰するまでのゴベアの道のりには、いくつかの大事なチェックポイントがあった。症状の大半が消えてから、ミッチェルと腹を割った「男どうしの」話をして、意見の違いを乗り越え、ものごとを冷静に見つめた。ゴベアは長年、ユタ・ジャズの中心選手としてプレーしてきたが、ミッチェルは上り坂の若手で、まわりの選手も成長していた。ゴベアは自身がときおりチームメイトに対して「無遠慮な」発言をすることを認め、パスを求めたり守備の集中を呼びかけたりするとき、いささかネガティブな物言いをしているかもしれないと言った。

ユタ・ジャズが一丸となって前進するためには、チームメイトに「耳に痛い話をする」ことと「相手の立場に共感する」ことのバランスをとる必要があった。その新しいアプローチの印として、バブルで過ごすあいだ、ゴベアはユニフォームの背中に「平等」という言葉をあしらうことにした。

ゴベアからは率直な言葉が聞けるだろうと思っていたものの、これほどとは思わなかった。オールスターゲームに選ばれるような選手が、公の場でみずからのあやまちを正面から認めることは少ない。もちろんゴベアは自身の評判を取りもどし、シーズン再開に向けて前向きなメッセージを送ろうとしていた。今は精神的に「とてもいい状態」で、バスケットボールから離れていた期間は人生が「どこか空虚だった」という。自分自身とミッチェル、ジャズのチームメイトたちはこの試練を乗り越えられると証明したかったのだろう。

「世間はこの一件が、チームを崩壊させると思っていたようだ。おれにしたら、チームがより強くなるきっかけになる。今回のことから立ち直れたら、試合に負けることや、ディフェンスにほころびが出ることは怖くない。視野が広くなるんだ」

案の定というべきだろうが、NBAは視聴率稼ぎの目玉であるザイオン・ウィリアムソン擁するニューオーリンズ・ペリカンズに、バブルの第一戦を割り当てた。だがもういっぽうの選択は、いささか驚きをもって受けとめられた。ゴベアの所属するジャズだったのだ。

ユタ・ジャズは三十年以上にわたってミラー家が所有してきた、地域に根ざすという面ではお手本のようなチームだったが、テレビ放映に関して優先的な枠を与えられることはほとんどなかった。実のところ、一九九八年以来たった一度しかクリスマスに試合をしたことがなかったのだ。このたびの大事な場面での登場は、よくよく計算されてのことだった。ジャズは三月十一日のシーズン中断の渦中にあったチームで、七月三十日のカムバックでも中心を担うのだった。

ＮＢＡの経営陣は、求めていたとおりのドラマを手にした。ゴベアはオープニング戦で輝いた。試合開始わずか十八秒でバブル第一号となる得点を決め、十四得点十二リバウンド、三十三分間で三度シュートをブロックした。さらに残り六秒の時点でフリースローを放つ役割を引き受け、スコアを百四点にした。

センターの選手にありがちなことだが、ゴベアもフリースローは不安定で、ルーキー時代は半分も決まらず、キャリアを通して成功率は六十三％だった。それが四か月の体調不良、苦悩、回復ののちにラインに立って二本とも決め、一〇四対一〇二の勝利をもたらしたのだ。ディズニー・ワールドで開催された最初の試合で、できすぎの映画のような場面を目にするとは思わなかった。

ゴベアと話をしたなかで最も印象的だったのは、けっして自分をごまかそうとしない姿勢だった。彼は非難の言葉に傷つき、私生活でも難しい時間を過ごし、順風満帆だった人生を一瞬で失っていた。もっと楽な道はいくらでもあっただろう。言い訳したり、他人を責めたり、雲隠れしたり、バブル参加を見送ったり、トレードを要求したり、みなのことを恨んだり、今回のことについて公の場で語るのを拒んだり。

ゴベアはバブルに参加しなくてもよかった。じゅうぶん金は稼いでいたし、まだ衰えも見えていなかったうえ、契約も二〇二一年まであったのだ。だが人生を前に進めるために、バブルが必要だったのだろう。彼はミッチェルとともにコートに戻った。できるだけ怒りに駆られないようにし、ポジティブかつ大局的な見地からチームを率いていた。試合を観ている人間、彼の言葉を聞いている人間たちに、自分は「ペイシェント・ゼロ」でも「社会の敵」でもなく、ひとりの人間なのだと伝えようとしていた。

「人間は誰しも、よく知りもしないで相手のことを決めつけようとする」と、ゴベアは言った。「おれたちがバスケをする姿は毎日見ていても、どんな人間なのか、何を経験してきたのか、どんなことを乗り越えようとしているのか、それはわからないだろう。相手のことを知るんだ。もっと深く。人間はポジティブなメッセージを広めることも、憎しみや勝手な評価をばらまくこともできる。どっちをするかは、自分しだいだ」

試合中にミスがあると、コーチはよく「次のプレーだ」と強調し、選手がうまく切り替えてその瞬間にとらわれないよう手助けをする。じっくり見直し、改善につながるアドバイスをするなら、翌日に試合の動画を鑑賞するとき時間をかけてすればいいのだ。ゴベアはあの記者会見での一幕について、いわば徹底した動画の鑑賞会を設けたようにみえた。自分はどんな人間でありたいのか。周囲とどういったコミュニケーションを取るべきなのか。どうしたら正しい道に戻れるのか。どうしたら傷が癒えるのか。

ゴベアについて忘れられないのは、取材のためジャズの練習用設備に入ったとき、最初に目にした場面だ。チームメイトがコートを去るあいだ、ゴベアは椅子をテーブル代わりにして静かに軽食を口にしていた。食べ終わると除菌シートを手にして、几帳面に椅子を拭いた。右から左に。前から奥に。その手はトウモロコシ畑を移動する収穫機のように動いていた。

彼はあやまちから学んだのだ。

心打たれる場面ではあったが、ゴベアの復活劇がバブルのオープニングナイト最大の物語というわけではなかった。まったく、そうではなかった。NBA選手たちは何か月も、コートに戻る日を待ちつつ、社会の公正を強く訴えるための準備をしていたのだ。

オープニングナイトは暗闇の中で始まった。アリーナの照明は消され、社会の公正を訴える二分間の映像に注目が集まるようになっていた。ジェイレン・ブラウンやデイミアン・リラードなど、ジョージ・フロイドの死のあと抗議活動に参加した選手たちの映像が最初に流れ、短いインタビューのあいまに人びとは「公正なくして平和はない」と大きな声で唱えた。

「変化を起こすまで何も変わらない」と、選手会会長のクリス・ポールは言った。それこそが、プレーするべきか家に留まるべきかという長い議論を通じて生まれたバブルの理念だった。映像には黒人と白人の選手が登場し、ドノヴァン・ミッチェルはブリオナ・テイラーの死を悼み、JJ・レディックはアメリカの人種をめぐる状況を強く批判した。カーメロ・アンソニーは黒人に対する暴力の「果てしない連鎖」を非難し、選手の多くが声をそろえて「おれたちは黙っていない」と宣言した。

グレッグ・ポポヴィッチ、ドック・リヴァースらコーチも登場したことで、映像にはいっそう重みが加わっていた。「どんなときもバスケをプレーすることはできるが、結局のところ大切なのは社会の公正だ」と、リヴァースは言った。映像の終わりではNBAと選手会のロゴが、団結を強調するため並んで映しだされた。

会場の照明がつくと、ニューオーリンズ・ペリカンズとユタ・ジャズの選手は全員、たがいに腕を組んでコートに膝をついた。NFLのスター、コリン・キャパニックの、警察の暴力に抗議するあの有名かつ論争の種となった姿勢にならったものだ。「ブラック・ライブズ・マター」と書かれたTシャツを着た選手たちに、コーチ陣と審判が加わる。国歌が流れるあいだ、全員コートに刷られた「ブラック・ライブズ・マター」のスローガンのそばで膝をつき、背後の大型ディスプレイには巨大なアメリカ国旗とNBAのロゴが映しだされていた。

鮮烈かつ忘れがたい光景で、その場面の写真や二分間の映像はたちまちネット上で拡散した。選手会理事のミシェル・ロバーツは、コートサイドの席から率先して拍手を送った。おなじ光景がその晩の二試合目、レイカーズ対クリッパーズ戦でも繰りかえされ、レブロン・ジェームズ、アンソニー・デイヴイス、カワイ・レナード、ポール・ジョージらが膝をついた。実のところ、その光景はシーズンが再開した週末のすべての試合はもちろん、バブル終了まで試合のたびに繰りかえされた。

「ケープ〔キャパニックの愛称〕に喜んでもらえたらうれしいよ」と、レイカーズの初戦のあとジェームズは言った。「今日おれたちがこうしていられるために、彼はあらゆる犠牲をはらった。そのことに感謝したい。今夜のような場面が実現するまでに、何年も経ってしまったが」

ジェームズの「何年も経ってしまった」という言葉は印象的だった。NBAは昔から、国歌の演奏中は起立するよう選手たちに求めていたのだ。WNBA選手とサッカー選手たちはキャパニックにならって膝をついたが、NBA選手たちは四年間、リーグの規則に従っていた。キャパニックが「国旗を侮辱した」として猛烈な非難を浴び、気がついたら契約を得られなくなっていたとき、NBA選手たちは取材の席やSNSでこそ支持を表明したが、けっして自分たちで抗議活動をすることはなかった。「世間の空気が冷たく、誰の理解も得られず、自分の言葉に耳をかたむける人間もいないなかでケープは行動したんだ」と、ジェームズは言った。

NBA選手たちが抗議活動をするようになったころ、世間の風向きは変わっていた。ジョージ・フロイドの死を受けてBLM運動への支持はかつてないほど高まり、国歌演奏中のデモンストレーションは警察の暴力に対するものであり、国旗や軍とは関係ないという理解も広まっていた。さまざまな立場の人びとが、早々に態度を決めていた。抗議活動の支持派は選手たちの行動を愛国的な自己表現だとし、反対派は愛国心に欠ける真似だとした。

膝をつく行為はいまだに賛否が分かれていたが、すでに過激なものとはみなされていなかった。くわえてNBAのチームからも選手の行動を支持するという声明が続々と出ていて、アダム・シルヴァーもリーグとして選手を処罰することはないと言った。「チームが一丸となって、社会の公正を求める平和的な抗議活動を行なおうとする意思を尊重する。また現在の特殊な状況においては、国歌演奏中は起立するという従来のルールを押しつけはしない」

NBA周辺は膝をつく行為の支持という点ですっかり一致していたので、むしろ話題になったのは起立することを選んだ一部の選手やコーチ、審判だった。マイアミ・ヒートのセンターで白人のメイヤーズ・レナードは、入隊している兄弟への敬意として起立することを選び、膝をつくことを選んだ仲間を支持する旨の文章を発表した。オーランド・マジックのフォワード、ジョナサン・イサークは敬虔なキリスト教徒かつ黒人で、起立するのは世間の論調を「肌の色という領域の外へ導く」ためだとした。「この国をむしばんでいるのは人種差別だけではないんだ」

ものごとは変わるものだと思った。キャパニックの抗議はリーグの認可を得ておらず、ほぼ即興で行なわれたものだったが、NBA選手たちは事前に承諾を得たうえで、あらゆる点を計算していた。これらは数週間後、状況が緊迫したとき大きな意味をもつことになる。多くの抗議活動の例に漏れず、なかにはもっと強く改革を迫り、徹底的に行動するべきだと考える選手もいた。やがて彼らが活躍するときがくる。

何はともあれオープニングナイトのデモンストレーションは、みごとにトランプ大統領を怒らせた。「選手たちが膝をつくのを見ると、テレビの電源を切るようにしている」と、大統領は言った。「試合に興味はない。いいか、世の中にはそれ（電源を切ること）をしている人間が大勢いる。バスケットボールの視聴率はがた落ちだ」

ジェームズがすかさず反論した。バスケットボールは「大統領が観戦していなくても存続する」し、NBA界隈はトランプの非難など「洟も引っかけない」というわけだ。NBA選手たちはトランプの在任中、ほぼずっと当局とは冷戦状態だった。過去三シーズンのNBAチャンピオンたちは全員、伝統的なホワイトハウス訪問を回避し、ジェームズやステフィン・カリーといったスター選手たちは反トランプ的な発言をした。ポポヴィッチやスティーヴ・カーといったコーチたちも、トランプのリーダーとしての手腕のなさと粗雑な言葉をこき下ろした。

今ではリーグ全体が、政治という風にいたぶられる木の枝にぶら下がっていたわけだ。保守派の論客はトランプの言葉を繰りかえし、抗議活動が一部で視聴者離れを起こしている以上、選手たちは「スポーツに集中するべき」だと主張した。人種をめぐる緊張が高まっているなか、黒人のNBA選手たちはトランプと民主党候補ジョー・バイデンの大統領選において、世論を分断する存在になっていた。

ジェームズはそうした動きをよく理解していて、記者たちに言った。「十一月はもうすぐで、おれたちアメリカ人にとって大切な瞬間になる。おれたちはよりよい世界と変化を求め、それを実現する機会を手にしている」。トランプも同じものを見すえていた。

「国歌が流れたら起立するものだ」と、大統領はFOXニュースで語った。「多くの人間がわたしに賛同している。もしそうでなければ、わたしは大統領選に負けるだろう」

# 第8章　タイトル争いの始まり

抗議活動、意見表明、政治的なやりとりの最中も、バスケットボールの試合は続いていた。コート外での数多くのできごとのせいでわたしは頭を休めるひまもなかったが、それでもプレーオフが近づくと、空気が引き締まるのがわかった。

オーランドでシーズンが再開されたとき、バスケファンとラスヴェガスのブックメーカーは、優勝候補はバックス、レイカーズ、クリッパーズの三チームだという点で一致していた。わたしはシーズン開幕前の、決勝にはバックスではなくクリッパーズが進出するという予想をまだ捨てられずにいた。クリッパーズは二十二チームのうちで最も選手層が厚く、柔軟性に富んでいたのだ。だが異論の余地はじゅうぶんあった。バックスはリーグで最も勝ち星を積みあげていたし、レイカーズはシーズンを通してウエスタン・カンファレンスの首位を難なく維持していたからだ。

二〇一九～二〇シーズンは、ゴールデンステート・ウォリアーズが三度優勝し、五季連続でNBAファイナルに進出して、何度となく優勝候補と目されたそれまでの二十五年とは一線を画していた。今年は三つ巴のおかげで実におもしろい状況だった。上位三チームを率いていたのはリーグを代表する好調の選手三人、すなわちバックスのヤニス・アデトクンボ、レイカーズのレブロン・ジェームズ、クリッパーズのカワイ・レナードだった。

開幕の時点で、わたしはこの三人を毎年のNBAトップ一〇〇選手リストにどう位置づけるか頭を悩ませ、最終的にレナードをナンバーワンに選んだ。ジェームズは過去四シーズンにわたって首位を保っていたが、彼はキャリア初の大きな怪我を経験していた。レナードは全盛期で、ポストシーズンの出来もアデトクンボより安定していた。

三人のスーパースターはシーズンを通して、互いを意識していた。十二月にレイカーズを下したとき、アデトクンボは見えない王冠をかぶるふりをしてスリーポイントシュートの成功を喜んだ。レイカーズが三月に雪辱を果たすと、ジェームズはチームメイトのカイル・クーズマから見えない王冠を授けられた。いっぽうニューバランスが公開したレナード出演の広告のなかでは、ロサンゼルスは「レナードの街」とされ、キーチェーンには王冠があしらわれていた。意図するところは明白だった。

三人とも、王座にかける思いがあった。アデトクンボは現MVP、ジェームズは二〇一〇年代のバスケ界を代表する選手で、今でもリーグ随一のオールラウンドプレーヤーといえるだけの力をもっていた。レナードは昨季のNBAファイナルのMVPだった。それぞれが二〇一九〜二〇年、持ち味を生かして躍動していた。

二十五歳のアデトクンボは三人のなかで最も若く、パワフルだった。オフェンスとシュートの能力はまだ粗削りだったが、恐るべきダンクシュートの打ち手で、自分より体の小さな敵を痛めつけた。役割としてはペリメーター〔スリーポイントラインの内側で、ペイントエリア〔制限区域〕の外〕でのプレーメーカーだったが、一試合平均二十九・五得点、十三・六リバウンド、五・六アシストは往年の名選手シャキール・オニールを彷彿とさせた。またリングを守り、コートのそこかしこに顔を出してターンオーバー〔相手に攻撃権が移る原因となるプレー〕を誘う能力を考えると、バスケ界で最も守備に長けているともいえそうだった。

バックスはアデトクンボの強みが存分に発揮されるよう、念入りにシステムを構築していた。コーチのマイク・ビューデンホルツァーは、シューターをオフェンスに使いつつコートを支配し、ディフェンスには体格のいい選手を配置した。プレースタイルはパワフルかつ効率的で、十点以上の差をつけて勝利することも珍しくなかった。アデトクンボの一試合の出場時間はわずか三十・四分で、二十代半ばのMVPにしては信じがたいほど少なかった。

バックスの最大の課題は、二〇一九年のプレーオフで味わった失意をどう乗り越えるかということだった。イースタン・カンファレンスのファイナルでトロント・ラプターズに思いがけない敗戦を喫した試合では、アデトクンボはレナードに抑えこまれ、ビューデンホルツァーは修正に苦心した。アデトクンボにとって、バブルはリベンジの可能性のある舞台、初の戴冠に向けたまたとない機会だった。イースタン・カンファレンスは明らかにウェストより弱く、バックスの道のりは険しいものではなかった。

三十五歳のジェームズはリーグのベテラン選手で、最も名の通ったスーパースターだった。同世代はほぼ引退するか、ロールプレーヤーとしての日々を過ごしていたが、ジェームズは十七シーズン目をプレーすることで時間という名の神に打ち勝っていた。一試合の平均は二十五・三得点、七・八リバウンド、リーグ最多の十・二アシスト。二〇一九年、レイカーズがオールスターゲーム選出のフォワード、アンソニー・デイヴィスを大型トレードで獲得して以来、彼と強力なコンビを組んでいた。最盛期にくらべたらスピードは落ち、跳躍力も衰えていたが、優れた戦術家および冷静なリーダーとしては相変わらず輝いていた。

レイカーズはウォリアーズほど選手層に厚みがなく、ジェームズとデイヴィスをのぞくロスターは未知数のロールプレーヤーや、フリーエージェントで安く獲得した選手ばかりだった。だが守備の能力とチーム力は、新コーチのフランク・ヴォーゲルのもと特筆すべきものを見せていて、一月にはフランチャイズ・プレーヤーにしてレジェンド、コービー・ブライアントの死という悲劇も乗り越えていた。それでも実際のところ、レイカーズには疑問のまなざしが注がれていた。ほとんどの批評家はシーズン前、ウェスタン・カンファレンスのプレーオフの構図のなかでは中位のチームと位置づけていて、たしかにバブルにやってきたときも不安定さを否めなかった。

ＮＢＡ史に残る偉大な選手としてのジェームズの評価は盤石だった。すでに三度のチャンピオンシップを制し、ファイナルで三度ＭＶＰに輝き、個人賞も数えきれないほど手にしていた。当然ながら彼は、バブルを四度目の戴冠のチャンスとみなしていて、史上最高の選手の座を手にしてマイケル・ジョーダンとの差を詰めようとしていた。だがジェームズは、ポストシーズンの負担に耐えられるのだろうか。試合後半まで足がもつだろうか。レイカーズのサポート役の選手たちは、役割を果たせるのか。ニューオーリンズ・ペリカンズ時代には七シーズンで一度しかプレーオフを制していないデイヴィスは、今回輝くことができるのだろうか。

クリッパーズは海中にひそむサメのような存在だった。ＮＢＡで最も不可思議なスター選手、レナードを擁しているためだ。レナードはメディアに興味がなく、自身のルールに従って行動した。二〇一八年には不可解な状況のもと、著名なコーチのグレッグ・ポポヴィッチと袂《たもと》を分かち、なかば強引にスパーズを去った。二〇一九年、ラプターズを優勝に導いたあとは、優勝パレードもそこそこにクリッパーズへ移籍した。

ロサンゼルスに移ったことで、レナードは自身のルーツである南カリフォルニアへの帰還を果たし、これまた有能なツーウェイプレーヤーにしてウィングのポール・ジョージとコンビを組むことができた。クリッパーズはコーチのドック・リヴァースのもと、タフで屈強かつ複数ポジションのできる選手を起用した守備に強いチームを作り、レナードとジョージを経験豊富なオフェンスの選手で支えようとしていた。すべて理屈としてはすばらしく、シーズン序盤にレイカーズを二度破った試合はまさに計算どおりだった。レナードはジェームズを圧倒していた。

それでもクリッパーズは五十年のクラブ史において、ＮＢＡファイナルの勝利はおろか、カンファレンスのファイナルに進出したこともなかった。レナードの加入一年目でチームができあがっておらず、シーズン中盤には選手の一部がレナードの運動量の少なさと特別扱いに反発するという一幕もあった。

クリッパーズを優勝候補に挙げるのはすなわち、一試合平均二十七・一得点、七・一リバウンド、四・九アシストの二十九歳のレナードが、ラプターズ時代のようにプレーオフで調子を上げてくるのを期待することだった。レナードとジョージは、ジェームズやアデトクンボを止めるには理想的なコンビで、いっぽうレイカーズとバックスはともにクリッパーズのコンビに対抗する有能なウィングを欠いているようだった。元マイクロソフト社ＣＥＯのスティーヴ・バルマーが、クリッパーズ優位のもうひとつの要素だった。ＮＢＡで最も裕福なオーナーであるバルマーは、シーズン中断の直前にロスターに大金を投入し、レナードを支えるベテラン選手を大勢獲得していた。

バブル入りの直前まで、わたしは三チームのどれかが優勝すると信じて疑わなかった。だが長期の休み、ホームアドバンテージの欠如、感染者が出る可能性を勘案して、多くの記者仲間はアップセットや予想外の展開を見込むようになっていた。

クラスターが発生したり、中断期間のあと有力チームがうまく調子に乗れなかったりした場合、優勝にはアステリスクをつけるべき〔参考記録にするというような意味〕という意見もあった。上位三チームはそれをいっせいに否定し、アデトクンボはバブルでの優勝争いが「これまでになくタフなものになる」と言い、ヴォーゲルもより困難な状況なのだから「価値ある優勝という意味でのアステリスクにふさわしい」とした。
「アダム・シルヴァーは、優勝チームはアステリスクではなく金の星に値すると言った」と、クリッパーズのコーチのドック・リヴァースは、最近のコミッショナーとの会話を引きあいに出しながら言った。「どこであれ勝ち抜くのは、メンタルの強いチームだ。これからまだわれわれの知る由もない、多くのことが起きるだろう」

アップセットが予想されたのはおおむねイースタン・カンファレンスで、バックスは二〇一九年のプレーオフでの体たらくを理由に、思いがけない脆さを露呈するだろうとされていた。リーグの新星ジェイソン・テイタムが中断期間に入るまで絶好調を維持していたおかげで、ボストン・セルティックスは人気馬だった。ラプターズはディフェンディングチャンピオンで、かつ昨夏レナードが去ったあと、失うものは何もないという状態だった。フィラデルフィア・セブンティシクサーズも期待が高く、クリスマスにはバックスに圧勝していたが、プレースタイルへの疑問の声は大きかった。マイアミ・ヒートはよくてダークホースだった。ただし規律を重視するエリック・スポールストラのコーチングスタイルはバブルにおあつらえむきで、センターのバム・アデバヨもアデトクンボとの好マッチアップが期待できた。

ウェスタン・カンファレンスでは、レイカーズとクリッパーズのファイナルはほぼ確実だと思われていたが、ジェームズ・ハーデンとラッセル・ウェストブルックを擁するヒューストン・ロケッツはおもしろい存在だった。ロケッツはトレードの締め切り直前に、スモールボールならぬマイクロボールというアプローチを採用して、クリント・カペラを放出しつつ、身長六フィート七インチ以下〔約二〇〇・八センチ以下〕の選手だけを配置したセンターレスの布陣で戦っていた。チームはスリーポイントシュートを連発し、荒唐無稽にもみえるプレーで敵を惑わせようとした。いっぽう西側のほかの二番手、デンヴァー・ナゲッツとユタ・ジャズは、スター選手をそろえた優勝候補に対抗できる選手を欠いていた。

オーランドでシーズンが再開してまもなく、わたしは自分の予想を再検討するようになった。三つの優勝候補にはレギュラーシーズンの残り八試合を力半分で乗りきるだけの余裕があるはずだったが、彼らの序盤の出来はどうにも凡庸だった。

バックスは躍動感を欠いていた。アデトクンボは初戦のセルティックス戦の白星では三十六得点十五リバウンド、七アシストを記録して大いに気を吐いたが、チームメイトとどこか息が合っておらず、とくに終盤はそれが顕著だった。オーランド入りを前に、バックスでは複数の選手がコロナに感染していて、チームは圧倒的な強さを誇ったレギュラーシーズンとは別物だった。ホームアドバンテージがないという状況にも適応せざるを得なかった。レギュラーシーズンでは十九試合で二十点以上の差をつけて勝利し、首位を走っていたバックスだったが、優勝のかかったこの局面ではロケッツ、ネッツ、マーヴェリックスに僅差で敗れた。

「十点、二十点、三十点差で勝つのはすばらしいことだ」と、ロケッツ戦を落としたあとアデトクンボは言った。「おれたちは今回のことから学んだ。僅差の試合はいい勉強になる。これまでの六十五試合では、ぎりぎりの試合はあまり多くなかった。おれたちはムラをなくして、毎晩結果を出さなきゃいけない。いちばん大事なのはシュートすることだ。ターンオーバーをしていてはいけない。オープンの味方を見つけて、シュートにつなげるんだ」

アデトクンボは最初、不安定なプレーに終始した。ファウルを繰りかえし、なんということもない場面でウィザーズのモリッツ・ワグナーに頭突きした。その件については大いに反省し、「ひどい行為だった」と自分で言ったが、その不可解ないら立ちのせいで退場および一試合の出場停止処分を受けた。レギュラーシーズン中はすべてうまくいっていたのに、今は何かが噛みあっておらず、アデトクンボは焦っていた。

アデトクンボは大事な場面でターンオーバーを犯し、敵のディフェンスに引っかかり、フリースローを外した。「打ちつづけろ」というコーチングスタッフの指示に従っていたものの、得手とはいえないスリーポイントシュートの精度はさらに下がっていた。もちろんアデトクンボはコートにあらわれるたびに、最大限の存在感を発揮した。だがバックスが野望をかなえるには、彼にベストのプレーをしてもらわねばならず、アデトクンボはまだそれができているとはいえなかった。

レイカーズは別の種類の問題をかかえていた。すなわち、オフェンスの切れの悪さだ。レブロン・ジェームズとアンソニー・デイヴィスはどちらも、集中して準備のできた状態でオーランド入りしていた。だが、まわりでも誰かがいいプレーをして彼らを支えなくてはいけない。バブルでのレギュラーシーズン八試合のなかで、レイカーズの得点数は二十二チーム中二十一位、スリーポイントシュートの成功率は最下位だった。得点はシーズン中断前より一試合あたり八点少なく、レイジョン・ロンドが親指を骨折し、エイヴリー・ブラッドリーがコロナへの不安からバブル参加を見送ったせいで、選手層が薄くなっていた。

スリーポイントシュートが決まらないのは、彼らにとって命取りになるかもしれない。ここ最近のウエスタン・カンファレンスの主力、ウォリアーズとロケッツも、アウトサイドシュートを中心にオフェンスを組みたててきたのだ。レイカーズが優勝杯を手にするには、シュート力で上回るブレイザーズ、ロケッツ、クリッパーズ、バックスの四チームを倒す必要が生じるかもしれなかった。オフェンスで三番目に大切な要素があてにできない今、それは難題にみえた。

ジェームズが語ったバブルの第一印象は、どこか不吉なものだった。たとえば彼はサンダーに惨敗した理由を、「ここには自分でコントロールできないことがある。試合とは関係ないから、あえて口にしたくない」と説明した。ジェームズはたびたび、中断前までウェスタン・カンファレンスを圧倒していた強力なチームと、バブルでのレイカーズを区別して語ろうとした。「今シーズンは何もかも違う。まるっきり違う、異例の状況だ」

クリッパーズの苦難は、バブルのオープニングナイトでレイカーズに負けたところから始まった。レギュラーシーズン前半では試合の終盤、ジェームズを二度抑えこんだレナードだが、そのときはファイナルポゼッションの場面で停滞していた。ジェームズをドリブルで抜いたり頭越しにシュートを打ったりするかわりに、レナードは無意味にドリブルを続け、時間がなくなってくるとポール・ジョージにパスした。ジョージは望み薄なシュートを打つくらいしかできなかった。続いてフェニックス・サンズに負けた試合では、同点の局面のファイナルプレーでデヴィン・ブッカーをダブルチーム〔二人の選手でのマーク〕しなかった。その場にいた人間は全員、ブッカーがシュートするのがわかっていたが、レナードは下がってオールスターゲーム選出のガードが決勝点を叩きこむのを眺めているだけだった。

こうした瞬間的な判断の狂いが、まさに試合の行方を決するもので、バスケファンの細かい分析の種になる。だがクリッパーズは一年間、レナードのためのチームを作ってきたのだ。何回分ものドラフトの一巡目指名権と引き換えにジョージを獲得し、出場時間を細かく管理し、サンディエゴに家を用意して、ヘリコプターで試合会場まで来られるようにしていた。チームの戦術は厳しい試合で点を取れるポジションにレナードを置くことがすべてだったが、レナードは最初の週の二試合で期待はずれに終わった。

クリッパーズはラインナップがまったく整わないという問題も抱えていた。驚くべきことにリヴァースはバブルのレギュラーシーズン八試合で、ベストメンバーの五人を一分たりとも同時に起用できなかったのだ。パトリック・ベヴァリーはふくらはぎを痛めて欠場が続いていた。イヴィチャ・ズバッチはコロナに感染したせいで現地入りが遅れた。ルー・ウィリアムズはバブルを離れて葬儀に参列したあと、アトランタの有名なストリップクラブ、マジック・シティにいるところを目撃され、十日間の隔離を命じられていた。モントレズ・ハレルもバブルを出て祖母の葬儀に参列したため、最初の八試合に出られなかった。

それでもリヴァースはローテーションをじゅうぶん巧みにこなし、レジー・ジャクソンやジョアキム・ノアといった控え選手を投入して時間を稼いだ。ロスターをそれだけいじったにもかかわらず、クリッパーズは序盤戦でペリカンズ、マーヴェリックス、ナゲッツに大勝し、トラッシュトーク〔挑発的な言葉など〕で敵を怒らせるといういつもの癖も存分に発揮してみせた。

八月八日のブレイザーズ戦ではブレイザーズのデイミアン・リラードが終盤のフリースローを二本外し、あわやチームはプレーオフ進出を逃すところだったのだが、その場面でクリッパーズはいささかやりすぎた。手首を指してみせるリラードの有名なゴールパフォーマンスと、ラッパーとしての名前「デイム D.O.L.L.A」をベヴァリーがあざけって、ふだんは勝負どころに強いリラードが得点できずにいると「ドーラタイム!」、「デイムタイム!」と怒鳴ったのだ。試合終了のブザーが鳴るとベヴァリーとジョージのふたりは、コートから去るリラードに手を振った。そのしぐさは二〇一九年のプレーオフで、ジョージの所属していたオクラホマシティ・サンダーに対し、リラードがシリーズを決めるスリーポイントシュートを成功させたことへの意趣返しだった。

リラードはそんなクリッパーズの態度にひるむことなく、試合後の記者会見では燃えるような目をして、ベヴァリーとジョージを切り捨ててみせた。ジョージには辛辣なコメントをし、二〇一四年のプレーオフでベヴァリー擁するロケッツにシリーズを決めるジャンプシュートを食らわせた件を蒸しかえした。

「あいつは去年、手を振ってコートから追われている」と、リラードはジョージについて語った。「パトリック・ベヴァリーといえば、試合が終わる前に家に帰らせてやったんだ。ポール・ジョージも去年のプレーオフで、おれのせいですごすご帰ることになった。あいつらは知っているんだよ。あんな態度をとるのは、おれに一目置いているからだ。リスペクトのしるしなのさ。おれが結果を残してきた証拠だ。あいつらのせいで気分を害したりしていない。こういった場面でおれに手ひどくやられて、ひどく傷を負っているのさ」

クリッパーズの面々はインスタグラムで反撃した。ジョージはリラードが「今年は家に帰ることになる」と書きこみ、ベヴァリーは「カンクン・オン・スリー」と挑発した。メキシコの有名な観光地カンクンにちなんだ、「試合ではなくバカンスに行け」という意味あいの古い罵り言葉だ。数時間経ってもまだ怒っていたリラードは、痛烈な一言を放った。「悪ガキどもが」

リラードの激しい「口撃」のおかげで、記者たちはブレイザーズの選手がバスに乗って去ったあとも廊下で笑っていた。誰もが生活を制限され、いら立ちを抱えているためか、バブルでは口頭での激しいやりとりが生まれやすいようだ。今回のことは、スーパースターたちによる派手な喧嘩の第一幕だった。

リラードのような知名度の高い選手が、レナードを獲得してから優勝候補とされてきたクリッパーズのようなチームをこき下ろすのはいつ以来のことか。最近のベストの比較対象は二〇一六年のNBAファイナル中、ジェームズとウォリアーズの面々が辛辣なやりとりをしたときかもしれない。ケヴィン・デュラントを獲得してほぼ無敵になってからというもの、あんなふうにウォリアーズを悪しざまに言う選手はいなかった。ジェームズの味方の選手たちはデュラントを崇拝していたので、公の場で「悪ガキ」と言うことなどできなかった。

わたしにとってこの一件は、クリッパーズが敵の評価にくらべて自分たちをずいぶん買いかぶっているという証拠だった。主力がまだ大きな結果を出していないチームにとっては、危険な兆候だ。ポストシーズンが始まったら上位三チームも悠長にかまえていられないのではないか、というわたしの強まりつつある予感を決定づけるものでもあった。

＊＊＊

再開後のレギュラーシーズンはとらえどころがなく、一気に「バスケットボール」が訪れたという感じだった。

全部ひっくるめてＮＢＡは十六日間で八十八試合を行ない、三つの会場を駆使して、一日に多くて七試合を開催した。試合が開催されない日はなく、ティップオフ〔ジャンプボールでの試合開始〕は早くて正午、遅くて夜九時だった。わたしが三月に予想していたラスヴェガス・サマーリーグ式のスケジュールだったが、実績のない選手がロスターに居場所を見つけようと争うのではなく、オールスター級の選手を見ることになった。

ＮＢＡのメディア向けルールとして、記者は観戦を希望する試合をあらかじめ申請することになっていた。わたしは数日のうちに、最初は観戦の回数を控えめにするのがいいだろうと思うようになった。燃えつきるのが心配だったのだ。ＮＢＡサマーリーグの場合、毎日四、五試合観戦したが、イベントは二週間で終わった。今回は三か月に備えなければいけないので、一日二試合を守ることにした。

バックス、レイカーズ、クリッパーズの試合を極力たくさん観て、優勝争いの序盤の雰囲気をつかむように努めた。それがすむと、今度はウェスタン・カンファレンスのプレーオフ進出争いに惹かれた。バブルで実施された「プレーイン・ラウンド」のおかげで、新たなおもしろみが生まれていた。

プレーインについては、シーズンがだらける時期に観客を惹きつけ、かつチームに集中をうながすという意味で、何年も前から検討されていた。通常、プレーオフに出場するようなチームは三月下旬の時点で集団を大きくリードしているもので、ポストシーズンが遠のいた多くのチームはドラフト抽選で有利になることを見据え、主力を休ませて若手を出場させる。その結果、何週間も消化試合が続くのだった。

そんな慣習を打破するのがプレーインで、プレーオフへの新たな道のりとなるものだった。各カンファレンスから単純に上位八シードがポストシーズンに進出するのではなく、バブルでは自動的に進出できるのは上位七シードのみだ。八シード目は異なる方法で選ぶのだった。

八位のチームが九位に四ゲーム差以上つけている場合、通常どおり自動的にプレーオフに進出する。だがそうでない場合、八位と九位はプレーインで直接対決する。八位は一勝すればプレーオフが確定するが、九位は二連勝しないとプレーオフの最後のスポットを奪うことができない。勝者はプレーオフ一回戦で、カンファレンスのトップシードと対戦する。

総合的に考えると、公平ではあるが少々ややこしい方式だった。あまり大きな意味があるとも思えなかった。東側の九位、ワシントン・ウィザーズはブラッドリー・ビールとダーヴィス・ベルターンスのキーマンふたりを欠いた状態でバブル入りしていた。八位のブルックリン・ネッツは負傷とコロナでロスターの半分ほどを欠いていたものの、やはり実力差は大きく、ウィザーズがすごすごと帰宅するのは目に見えていた。直接対決は実現しなかった。ウィザーズは一勝七敗という成績で、プレーインに至らなかったのだ。

だがリーグの新機軸は西側ではみごとに当たり、一回戦でトップシードのレイカーズと対戦する権利を賭けて六チームが争っていた。その集団にはザイオン・ウィリアムソンのペリカンズ、デイミアン・リラードのブレイザーズ、デヴィン・ブッカーのサンズ、ジャ・モラントのグリズリーズがいて、互いの差はわずかしかなく、プレーインの開催は事実上決定していた。八位シードがプレーオフでトップシードを食うのは稀だが、再開されたシーズンがはらむ多くの不確定要素と、当初レイカーズが不安定だったことが期待感を高めた。

コロナ感染のリスクが増すことを考えると、わたしはバブル参加チームを十六から二十二チームに拡大することに反対だったが、NBAの博打は八位シードの座を賭けたスリリングな競争を生んだ。ルーキーイヤーの大半を膝の怪我で棒に振ったウィリアムソンは、宙を舞うようなダンクシュートと規格外の肉体のおかげで、つねに注目の的だった。リラードはオールスター級の選手として、野戦病院と化したロスターをなんとかプレーオフに導こうとしていた。ブッカーは強烈な得点力の持ち主で、二〇二〇年に初めてオールスターゲームに出場し、五年のキャリアで初のプレーオフ進出を狙っていた。モラントはグリズリーズに、おそらくリーグで最も予想外の好成績をもたらしたことで、NBAルーキー・オブ・ザ・イヤーを受賞していた。

多くのファンはリラードの経験値と、前回のポストシーズンでの勝負強さを理由に、ブレイザーズを八位の最有力候補とみなしていた。そのいっぽう、注目の中心は二十歳のウィリアムソンだった。レイカーズとペリカンズの一回戦対決という構図は、テレビ局のお偉方、メディア関係者、ファンにとってそれぞれ魅力的だった。だが蓋を開けてみるとウィリアムソンとペリカンズは、慣れない環境と注目を浴びる立場におじけづいてしまっていた。

膝の手術で三か月試合に出場できなかったウィリアムソンが待望のデビューを果たしたとき、ペリカンズは初めて「ザイオンマニア」とでも呼ぶべき世間の熱気にふれた。ESPNは週の大部分をウィリアムソンのデビューの報道に費やし、ドナルド・トランプの弾劾と月面着陸を合わせたような扱いだ、と記者のひとりは冗談まじりに言った。わたしもニューオーリンズに出張してこの目で見たとき、ウィリアムソンの体格、敏捷性、パワー、跳躍力のとりこになった。

シーズン中断の直前に行なわれたティンバーウルヴス戦では、ウィリアムソンは二十三得点し、二本のあざやかなダンクシュートを叩きこんだ。水を得た魚のようで、バブルでコートに立つのを見るのが待ちきれなかった。テレビ局も同様で、ペリカンズのバブルでの八試合のうち七試合を全米向けに放映すると決めた。

だが残念ながら、ウィリアムソンはふたたび雄姿を見せることができなかった。七月十六日、まだわたしがホテルの部屋で隔離生活を送っていたとき、ペリカンズはウィリアムソンがバブルを一時的に離れると発表した。「身内の急な事情のため」とされたが、それ以上の詳細は公表されず、本当は何があったのか不明なままだった。

ウィリアムソンは七月二十四日にバブルに帰還した。二度目の隔離をすませ、ペリカンズの七月三十日の初戦、対ジャズ戦にじゅうぶん間に合うタイミングだった。誰もが出場を期待していたが、二週間ほとんど練習ができていないという理由で、ペリカンズは彼の出場を当日判断扱いにした。わざと期待値を下げることで、最初の数試合は出場時間を抑えるという意図だったのだろう。

ペリカンズがウィリアムソンの一時離脱について口を濁していたこと、帰還に際して不可解な処置をとったことは、疑惑を深めただけだった。七月二十九日にようやくメディアの前に姿をあらわしたウィリアムソンはぎこちない笑みを浮かべ、しきりにアイコンタクトを避けていた。「急な事情」による離脱についてはあいまいな説明に留まり、時間をかけてコートに戻ることについては、チームの説明と齟齬のない回答をしようとしていた。「おれ自身もチームも、今現在とこの先のおれにとってベストな道を選ぼうとしている。リスクを回避するということだ。でも知ってのとおり、おれはバスケがしたいんだ」

この時点でペリカンズのコーチ、アルヴィン・ジェントリーとチームメイトたちは、もう一週間ほどウィリアムソンについての質問に答えつづけていた。七〇年代のアメリカのコメディ『ゆかいなブレディー家』には「マーシャ、マーシャ」という有名なせりふがあったが、こちらは「ザイオン、ザイオン」だったというわけだ。ザイオンの状態は？　調子は上がっているのか？　出場時間はどれくらい？　チームはプレーオフ進出を目指すのか、ザイオンの将来を考えて無理をさせないようにするのか？

ペリカンズはさながら、結婚式当日に忽然と姿を消した花婿をかばおうとする付き添い人たちのようだった。ウィリアムソンがチームメイトにくらべてやや若いことが話を複雑にし、試合が始まると事態は悪化した。ウィリアムソンは初戦では十五分の出場に留まり、二日後の惨敗に終わるクリッパーズ戦では十四分のみだった。彼の出場時間が増えるとペリカンズも調子が上がり、グリズリーズに勝利したが、キングスとスパーズに失意の黒星を喫したことでプレーオフ進出の希望は幻と消えた。

ウィリアムソンは体が重そうで、動きも遅く、周囲と噛みあっておらず、出場時間が限られていることへの不満を口にした。短い時間で決定的なプレーをしなければならず、クラッチタイム〔終盤の勝負が決定づけられる場面〕にはベンチにいなければいけない場合もあるというわけだ。中断前はコートを縦横無尽に動き、宙を舞っていたウィリアムソンだが、今は体力を保つのに苦心し、ペリメーターでの動きについていけずにいた。

「第四クォーターをベンチで過ごし、チームの勝利に一切貢献できずにいるのは、ひどくつらいんだ」と、グリズリーズ相手に白星を挙げたあとウィリアムソンは言った。「トレーニングスタッフとチームのみんなが、おれは勝利を呼びこむことができると信じてくれてうれしいよ」

ウィリアムソンが控えめに苦労話をしていたいっぽう、チームメイトは近いうちのバブル出立に向けて全力を尽くしているようだった。プレーオフ進出を目指すチームとの絶対に負けられない試合でもペリカンズは士気が低く、ウォームアップ中はだらだら走り、軽率なターンオーバーを犯し、ジェントリーの試合後の厳しい言葉にも反応は鈍かった。わたしはウィリアムソンのキャリアの新たな局面を目にすることを何週間も楽しみにしていたのだが、五試合もするとペリカンズが荷物をまとめて帰宅するのを望むようになった。彼らがここにいるのは、全員にとって時間の無駄だ。

結局ペリカンズは、バブル最大の期待外れとして去っていった。戦績は二勝六敗、すでにプレーオフ進出が叶わなくなっていたので、最後の二試合はウィリアムソンを温存した。チームの締まりのない出来について「説明がつかない」と言ったジェントリーは、バブル撤収の二日後に解任された。ペリカンズの試練は、序盤戦の貴重な教訓だった。チームが一体感を欠き、全員で勝ちを目指すという意識をもっていなければ、バブルという環境に呑まれるのだ。ペリカンズはもっとふつうの生活に戻りたいという、絶えまなく襲ってくる強烈な欲求に屈した最初のチームだったが、彼らが最後でもなかった。

驚いたことに、ペリカンズと対照的な存在として浮上したのがサンズだった。バブル入りした時点では西側の十三位、二十六勝三十九敗で、八位のグリズリーズとは六ゲーム差がついていた。プレーインを考慮に入れたところで、ここには短いあいだしか留まらず、たいした印象も残さないだろうとわたしは思っていた。ウィザーズとの初戦を落としたら、事実上プレーオフ争いから脱落するのだ。

ところがサンズは初戦をものにして、あとは白星に次ぐ白星、マーヴェリックスとクリッパーズからきわどい勝利をもぎとった。カワイ・レナードのディフェンスの隙を突いて決めた、ブッカーの絵に描いたような決勝弾が、両者の差をあらわしていた。

二十四歳のブッカーはファイナルプレーで左サイドから強烈に攻めこみ、レナードをフェイクでかわし、反転して下がりながら高難度のシュートに備えた。リーグを代表するペリメーターのディフェンダー、ポール・ジョージの頭越しにシュートを打つと体勢を崩し、ボールがネットをすり抜けるのと同時に背中から倒れこむ。ブッカーはそのまま動かず、両腕を脇にそろえたまま後頭部を床につけた。棺に横たえられた人間のようだった。

ブッカーの中途半端なディフェンスと球離れの悪さには不満を覚えることもあったが、あのシュートは五シーズン連続の敗退を埋めあわせてあまりあるものだった。彼は疲労困憊といった様子で、けれど満足げに仰向けになり、そこへチームメイトたちが駆けてきて馬乗りになった。「派手なゴールパフォーマンスは好きじゃない」と、ブッカーは言った。「倒れているところにみんなが寄ってきたから、逃げられなかったんだ。NBAでは勝者として知られるようになりたい。五年経ってもまだそこまで到達していないけれど、全身全霊で努力しているよ」

サンズのコーチ、モンティ・ウィリアムズは土壇場で勝利をつかんだチームを称賛した。クリッパーズという「優勝するかもしれない」チームを相手に「選手たちは今夜、成長した姿を見せた」。たしかにペリカンズがウィリアムソンを生かしきれず迷走したいっぽう、サンズはブッカーをうまく支えていた。無観客のアリーナも、生粋の点取り屋にしてオフシーズンの試合の常連のブッカーには気にならなかったようだ。なおかつ若きサンズはレギュラーシーズンの最中、「バレーボーイズ」と自称していた。タフで陽気なチームのメンタリティを指す言葉だ。ディズニー・ワールドでの暮らしは、AAUの試合と寮生活からさほど遠いところにいないチームに向いていたようだ。

クリッパーズから三十五得点を奪ったあと、ブッカーはヒート戦の勝利に際しても三十五得点を決めた。つづいてサンダーに大勝した試合でも三十五得点、シクサーズを圧倒した試合でも三十五得点だった。マーヴェリックス戦でも二十七得点を叩きだし、ここまでの試合をしめくくった。相手チームの故障や主力の温存に助けられた面はあったものの、ブッカーはバブル入りしてからのサンズに八勝〇敗という完璧な結果をもたらした。八連勝は二〇一〇年以来だった。白星を積み上げたことで九位のグリズリーズとタイになり、レギュラーシーズンの最終戦に突入した。この先を決めるのはグリズリーズで、勝ったらブレイザーズとのプレーインが確定。負けたらサンズがそのポジションを手にする。

グリズリーズは非常にいい状態でバブル入りしていた。細身で敏捷、かつルーキーには珍しい不遜なまでの自信を備えたポイントガードのモラントのおかげだ。高速ドリブルとすばらしい跳躍力に恵まれた二十一歳のモラントは、ダンクシュートと見まがうような得点を重ねていた。中一日であらわれては高いジャンプを見せ、リングに迫り、パワーフォワードやセンターの上を越すか突っ切るかしてポスターダンク〔ポスター写真になりそうなシュート〕を決めた。シュートの多くはバックボードに当たるか、跳ねかえってハーフコート付近まで飛んでいったが、どのみちＳＮＳで大いに話題になった。

モラントの試合内容と浮わついたところのない性格を考えると、グリズリーズはバブルで成功するだろうとわたしは確信していた。ベテラン選手の一部はディズニー・ワールドの設備に不満を漏らしていたが、モラントは知名度の高い選手のなかで最初にそれを否定したひとりだった。このままいけば二〇二一年のオールスター入りもありそうだったが、グリズリーズは先発のフォワード、ジャレン・ジャクソン・ジュニアを三試合目にして膝の負傷で失い、一勝六敗と出だしで大きくつまずいた。

オーランドに呼ばれたのが十六チームだけだったら、グリズリーズは一回戦でレイカーズと当たっていただろう。大注目の一戦であるうえ、モラントにとってはポストシーズンの貴重な機会だ。チームの若さとジャクソンの負傷を考えると、バブルでの失速はある程度予測できたが、最終戦で勝てなければポストシーズンとプレーインの両方から脱落するということになった。

最終戦の相手はバックスで、計算上は悪夢のマッチアップとされた。両チームが十二月にぶつかったときは、バックスが百二十七得点と大勝し、ヤニス・アデトクンボはわずか二十六分で三十七得点十一リバウンドを達成した。ジャクソンが絶好調でスリーポイントシュートを九本決め、キャリアハイの四十三得点を叩きだしたものの、グリズリーズはその試合を落とした。

蓋を開けてみると、幸運の女神はグリズリーズに微笑んでいた。大一番の二日前、アデトクンボはモリッツ・ワグナーに頭突きして退場処分を受けていた。ＮＢＡからはグリズリーズ戦の出場停止処分が下された。それにくわえてバックスはすでに東側の首位を固めており、無理をする理由がなく、プレーオフに備えて主力を温存する可能性もあった。仕上げとしてグリズリーズ一年目のコーチ、テイラー・ジェンキンスはバックスの元アシスタントだった。バックスのコーチ、マイク・ビューデンホルツァーが選手を入れ替えたら、グリズリーズはプレーインに駒を進められる可能性もあった。

実際、その通りになった。ビューデンホルツァーは計十二人の選手を起用し、先発の主力は出場時間をそれぞれ二十分ほどに抑えた。モラントのシュートはよくなかったが、センターのヨナス・ヴァランチューナスとともに、控え中心の敵を相手にトリプルダブルを達成した。トリプルダブルとはすなわち、一試合でひとりの選手が得点やリバウンドなど五つの項目のうち三つで二桁を記録することだ。同時刻に隣の会場ではサンズがマーヴェリックスを粉砕し、バブル入り以降の奇跡の八連勝を記録した。それでも彼らは家に帰ることになるのだが。

グリズリーズは勝利に安堵のため息をつきつつ、ブレイザーズとのプレーインに向けてふたたび集中を高めなければいけなかった。サンズにとっては苦い結末だった。順位を上げるために全力を尽くし、スパーズ、キングス、ペリカンズを抜いたのだが、わずかひとつの項目で及ばなかった。グリズリーズとサンズはともにレギュラーシーズンを三十四勝三十九敗で終えていたが、十二月と一月にサンズを三度破っていたグリズリーズがタイブレーカーで上回ったのだ。それらの試合は遠い昔のことで、今どちらにより勢いがあるかは明らかだった。

サンズ一年目のコーチ、ウィリアムズは最終戦のあと選手たちをロッカールームに集めた。四年前、彼は悲惨な交通事故で妻のイングリッドを四十四歳で亡くしていた。妻の葬儀で、許すことの大切さについて胸打たれるスピーチをしたあと、ウィリアムズは子育てのため一時的に監督業から遠ざかった。「きみたちと共にいると心が癒された」と、ウィリアムズは選手たちに言った。「ありがとう。一緒にいられてうれしかったよ。きみたちが努力し、戦い、この遠征中にバスケ界の仲間たちの尊敬を勝ち取るのを見ることができた。われわれは昔のサンズではない。たくさんの経験を積んできたんだ。きみたちがやってのけたように毎晩プレーするのは、容易ではない。われわれがここへやってきて、八戦全勝するとは誰も思わなかっただろう。すばらしいことだよ」

ウィリアムズがチームを集めてスピーチをしたのは、バブルでの快進撃を支えた不屈の精神にふさわしく、備品用の倉庫を改装したところだった。ウッドパネルのロッカー、ハイテクのディスプレイ、試合後に提供される軽食、それぞれのネームプレート、シューズの山といった、ふだんのロッカールームを彩る要素はいっさいなかった。ウィリアムズが話をするあいだ、選手とコーチ陣は手指の消毒液しか置かれていない、殺風景なコンクリートの空間で身を寄せあっていた。

誰もサンズの快走を予見していなかった。ウィリアムズが言ったように、ここしばらくの低迷のせいもあったが、たいていのチームが彼らの状況ではどうすることもできなかったはずだ。六月上旬、ESPNでバスケットボールを担当するケヴィン・ペルトンが予測したところでは、サンズがプレーインに到達する可能性は五百件のシミュレーションのうちただ一件だった。だが二十二チームのうち下から二番目の成績でバブル入りし、下にはウィザーズしかいないという状況で、彼らは唯一レギュラーシーズンを八戦全勝で終えた。ウィリアムズは正しかった。そのたゆまぬ努力は、バスケ界の敬意を受けるに値した。

デイミアン・リラードもまた、ブレイザーズが周囲からそうした評価を受けられるよう力を注いでいた。三十歳のポイントガード率いるブレイザーズは、バブルで三勝一敗の滑りだしで、リラード自身はナゲッツ戦では四十五得点を記録して、センターのユスフ・ヌルキッチとフォワードのザック・コリンズが長期の怪我のあと試合勘を取りもどす手助けをした。おもにリラードのクラッチプレーの質のおかげで、ブレイザーズはグリズリーズに逆転で勝利し、プレーオフに進出するだろうと予想されていた。

リラードは二〇一四年と二〇一九年、それぞれブザービーター〔試合終了の直前に放たれ、終了のブザーの後に決まるシュート〕でプレーオフの試合を制していて、落ちついたプレースタイルはバブルにうってつけのようだった。キャリア最高の出来を披露したときでさえ、リラードは表情を変えないことで有名だった。二〇一九年にサンダーを倒し、ポール・ジョージがコートを去るのを見送ってから、リラードはチームメイトがむしゃぶりついてくるなか無表情にまっすぐテレビカメラを見つめた。いわばバスケ界の「殺し屋」で、恐れを知らないオーラをまとい、シュートのためボールを手にしようという揺るぎない情熱をもっていた。

だが八月八日のクリッパーズ戦を落としたとき、彼はそんな自身の評判にしっぺ返しを食らう格好になった。フリースローを二本外して、パトリック・ベヴァリーとジョージに嘲笑された試合だ。ポートランドに拠点を置いてブレイザーズを取材していたころから長年リラードを見てきたわたしにすると、目を疑うような場面だった。残り十八秒で、勝たなくてもいいクリッパーズがすでに控え選手を起用していたとき、リラードは一点を追う状況で二回シュートを外した。

キャリアを通して、リラードのフリースローの成功率は八十九%だった。プレーオフでは八十八%。じゅうぶんな数字だろう。シーズンが危ういバランスで継続されるなか、リラードはリーグで三本の指に入るほど安定感のある選手だった。だがそれにしても、クリッパーズの野次はリラードのミス以上に衝撃的だった。何を考えていたのか。怒らせてもいい相手ではないはずだ。

怒りの記者会見と、ベヴァリーとジョージを「悪ガキども」と罵るインスタグラムの投稿のあと、バブルにいた誰もがリラードは翌日の晩バブルから去ることになるだろうと思っていた。状況は単純だった。ブレイザーズは残り三試合でシクサーズ、マーヴェリックス、ネッツを破らなければプレーインに食いこむことはできない。一試合でも落とせば、帰宅する羽目になるのはほぼ確実だ。

だが蓋を開けてみると、リラードはシクサーズ相手に五十一得点を叩きだし、残り三分で九得点してブレイザーズ復調の勝利をもたらした。すばらしい出来の興奮も冷めやらない二晩後には、キャリア最高といっても差し支えない試合をした。マーヴェリックスとの直接対決だったわけだが、六十一得点を叩きこみ、九本のスリーポイントシュートを沈め、さらに終了前の五分間で十得点して勝利を確実にしたのだ。

歴史に残るリラードのプレーは終了まで二分弱、マーヴェリックスが一三〇対一二七とリードしていた場面で生まれた。彼はボールを持ってスリーポイントラインの四歩ほど手前に立っていて、リングからはだいぶ距離があり、両足はセンターコートに刷られた「ブラック・ライブズ・マター」の「Ｍａｔｔｅｒ」のｔふたつに乗るようなかたちだった。ボールを腰のあたりで保持して、リラードは時間が経つにまかせていた。

いい選択肢がないことを悟り、リラードが伸びあがって放った高さのあるスリーポイントシュートは、バックボードに勢いよく当たった。だがスリーポイントラインのほうへ転がってくるかわりに、ボールは真上に跳ね、クロックを高々と越えて一瞬テレビの前の観客の視界から消えた。コート上とサイドラインの全員が息をのんで見守るなか、落下してきたボールはあざやかにリングをすり抜けた。ネットがほとんど揺れなかったほどだ。コートサイドの席にいたメディア関係者が歓声をあげた。そのシュートで同点に追いつき、ブレイザーズはそのまま勝った。カメラに映ったリラードは怒鳴っていた。「おれの名前にちょっとは敬意をはらえ」

「たぶん二十回くらい『頼む』と言ったと思う。頼む、頼む、と繰りかえし」と、カーメロ・アンソニーは垂直方向のビリヤードでもプレーしているように、ボールの落下をもどかしい思いで待っていた時間を振りかえった。「あのシュートが入ったとき、おれたちが負けることはなくなった」

リラードは「神の意思が介在した」と言い、そのシュートを中断期間中に亡くなった従兄弟にして専属のシェフ、ブランドン・ジョンソンに捧げた。クローゼットほどの広さしかない小さな記者会見場で、リラードは従兄弟が助かることをどんなふうに祈ったか語り、悲報が届いたときチームメイトのC・J・マッカラムとふたりで泣いたことを明かした。「あのボールはとにかくまっすぐ打った。入るだろうと思ったよ。バックボードに当たって真上に跳ねたときは、じっと見つめていた。きっと入ると思った。そうしたら落ちてきて、決まったんだ。従兄弟の力だったと思う。ブランドン、安らかに眠ってくれ。あいつがおれのために入れてくれたんだ。あいつを失うのはつらいことだった。きつかったよ。おれはただ、あいつがおれに望むはずのことをやり続けるだけだ。そうやって折り合いをつけているのさ。あいつに誇りに思ってもらえる道を歩みたい」

ブレイザーズのコーチ、テリー・ストッツは選手の手柄を横取りするような人間にはほど遠く、リラードの大活躍の立役者なのではないかと言われたときも笑い飛ばした。「シーズンを失うかどうかというところだった。わたしにできるのは、リラードをいい状況に置くことだ。もちろん手助けはするけれど、今晩は『デイム』の夜だったんだよ」

ブレイザーズにはまだやるべきことがあった。プレーイン進出を確保するには、駒不足ながら精力的なネッツを倒さなければいけない。ネッツはすでに目標のない状態だったが、カリス・レヴァートは三十七得点してブレイザーズを大いに脅かした。リラードは四十二得点して反撃したが、今回はマッカラムとヌルキッチの助けが大きく、アンソニーのクラッチタイムのスリーポイントシュートもあった。ブレイザーズはチーム全員の力でかろうじてネッツを下し、八位に滑りこんで、グリズリーズとのプレーイン対決を確定した。

リラードの三試合の終盤の数字は驚くべきものだった。クリッパーズに野次られたあとは平均五十一・三得点、九アシストを達成したのだ。スリーポイントシュートを二十一本打ち、スリーポイントラインの外から打ったシュートは四十八・八%の成功率だった。三試合ではそれぞれ四十分超プレーし、チームは計七得点の差で一回戦を制した。最も注目すべきはクリッパーズ戦でフリースローを二本外したあと、四十三本中四十一本を決めたことだろう。成功率九十五・三%だ。

ベヴァリーとジョージのちょっとした煽りは、バブルでも類のない得点の荒稼ぎを生んだのだった。「ここに来たばかりのとき、遊びに来たわけじゃないと言った」と、リラードは試合後のTNTのインタビューに対して、相変わらず無表情を崩さずに言った。「まだ仕事は終わっていない」

プレーインの規定により、八位のブレイザーズは九位のグリズリーズを倒すチャンスを二回得た。リラードにとっては一回でじゅうぶんで、三十一得点に五度のスリーポイントシュートでチームを牽引《けんいん》した。モラントもゲームハイの三十五得点を叩きこみ、やるべきことをしたうえで堂々と敗退した。グリズリーズはインサイドではヌルキッチに苦しんだ。その日の昼間、祖母がコロナとの長い闘いの末に息を引きとっていた相手だ。

「試合に出たくなかった」。二十二得点にリバウンド二十一本のヌルキッチは、涙をこらえながら言った。「でもばあちゃんが出ろと言ったんだと思う。おれ自身は、今夜は出場しないつもりだった。ウォームアップのあいだも、まるでシュートを打つ気になれなかった。だけどバブルに来て、チームと一緒にいるという決断は下していたんだ。ばあちゃんはおれにプレーしてほしかっただろう。試合に勝てて、プレーオフに進出することになってうれしいよ。そのためにここへ来たんだ」

ストッツはチームが心身ともに疲労していると言い、ブレイザーズは「ほんものの」プレーオフに到達するためだけに「プレーオフ九試合をこなしたようなもの」だとした。「まるまる九試合だったよ」と、七勝二敗という戦績を誇りながら言った。

その晩、メディア関係者はＮＢＡの好意でステーキとシーフードのレストラン、エール＆コンパスに招待され、レギュラーシーズンの終了を祝った。エール＆コンパスは、ブレイザーズほか五チームが宿泊していたヨット・クラブの中にあった。バブル到着時にプレーオフ進出の芽はなかったチームだ。

六月、下位の六チームの宿泊地として公表されたとき、ヨット・クラブはツイッターで散々ネタにされたものだが、そんなやりとりも今では遠い記憶だった。ブレイザーズのチームロゴと「リップ・シティ」という愛称がロビーを飾り、英雄の凱旋を祝っていた。

ペリカンズはふがいない結果に終わった。サンズはベストを尽くした。グリズリーズは善戦した。だが西側の八位争いを制したのはブレイザーズだった。選手とコーチはソーシャルディスタンスを保ちつつ、バーの飲みものを口にして、二週間続いた戦いに乾杯した。負けてもおかしくなかった瞬間は山ほどあり、一本のシュートミス、一回のターンオーバーが終盤の追い上げを無にしていたかもしれなかった。フランチャイズのプレーヤーであるリラードが一晩でも精彩を欠けば、すべて水の泡になっていたかもしれない。

だがそうなるかわりにリラードは印象的なプレーを披露して、七シーズン連続のプレーオフ出場を決めてみせた。ジェームズ率いる強豪レイカーズとの対戦が目前に迫っていたが、ヨット・クラブの土曜の夜はにぎやかに更けていった。

わたしはパスタで満腹になって自室に戻った。ディナーの席では、メディア関係者は通常ならおそらく八人がけのテーブルに二人ずつ座った。テーブルどうしの距離はゆうに一八〇センチほどあり、店員は全員マスク姿だった。ＮＢＡのガイドラインを気にしていたブレイザーズの面々は記者たちと言葉をかわしたものの、ソーシャルディスタンスをとるのは怠らなかった。わたし自身がレストランに行くのは三月以来で、一か月以上前にバブルに入場してからはじめての充実した食事だった。大きな一歩のような気がした。

寝る前にもうひとつすることがあった。赤と黒のジョーダン2を出して、エナメル革のほこりを落とす。バブルはプレーオフ開催に漕ぎつけたのだ。

# 第9章　陽性者ゼロ

コロナによる祖母の死を受けとめようとするユスフ・ヌルキッチの目に浮かんだ切実な痛みは、けっして忘れられないものだった。ブレイザーズのセンターは悲しみで虚ろになり、体だけは狭い記者会見場にいたが、心という点ではどこかまったく別の場所にいた。悲しみが深いあまり、それを誰かに見抜かれてもかまわないという状態になっていた。アスリートが自身の弱さを懸命に隠し、否定しようとするプロスポーツ界では珍しいことだ。

二〇一七年、わたしは午後の時間をたっぷり使ってヌルキッチに話を聞き、スポーツ・イラストレイテッドに詳しい人物像の記事を載せた。彼は当時コントラクトイヤー〔契約最終年〕で、ただし全米レベルでは知名度がそれほどでもなかったので、率直に話をしてくれた。バスケ界に足を踏みいれたのは身長六フィート十インチ〔約二〇八・四センチ〕、体重四百ポンド〔約一八〇キロ〕の警察官だった父親が、バーで起きた喧嘩で十三人を殴ってボスニアの新聞に載ったのがきっかけだったという有名な話。新聞記事を読んだスカウトが連絡してきて、十四歳の彼をスロヴェニアに留学させたが、そこで重度のホームシックになったこと。二〇一四年にドラフトのため初めてアメリカにやってきたとき、彼はひどく無防備だったという。「到着したその日、見知らぬ男にドラッグはほしいかと訊かれた。ニューヨークでの最初のできごとは、ヤクの売人との出会いだったんだ。ここはどうなっているのかと思った。映画みたいだったよ」

ヌルキッチはまずデンヴァー・ナゲッツに入団したが、キャリアの大きなターニングポイントは二〇一六年にブレイザーズに移籍したことだった。ナゲッツではネガティブな評価ばかり受けた。怠け者、太りすぎ、わがまま、コーチの言うことを聞かない。ブレイザーズではより大きな役割を任され、デイミアン・リラードも成長を後押ししてくれた。ヌルキッチは体を絞り、ディフェンスを劇的に改善し、二度目のチャンスを存分に生かした。トレード後はひたむきですばらしいプレーを見せたので、ブレイザーズのファンは「ヌルキッチ・フィーバー」にかかり、数か月のうちに鼻つまみは人気者に変わった。

二〇一九年三月には深刻な脚の怪我に見舞われて、そこでシーズンを終えた。ブレイザーズの奇跡のウェスタン・カンファレンス決勝進出に参加することはできず、ベンチから味方に声援を送り、精神的な支えになっただけだった。シーズン中断まで、二〇一九〜二〇シーズンは一分たりとも出場していなかったが、四か月の空白のあいだにコートに復帰する準備がととのった。ブレイザーズのインサイドは彼を欠いて苦しんでいたので、バブルで復帰したことでプレーオフ入りに弾みがつくと期待された。

試合勘を取りもどそうとしているあいだ、ヌルキッチのプレーは悪くなかったが、少々ムラがあった。それでもレギュラーシーズンをしめくくる、絶対に落とせないネッツ戦では期待に応え、プレーインのグリズリーズ戦でも違いをもたらした。

ヌルキッチの祖母の死は、新型コロナウイルス感染症が家族にどれほどの悲しみをもたらすか、あらためて考えさせるものだった。脚の骨折の一年五か月後、ヌルキッチは鮮やかな復活劇を達成しようとしていた。その週は、まだ浅いキャリアのなかで最高に幸せな瞬間であるべきだった。ところが彼は取り乱さずにいるのが精いっぱいで、プレーするべきかどうか煩悶していたのだ。

悲しみのなかでいいプレーをする選手を見るのはヌルキッチが初めてではなく、そうした姿勢にヒロイズムを見いだす観客がいることも予想できた。だがこの種の話に、わたしはいつも強い怒りを覚える。ヌルキッチのことはそこまでよく知らなかったが、グリズリーズ相手の二十二得点二十一リバウンドを、彼はあと一度祖母に電話することと喜んで引き換えにしただろう。誰だってそうだ。チームの勝利と自分の出来など取るに足らない、とその表情は無言で記者たちに告げていた。

その場面がとりわけわたしにとって印象的だったのには、ふたつ理由があった。まず二〇一七年にインタビューしたとき、ヌルキッチが家族について詳しく語っていたこと。そしてわたしが一か月以上、コロナの脅威から自由な環境で暮らしていたこと。バブルが差しだしていたのはトレードオフだった。ら立ちの連続と厳しいルールのかわりに、わたしは世界でもほんのわずかな人間にしか許されていない真の心の平穏を得ていた。四月のカール＝アンソニー・タウンズとおなじように、ヌルキッチを襲ったできごとは、その万能感に穴をあけた。

毎朝、目が覚めるとすぐわたしは体温と血中酸素飽和度を測った。その結果はＮＢＡの「マイヘルス」と称されるトラッキング用アプリに入力し、体調についての簡単なＱ＆Ａを埋めた。それからマスク、ＩＤカード、接近アラームを身につけて、検査会場までの短い道のりを歩いた。

ホテルの部屋を改造した検査会場にはマジックバンドをスワイプして入室し、最初の受付で身分を証明する書類にサインした。次の受付で名前と生年月日を確認すると、全身を防護服で固めた技師が喉と両方の鼻の穴に綿棒を入れて検査を行なった。時計回りに会場を出ると、スタッフがわたしの座った椅子二脚とふれたものすべて、名前をサインするのに使ったペンにいたるまで消毒した。検査結果はたいてい、その日のうちにＥメールで届いた。

ＮＢＡは隙あらばルールを強化しようとしていた。責任者はＮＢＡ副会長のデヴィッド・ワイスで、

ＨＩＶ研究の第一人者デヴィッド・ホー、元公衆衛生局長官ヴィヴェク・マーシーと協議したうえで実施していた。ホーのＮＢＡとの縁は数十年前の一九九一年、ＨＩＶ感染が判明したマジック・ジョンソンの治療をしたときにさかのぼる。

自室での隔離期間中、ロケッツのフォワードであるブルーノ・カボクロは外へ出ていたことが発覚し、十日間の隔離のやりなおしを命じられた。レイカーズのセンター、ドワイト・ハワードは敷地内でマスクを着用していなかったとして警告を受けた。キングスのセンター、リショーン・ホームズも、フードデリバリーの会社ポストメイツのドライバーから宅配を受けとるためバブルを出て、十日間の再隔離を言いわたされた。ホームズの母リュデシアは、ツイッターで冗談まじりに息子を叱った。「バブルを破るならママの手料理を食べるためだけでしょう！　わたしはフロリダ州にはいないのよ‼」

序盤のルール破りで最も注目を集めたのは、やはりルー・ウィリアムズのストリップクラブ訪問だった。二〇一九年のＮＢＡシックスマン賞受賞選手であるウィリアムズは七月下旬、祖父の葬式に参列するためバブルを離れた。移動中にアトランタのストリップクラブ、マジック・シティに寄り道した。この店にはしょっちゅう顔を出していて、レモンペッパー風味のＢＢＱチキンウィングに彼にちなんだ名前がついているくらいだ。ケンタッキー州出身のラッパー、ジャック・ハーロウが居合わせてＳＮＳに写真を投稿しなかったら、訪問も知られずにすんでいただろう。

その写真が拡散し、ＮＢＡによる調査という事態になると、マジック・シティには食事を調達しようと寄っただけだとウィリアムズは言った。「アトランタでおれが気に入っているレストランはどこか、チームメイトの誰でもいいから訊いてみてくれ」とツイッターに投稿し、マジック・シティに「ほんの一瞬だけ」寄ったのは食べるものを買うためだったと釈明した。「パーティなんかしていない。落ちついてくれ。マスクもしていた」

だがそれでもＮＢＡはウィリアムズに十日間の再隔離を命じ、試合に出場することで支払われる給与もストップした。約十五万ドルの減収だ。クリッパーズのコーチ、ドック・リヴァースはウィリアムズを叱責し、あの写真は「当たり前だが愉快なものではなかった」とした。ホームズの一件同様、ウィリアムズの失態はＳＮＳで何日も冗談のネタにされた。

ホームズの食料を求めての外出も、ウィリアムズの寄り道も、わたしはネタとして楽しむ気になれなかった。バブルに入場したとき、カボクロやホームズといった二線級の選手は上位チームの主力にくらべてルール遵守の意欲が薄いのではないか、そうした彼らの愚行がすべてを台無しにしないだろうかと恐れていた。ウィリアムズは単に考えなしで自己中心的なだけだった。旨いものにありつきたいという気持ちは理解できたが、ディズニー・ワールドの仮の住人たちは誰もがこの状況に耐えていたのだ。バブルが維持できるかどうかは、末端の努力にかかっていた。

セキュリティが機能し、必要な処置がとられたのは幸いだった。ウィリアムズがバブルを離れる前日の試合後のインタビューで、わたしは彼から約一八〇センチあまりの場所にいた。もしストリップクラブ行きが発覚せず、短い隔離期間の翌日におなじ場面が繰りかえされていたらどうなっていたのか。マスクの有無にかかわらず、わたし自身が悪夢のシナリオの渦中にいたことは想像にかたくない。

これらの騒ぎは感染への恐怖をもたらしたいっぽう、終息するのも早かった。ＮＢＡが感染対策についての講座を何度となく開催し、注意喚起のメールを送り、目を光らせていたので、コロナよりあやまってルールを破ることのほうが怖かった。フェニックス・サンズのセンター、ディアンドレ・エイトンがＰＣＲ検査を受けるのを忘れていたという理由で一時試合に出られなかったと聞いたあと、わたしは朝の検査を受けたかどうか、何日も自分にたしかめた。

最初に心の平穏を得たのは、七月二十日のＮＢＡからのメールだった。「ＮＢＡと選手会よりＰＣＲ

検査結果のお知らせ」。わたしは息をつめて件名を読んだ。短い本文にはこう書かれていた。「七月十三日の検査結果の発表以降、本敷地内でＰＣＲ検査を受けた三百四十六名の選手に陽性者はいなかったことをご報告します。以降、敷地内の選手の陽性が判明した場合、当該の選手はＮＢＡおよび選手会の規則にもとづいて陰性が確定するまで隔離状態におかれます」

ＮＢＡからは七月二十九日、八月五日、十二日、十九日にも陽性者ゼロを告げるメールが届いた。最後のメールが届くころには内容をすっかり確信していたので、開封さえしなかった。その直後、ＮＢＡは感染者が出ないかぎりメールでの状況報告は送らないと決定した。便りがないのはよい便り、というわけだ。

メディア関係者の行動についての規則は相変わらず厳しかったが、徐々に二・四キロの楕円形の散歩道や園内の理容室への立ち入りが許されるようになり、バブルが機能していることがわかると釣りに出ることも認められた。わたしが到着時に目にしたような調理ずみの食事ではなく、サブウェイやチポトレ・メキシカン・グリル風の店舗で提供される、温かい料理のビュッフェを楽しむことも可能になった。ビュッフェの料理の質は悪くなかったが、それでもポテトに頼った大味なアメリカ料理が中心だった。メディア関係者向けの食事は、選手たちに提供されていたおしゃれな料理の足もとにも及ばず、練習用コートのそばに軽食が用意されていると生唾をのんだものだ。それでも文句を言うべきではなかった。ベジタリアン向けの選択肢も必ず用意されていたし、のちには品数こそ少ないもののルームサービスのメニューも配布されたからだ。だがバブルの食事の駄目なほうといえば最悪だった。わたしはやけに大きい、焦げ茶色のレンガのようなベジタリアン用ミートローフの写真を撮って、時おり友人たちに冗談の種として送信した。毎回必ず、吐きそうな顔の絵文字が返ってきた。

わたしに新しく活力をくれたのは、散歩できる範囲が広がったことだった。「ループ」と呼んでいた楕円形の道は平坦な二車線で、コロナド・スプリングス・リゾートを一周していた。ネットをかぶせられた柵とうっそうとした木々が、隣の車道からバブルを隔て、警官たちは楕円形のループを定期的に巡回し、二か所のメインの入り口近くに詰めていた。指定された区域を出ないよう、バブルの住民に警告する看板も立っていた。より不穏なものとして、このあたりは二十四時間防犯カメラで見張っているという看板もあり、電柱や標識には防犯カメラがいささか露骨に取りつけられていた。

メディア関係者の宿泊先であるカシータ・ホテルの裏口を出て時計回りに歩くと、ランチョスとカバナスと名づけられた無人のリゾートの前を通る。続いてあらわれるのがグラン・デスティノ・タワーの選手用入り口で、その隣は宴会場が練習用設備として使われているコンヴェンション・センターだ。その裏には荷下ろしのドックがあり、一部がバブル用の荷物に対応していた。やがて警備員の立つサイドエントランスに至り、カシータ・ホテルは荷物の発着場のすぐ裏だ。それくらいのもので、三十分もあればループを一周できる。

散歩道で気に入ったのは二千六百三十平方メートルの倉庫で、荷物が届くあてはなくても、ほとんど毎日のぞきに行った。倉庫はバブルの住民全員の荷物のおもな受取場として機能していて、航空機の格納庫と高給取りのプロスポーツ選手専用に設計されたコストコを足して二で割ったような雰囲気だった。NBAの関係者によると、この場所では一日平均七百個の荷物が扱われ、最大千二百個まで処理できるとのことだった。FedEx、UPS、DHLのトラックが絶えず出入りし、大型トラックが入り口で荷物を吐きだすのも何度となく目にした。

ここにはバブルのどんな場所よりも、NBA界の金銭的な豊かさがあらわれていた。勤勉な係員たちが長時間、到着した荷物をひとつひとつ消毒し、アルファベット順に仕分けるさまは、まるで精密機械のようだった。入り口の近くでは、二十二チームの荷物の山それぞれに印がつけられていた。左手のほうにはメディア関係者の小さめの山、右手のほうには消毒剤の箱が高さ約三メートルほど積まれている。感染拡大が始まったころ、オンラインの販売業者の多くが除菌用品の不足に悩まされていたが、ここは洗剤のたぐいの宝庫だった。

あくまで勘だが、バブルに届いた荷物の合計金額は数百万ドルに達したのではないか。フラットスクリーンの高精細テレビ、巨大なマットレス、電子レンジなどの家電、ペロトン社のエクササイズバイク、ピンボールマシン、ゲームセンター風のビデオゲームが何週間も放置されていた。フルサイズのバスケットゴール、アディダスの試供品であるシューズの箱、エクササイズ用の無数の機器、個人が感染対策に使う品、日々のアルコール飲料も届いていた。現スポンサーやスポンサー志望の企業は無料の練習着を送り、選手が敷地内で着てくれるか、ＳＮＳで自慢してくれることを期待した。キャンベルスープ社はチャンキーを二千缶以上、マイアミ・ヒートのベテラン選手ユドニス・ハスレムに送った。バブルではそれをよく口にしている、と本人が言ったからだ。

新しいルーティンができた。起床、ＰＣＲ検査、午前中のひと仕事、昼食、散歩、倉庫をチェック、身支度、アリーナに行って数試合を観戦、記者会見にいくつか出席、遅くまで起きて記事を執筆。その繰りかえしだ。型にはまった日々を過ごしていると、バブルの外でコロナがどんな状況になっていて、それがバブル内での暮らしの細部にどんな影響をおよぼしているか、わからなくなりがちだった。

一度、ひやりとするできごとがあった。バブル内で生活している記者仲間から、メディア関係者のひとりが感染したとメールで連絡があったのだ。記者仲間によると、その人物のアクセス権限は第二区域までだった。アリーナの試合を観戦することはできるが、バブルで住みこみの日々を送ってはいないというわけだ。それでもクラスター発生の危険はあり、陽性が確定したら大きなニュースになるのは間違いなかった。

その件の詳細をまとめていると、十日間の隔離が解けたときの緊張感が戻ってきた。シャトルバスに乗るべきだろうか。アリーナに行っても差し支えないか。自室でおとなしくしているほうがいいのか。数時間のうちに、そのメディア関係者はバブルを去ったあとで感染が発覚していたことがわかった。ディズニー・ワールドで仕事をしているあいだに陽性になっていたわけではないのだ。ここ最近、ほかに陽性になった人間は誰もいなかった。危機は去った。わたしは書きかけの原稿を反故《ほご》にして、深々と安堵のため息をついた。

プレーオフ開始前には一日オフの日があり、二週間ぶっ通しで毎日二試合を観戦してきたあと、少し頭を整理する時間ができた。考えてみると、二十二チームが参加するという状況を切り抜けたバブルは、すでに最難関のテストに合格したといえるだろう。八月中旬には十六チームに絞られ、レイバー・デー〔アメリカの「労働者の日」〕には八チームまで減っていることになる。チームの数が減ったら試合数も、人間の数も、互いにふれあう状況も減り、バブルがどこかから破れる危険も少なくなるだろう。みなの健康を守ることは、しだいに易しくなっていくはずだ。わたしはついに、到着時からそのままにしておいた三千六百ピースのランボルギーニのレゴの箱を開けた。自分の体調に関するプライバシーを他人と共有し、バブル生活の基本となる複雑怪奇なルールを受けいれるというわたしの判断はどうだったか。

わたしの結論としては、それ以外の選択肢よりはるかにましだった。フロリダ州では七月下旬、一日に平均一万人の新規感染者が出ていたが、バブルはまだ無傷だった。バブルの住人はマスク着用とソーシャルディスタンスをよく守り、毎日ＰＣＲ検査を受けていた。全国の人びとがこれらの手順を守ることができていたら、いろいろなことがもっと楽に進んでいただろう。

ある意味において、わたしの新しい日常における「ビッグ・ブラザー」もかくやのディストピア的要素は、公衆衛生のユートピアを形づくっていた。フロリダ州の奥深くで、わたしは台湾やニュージーランドなど、感染対策を高く評価されている諸外国や地域の暮らしの一端を味わっていたわけだ。規則ずくめで変化のない毎日には気が滅入ったが、自分の特権的な立場には感謝していた。そして罪悪感があった。

九月十日、ワシントン・ポストのグレッグ・ジャッフェ記者が、フロリダ州キシミーのスター・モーテルをめぐる長大な記事を発表した。記事ではコロナとそれに続く経済の停滞のため、モーテルが大きな被害を受けたと指摘されていた。オーナーは建物を捨て、おかげで住人たちは電力供給がないまま日々を送り、薬物乱用と犯罪が猛威を振るっているという。記事と文中の写真は、新型コロナウイルス感染症が人びとと経済を限界まで追いこんでいるという、ぞっとするような現実を伝えていた。

スター・モーテルはコロナド・スプリングス・リゾート内のわたしの宿泊先からわずか十三キロで、一日の大半を過ごしている場所からはもっと近かった。バブルとスター・モーテルは、ジョンズ・ホプキンス大在学中にボルティモアの公立校で教壇に立ったとき以来、持てる者と持たざる者の強烈な格差と、そうした人間たちが隣りあって過ごしているという事実を、最も強く突きつけてきた。裕福な者たちが十億ドルの利益を求めて安全にプレーする方法を確立するいっぽう、道路の先では貧しい者たちが暗く、危険で、見捨てられた建物に留まり、医療へのアクセスも断たれたままでいる。そうした事実は、この国の優先順位について何を語っているだろうか。

それは新たなアメリカン・ストーリーではなく、手垢のついた物語を、グロテスクな形で凝縮したものだった。

# 第10章　敗退

バックス、レイカーズ、クリッパーズをのぞいて、わたしがプレーオフで観戦するのを最も楽しみにしていたのは、フィラデルフィア・セブンティシクサーズとヒューストン・ロケッツの二チームだった。ともにオールスター選手を擁し、ポストシーズン出場の実績もあった。ともにコーチの首が危うくなっており、チーム力について疑問の声があがっていた。それにもまして両者の型破りなプレースタイルが、バブル内外のバスケットボールの違いをどう浮き彫りにするかという興味があった。シクサーズに関する答えは即座に手に入った。もののみごとに崩壊したのだ。

シクサーズのロスターは一見して優秀で、選手たちの顔ぶれを考えると、カンファレンスのファイナル進出の可能性は高いとわたしは思っていた。生粋のフランチャイズのセンター、ジョエル・エンビードは巨体の持ち主で、両エンドで脅威となる存在だった。ベン・シモンズはかつてのドラフト全体一位指名、身長六フィート十インチ〔約二〇八・四センチ〕のポイントガードで、すばらしい視野と複数のポジションを守るディフェンス能力を兼ね備えていた。トビアス・ハリスはスペースを作るのに長けたフォワードで、さほど球は持たないのに、一試合平均二十得点を叩きだした。アル・ホーフォードはフリーエージェントで獲得した自慢の選手で、エネルギッシュで体は大きく、ライバルのボストン・セルテイックスから引き抜いてきたのだった。ジョッシュ・リチャードソンは質の高いツーウェイのウィングで、オフェンスの五番目のオプションとして適役で、バランスのいい守備ができた。

リーグ全体がシュートを重視するなか、シクサーズはまったくシュートを打たないシモンズと、打つ気はあるものの不安定なエンビードを中心にチームを構成していた。今の潮流はスモールラインナップ〔大柄な選手のかわりに機動力のある選手を重用する戦術〕を採用し、ウィングはポジションを交換しつつプレーすることだが、シクサーズは屈強な選手をそろえ、流動性にさほどこだわっていなかった。よその上位チームはペリメーターのプレーメーカーを軸に、外から中へとオフェンスが走りこむ方式を多用していたが、シクサーズはエンビードを使ってよりインサイドからアウトサイドに攻撃を仕掛けた。

シクサーズはほかのチームと反対の道を行っていたわけだが、それほどうまくいっていなかった。プレーオフには四十三勝三十敗の第六シードという立場で臨み、四十八勝二十四敗の第三シードのボストン・セルティックスと対決した。シクサーズもレギュラーシーズンでは輝きを放つ場面があり、たとえばクリスマス・デーのバックス戦のあざやかな勝利がそうだった。エンビードはヤニス・アデトクンボにしっかり競り勝った。だが大半においてオフェンスは月並み、リーグ七位のディフェンスは一度として期待に応えず、ぱっとしないプレーに終始した。エンビードとホーフォードは呼吸が合わず、シモンズのシュートに対する消極性は、絶えずスペーシングの問題を生んだ。

すでに何年も手腕を問われてきたコーチのブレット・ブラウンだが、今や自身の首がかかるポストシーズンを迎えていた。メイン州出身の気さくなブラウンは二〇一三年、「ザ・プロセス」と呼ばれる大改造計画の舵取り役として就任し、その底知れない楽観主義がそのままチームの特性として知られるようになった。就任三シーズンで二十勝もしていなかったのだ。だがブラウンの忍耐力は、シクサーズがエンビードとシモンズをドラフトで獲得するに至って報われ、安定した勝者のチームに変貌するべく少しずつ歩みを進めていった。就任七シーズン目の今、ブラウンは自身がまだ選手の信頼を得ており、厳しいプレーオフを勝ち抜くための正しいスキルを持っていることを証明しなければいけなかった。優れたチームを偉大なチームにするのと、負けが込んでいるチームを変えるのは質の異なる作業だ。

シクサーズはバブルの展開を占う役割におあつらえむきだった。レギュラーシーズンはホームでは好プレーを披露し、ロードでは散々な出来だったが、バブルの試合はすべて中立の会場で行なわれる。その点が未完成な彼らを後押しするだろうか。あるいは無人のジムで隠れ場所がなくなったとき、ラインナップと成熟度の問題が悪化するのだろうか。外界から隔絶された状況で、いくつか爆弾を抱え、団結力にも問題のあるチームは持ちこたえられるのだろうか。

先行きを予測するとき、わたしは最高の出来と最悪の出来をいったん脇において、選手とチームのベースラインを探ることにしている。そうしてみたところ、シクサーズは疑わしいという結論になった。彼らが急にスイッチを入れて、より出来のいい試合をするとは思えなかったのだ。たとえ何度ブラウンが、自身の屈強なチームは「プレーオフにうってつけ」だと主張したとしても。エンビードとシモンズの先発したりしなかったりという状況を考えると、負傷という問題も気になった。

シクサーズのバブル到着に際して、ブラウンがシモンズをポイントガードの役割から降ろして知名度で劣るシェイク・ミルトンを起用すると決めたと聞き、わたしの疑惑は深まった。シモンズにとっては明らかな格下げで、シクサーズがみずからの戦術的理念を信じていないという証だった。プレーオフまで数週間という時点で、そんな無謀な手に打って出るのは、追いこまれているコーチだけだ。

だが役割交代については八月五日、白星を獲得するウィザーズ戦の第三クォーター半ばでシモンズが膝を負傷するに至って、どうでもいい話になってしまった。目立ったコンタクトや衝突はなかった。リバウンドをとらえて左足で強めに着地したあと、膝の上のほうをふと押さえたのだ。数日のうちにバブルを離れ、膝蓋骨《しつがいこつ》の亜脱臼のため手術という事態になる。シモンズは帰還せず、わずか三試合でバブル滞在に終止符を打った。

ルーキーイヤーを足の怪我でそっくり棒に振り、中断期間は背中の怪我のリハビリに励んでいた彼にとって、またしても不運かつ間の悪い休養となってしまった。シクサーズは茫然自失だった。「ひとまわり成長して復帰しようと、本気で体を鍛えていたんだ」と、ブラウンは失意もあらわに語った。「あれほど努力したあげくこんなことになって、気の毒だよ。気持ちの整理がつかない。だがコーチはそこにいる選手を起用する。今回のことがチームに刺激を与えて、逆に団結させると心から信じている」

ブラウンの理屈は眉唾ものだった。プレーオフが始まった時点で、新しい環境に適応できているチームと、そうでないチームは分かれていた。シクサーズは後者のカテゴリに属し、シモンズを失ったあと四試合中三試合を落とした。

シクサーズにとって不運なことに、セルティックスはバブル暮らしにすんなり適応していた。両チームのウォームアップの様子を見ているだけで、一回戦の勝者はたやすく予測できたはずだ。セルティックスはジャンプし、笑い声をあげ、リラックスしていた。シクサーズは半分眠っているようで、鈍重なうえに硬かった。セルティックスの選手たちは仲間と共にいることを心から楽しんでいるようで、厳しいプレーオフに向けてよく集中していた。シクサーズときたら、学芸会の劇に出ることを両親に無理強いされた小学生たちのようだった。

一回戦に出場する選手たちのなかで最も知名度が高く、敬意もはらわれているエンビードは、世界中の重荷を背負ったような様子だった。ブラウンはぴりぴりした様子で、しじゅう席から飛びだして大声で指示を出したり、審判に食ってかかったりしていたが、セルティックスのコーチ、ブラッド・スティーヴンスは冷静に試合を見守っていた。

シクサーズの戦術的な賭けは、第一戦でことごとく裏目に出た。屈強なラインナップにしたことで、セルティックスのペリメーターの三人組、ケンバ・ウォーカー、ジェイソン・テイタム、ジェイレン・ブラウンの三人を抑えこむのに苦心惨憺《さんたん》した。エンビードとホーフォードを同時起用したことで、オフェンスのスペーシングがうまくいかず、ディフェンスは絶えずミスマッチが起き、ホーフォードが出場していた三十一分間で十八点先行された。オフェンスの軸に使われたエンビードは時おりいい場面を作ったものの、ターンオーバーが多く、時間とともに疲労していった。結局は柔軟性と機動力で上回るセルティックスのラインナップに、第四クォーターで猛攻を受けて押し切られた。「もっと頑張らなくては」と、二十六得点十六リバウンドで試合を終えたエンビードは言った。「おれの役目はひとつだ。チームを引っぱること」

それはリーダーとして正しい認識だったが、シクサーズの問題はひとりの選手が修正できるほど小さくなかった。セルティックスはシュートの精度を欠き、フォワードのゴードン・ヘイワードを足首の深刻な怪我で失いながら、第一戦に勝った。またダニエル・タイス率いるセルティックスの前線は体格で劣るものの、チーム全員の積極的なディフェンスはよくエンビードを抑えた。

第二戦でブラウンは、ホーフォードのかわりにルーキーのマティス・サイブルを先発起用した。それは理にかなった選択だった。サイブルは相手を混乱させつつ賢明なディフェンスのできるウィングで、テイタムやジェイレン・ブラウンとのマッチアップにより適していた。だがシモンズを動かしたこと同様、それはブラウンが中心選手を信頼していないことを露呈した。元所属先を負かすためセルティックスから引き抜かれていたホーフォードは、絶対に勝たなくてはいけない試合で控えの役割に甘んじることになった。

第二戦のセルティックスは勢いがあり、シクサーズには一二八対一〇一に終わる試合を通してまったく勝機がなかった。テイタムにはスリーポイントシュートを八度決められ、三十三点奪われた。サイブル起用は不発で、シクサーズは彼の二十四分の出場時間で三十点の大差をつけられた。エンビードは三十四得点十リバウンドという数字を残したものの、ハーフタイム直後に勝負の行方が決していた試合では、徒労に終わった。ハリスは試合から消えていて、ホーフォードは新たな役目をたいしてうまくこなせず、シクサーズは大きく差をつけられた。

「敵のシューターたちが冴えていたのは残念だった」。ブラウンは自身の不安定なチームの出来を批判するかわりに、セルティックスに賛辞を送った。「地球がノーマルな状態だったら、われわれは本拠地のフィラデルフィアに戻って試合をしていただろう。そんなものだ」

エンビードもわが家の安らぎを求めた。「おれたちはバブルにいる。間違いなく、フィラデルフィアに戻っていたら話は違っていただろう。ファンの前ではまったく負けないからだ」

彼らが心の中でウェルズ・ファーゴ・センターに帰っていたのは無理もないことだった。シクサーズは中断期間の前、ホームで二十九勝二敗というリーグ最高の成績を残していた。二〇一九年のプレーオフではホームで四勝二敗、四つの白星はすべて十点以上の差がついた。シモンズを欠き、相手チームのテイタムが絶好調で、若手が新しい役割を務めるよう求められていた状況では、ホームの観客の後押しが必要だった。彼らはそのことを隠そうとしなかった。

シクサーズは溺れかけていて、心はけっして来ることのない救命ボートに向かっていた。負けを重ねるたびに意気消沈していったエンビードは、テイタムに対するチームのディフェンスの戦術について愚痴をこぼした。「ジェイソンは絶好調だ。やつの手からボールを取る方法を考えなくちゃいけない。チームはおれに、後方でピックアンドロール〔スクリーンからパスを受けるプレー〕に専念して、リングを守ることを求めている。だが修正が必要だ。何かを変えなくてはいけない。簡単にやられすぎだ。ジェイソンは悠々とシュートを決めている」

第一戦のあと、エンビードは自身の責任を認めた。ところが第二戦のあとは、ブラウンに矛先を向けていた。プレーオフ中は毎年あちこちのチームが崩壊するものだが、バブルはシクサーズのその過程をごく近くで見る機会を提供してくれた。例年ならエンビードとブラウンは、メディア関係者から三〜五メートル離れたステージの上に座っていたはずだ。バブルでは混みあった廊下や、小さなホームオフィス並みの部屋で記者会見が行なわれることになった。サンダルで力なく歩くエンビードの姿からは、疲労と失意が感じられた。シャツのボタンを開け、椅子の背にもたれて自身の今後についての厳しい指摘に反論しようとするブラウンからは、絶望感がありありと伝わってきた。

第三戦はシクサーズにとってプライドをいくらか取りもどし、次の試合につなげる最後の希望だった。かろうじて九四対九二のリードを保っていたとき、エンビードが左ブロックでダブルチームをかわし、右コーナーでオープンのハリスに目をやった。オープンでリングへ切りこもうとしていたホーフォードにパスするかわりに、エンビードは逆サイドへフラットなパスを放ったが、マーカス・スマートに奪取された。そのターンオーバーが試合の流れを変え、セルティックスに終盤に十点奪われて一〇二対九四の敗戦となった。終了間際のシクサーズはろくなシュートを打つこともできず、セルティックスはファウルライン上で試合をものにしていった。

数分後、シクサーズはふたたびメディアと対峙していた。ブレット・ブラウンは、解任されるとは思わないと強調し、致命的なターンオーバーを犯したエンビードを名指しするのは巧みに避けた。「あの場面を再現できるなら、ほかにもオープンな味方はいた」と、ブラウンは言った。「われわれは読みを誤ったが、試合とはそういうものだ。クランチタイム〔重要な時間帯〕だったから状況は悪化したし、目立ってしまったのだ」。もちろん、読みを誤ったのは「われわれ」ではなくエンビードだった。

だがシクサーズは、コーチとスーパースターに新たな溝ができるという事態だけは避けたかったのだろう。

　ラプターズ時代のカワイ・レナードに第七戦で、リングの上で四度バウンドするブザービーターを決められ、二〇一九年のプレーオフ二回戦で敗退が決まったとき、エンビードは会場の裏で人目をはばからず泣いた。あれは残酷かつ予想外の敗退で、誰もが意表を突かれていた。第三戦をセルティックスに奪われたことは、あのときの感情の高ぶりではなく、虚脱感をもたらしたようだ。

　カットオフのTシャツを着たエンビードは、一刻も早く会場を後にしたいというような口調だった。Ｚｏｏｍの画面越しに最後の質問が飛んでくると、エンビードは片手で顔を覆い、目を閉じて額をさすり、鼻のつけ根を指でつまんだ。

　わたしにとって、それはバブルで最も記憶に残る場面のひとつになった。エンビードは犬の糞でも踏んだか、白いカーペットに赤ワインをこぼしたかのように見えた。敗戦を受けとめる時間も、気持ちを落ちつかせる場所もないまま、エンビードはラプターズ相手の第七戦の敗戦後と同様に、脆い姿をさらす羽目になっていた。何が起きているか信じられない、とその体もすみずみまで語っていた。

「あきらめるわけにはいかない」と、エンビードは自分を奮い立たせるように言った。「このまま押し流されたくはない。自分のキャリアにこんな汚点は残したくないんだ。おれはずっと全力でプレーしてきた。つらいもんだよ。あんなにハードにプレーして、勝利のためにすべてを試みたのに、うまくいかないのは最低だ」

　セルティックスのほうに、シクサーズに楽をさせる気はなかった。第四戦では、テイタムは二十八得点十五リバウンドで一回戦のベストの選手としての評価を固め、ウォーカーはゲームハイの三十二得点をもぎ取った。ブレット・ブラウン、リチャードソン、ハリスは随所でいら立ちをあらわにして、テクニカルファウルを取られた。セルティックスは第三クォーターで試合を掌握し、第四クォーターのシクサーズの必死の攻撃をしのいだ。

すべては遅きに失した。セルティックスは一一〇対一〇六の勝利で四連勝を達成し、シクサーズは早すぎるシーズン終了に呆然とする羽目になった。シクサーズの担当記者たちがブラウンの今後の活躍を祈り、Ｚｏｏｍ越しに別れを告げるなか、コーチはチームに負傷者が多発したことを嘆き、散々なプレーオフの結果の責任は自分にあるとした。

「ＮＢＡのヘッドコーチの仕事は今あるチームを引き受けて、最大限に能力を生かすことだ。わたしにはそれができなかった。われわれはバブルにやってきて、激しさを主眼にした新システムや体の強さを生かしたプレーの話をし、プレーオフ向きのチームだと言った。このチームには体格のいい選手が集まっている。試合が進むにつれてわたしが最も困難を覚えたのは、スペーシングという大きな問題だった。実のところ、毎回コート上でミスマッチが起きていた」

そのときのブラウンの口調は過去十か月、シクサーズに疑いのまなざしを向けてきた人びとにそっくりだった。疑いは正しかったことが完全に証明され、もはやそれらを否定してもしかたなかった。ブラウンが今後についてどうやら覚悟を決めていたいっぽう、エンビードは混乱、失意、怒りに見舞われていたようだ。ブラウンの今後に関する質問を避け、「おれはゼネラルマネージャーではない」と言い、シクサーズに残留するかと問われるとどっちつかずの答えをした。「おれはいつも、このチームでキャリアを終えたいと言ってきた。それが実現したらうれしい。だがしなかったら、そのときは前に進むだけだ」

エンビードのはるかに興味深い発言は、リングのまわりを支配するのではなく安易にシュートを選んだことで敵に楽をさせてしまったのではないか、という意見に対する答えだった。その点を最も声高に指摘していたのは、ＴＮＴのシャキール・オニールとチャールズ・バークリーのふたりだった。エンビードは明らかに不快だったようだ。一九八〇年代や九〇年代なら、ガタイのいい選手は運動量や複数ポジションをこなす能力、機動性を求められなかったが、今はそうした時代ではない。

「みんないつだっておれに大柄な選手らしい、シャキールのようなプレーを求める。だが現代の試合はまったく話が違う。オフェンシブファウルを続々取られるんだ。エルボーは使えない。相手を押しのけることもできない。昔ほどゴールを背にしてボールを待つこともできない。ボールを動かさなきゃいけないんだ。おれは自分の試合内容を改善して、チームが求める役割にフィットするだけだ。低い位置で支配することもできるが、いつもそうすればいいというわけじゃない。大事なのはチームなんだ」

泣き言だと思った人びともいたようだが、エンビードの発言の多くが真実だった。今の試合がひと昔前とまったく違うのは、テイタムとエンビードの出来の差からも比較的はっきりしていた。二十二歳のテイタムはまだ発展途上だが、スリーポイントシュートとシュートレンジの広さは、エンビードの体格よりはるかに多くの問題をシクサーズの守備にもたらした。

エンビードはシュートの選択肢を絞って、効率の悪いミドルレンジのシュートに頼るのをやめるべきだという批判には一理あった。シクサーズはブラウン指揮下で行けるところまで行った、という擁護の声にもうそはなかった。だが最大の問題はシクサーズのゼネラルマネージャー、エルトン・ブランドが二〇二〇年に作りあげたロスターは、一九九〇年あるいは二〇〇〇年、もしかしたら二〇一〇年にははるかに適したチームだったかもしれないということだ。早急に大きな変化が求められていた。

バブルはスケジュールが過密で、プレーオフの序盤は中一日で試合が開催されていたため、シクサーズのポストシーズンは瞬く間に終わってしまった。八月二十四日、プレーオフ開始のちょうど一週間後にブラウンは解任された。「残念ながら今年は目標に届かず、新たな方角を目指すのが最善だろう」と、ブラウンは短い声明文のなかで述べた。シクサーズは「大事なオフシーズン」を迎えており、タイトル奪取に向けて「軌道修正の必要がある」とのことだった。

　バブルはシクサーズの弱点を露呈し、何か月も避けようとしてきた根源的な問題と向きあうことを余儀なくしたのだった。

# 第11章　ボイコット

シクサーズが敗退した翌朝、わたしはしょぼつく目をこすりながら週明けを迎えた。月曜だったが、すでに曜日は意味をもたなくなっていた。ディズニー・ワールド暮らしも四十三日目、ほぼ折り返し地点だ。わたしはアリーナに常駐し、一週間に七日、複数の試合の記事を書いていた。毎日はどこまでも果てがなかった。ポッドキャスト、記事、試合、試合後の記者会見、記事、ポッドキャスト、試合、ラジオ番組への出演。オフの日はなかった。

まわりの記者たちは家に帰り、同僚と交代していたが、わたしは長期間の滞在を予定していた。終わりのことは考えないようにしていた。一日、一試合、記事一本、一歩ずつこなすのだ。

毎日、午後になると少なくとも一時間は散歩に出たが、それ以外の生活はプレーオフに支配されていた。全般的にはよく持ちこたえていたと思う。なんといってもシーズンを通した物語が大団円を迎えるのを、コートサイドの席と腕一本分先に選手がいる記者会見で目にしようとしていたのだ。新しい目標も定めていた。プレーオフの二回戦が始まったら、残り全試合を観戦したい。その時点では多くて一日二試合だから、仕事量として無理はないし、二度とないほどの達成感とともにバブルをあとにできる。要するにわたしは、この世界に首まで浸かっていた。

バブルでこれだけ忙しくしていたので、自分のいたディズニー・ワールドの一角の外のできごとは月で起きていたようなものだった。大統領選の最新のニュースを追い、コロナについての記事に目を通していたが、バブルが心身にもたらす隔絶感は強烈だった。

リアルワールドにふれる数少ない定期的な機会のひとつは月曜の朝、ワシントン・ポストの同僚ジェイソン・マレーと電話をすることだった。シクサーズも敗退した今、わたしはダラス・マーヴェリックスの新星ルカ・ドンチッチに新たに焦点を合わせ、クリッパーズとの一回戦の激闘に注目しようとしていた。ところがマレーは、もっと差し迫った話題を用意していた。「また発砲の場面が撮影された。ひどい映像だよ。最低だ。選手たちが反応したらすぐ、記事を書けるようにしておいてくれ」

マレーの重苦しい声を聞いたわたしはあわてて、白人の警官がウィスコンシン州ケノーシャで、二十九歳の黒人男性ジェイコブ・ブレイクの背中に繰りかえし発砲する場面の動画を探した。まだ詳細は報じられていなかったが、ブレイクは家庭内でトラブルがあったあと車に乗ろうとしていて、その場には彼の三人の子どもたちもいたという。命は助かったものの腰から下が麻痺したというブレイクは撃たれる前、攻撃的に振る舞っているようには見えなかった。

もしクラスターが発生するか、ジョージ・フロイドの再現のような事件が起きたらバブルの人間はどう反応するだろうか、とわたしは長いこと考えていた。それが今、張りつめた空気のなかで実際に起きていた。選手たちはゆうに一か月以上、ディズニー・ワールドに滞在していて、何週間も中一日でプレーしていた。ポストシーズンという目標が、いっそう緊張感を高めていた。それにも増して選手たちは家族や友人から引き離され、愛する者たちをなぐさめることも、子どもたちの問いに答えることもできずにいたのだ。路上で行なわれる抗議活動に参加することもできない。選手の一部は数か月前、そのことを理由にバブルで一切プレーすべきではないと主張していた。

そんなわけでわたしは、バブルでも折にふれてジョージ・フロイドやブリオナ・テイラーに哀悼の意を表していた選手たちが、怒りや強烈な不快感をあらわにし、協力して抗議活動をするのではないかと思った。だがこれ以降起きたことは、わたしの予想を完全に超えていた。

その晩、レイカーズがブレイザーズを下してプレーオフ一回戦を三勝一敗とリードしたあと、レブロン・ジェームズは長い時間をかけてブレイクの事件に言及した。子どもたちがなすすべもなく見守るなか撃たれたわけで、「タックルをかけるか押さえつけることもできたのに」なぜ警官たちは七発も撃ったのか、とジェームズは問うた。ブレイクが一命を取りとめたのは「神の思し召し」で、彼の家族とミルウォーキーから南に約六十五キロ行ったところにある、人口約十万人のケノーシャという街に祈りをささげるとした。

「アメリカに住む黒人として怯えている」とジェームズは言い、恐怖心から幼なじみといっしょに警官から身を隠したという体験談を語った。「黒人の男、黒人の女、黒人の子どもたちは恐怖をおぼえている。その警官は、いったいどんな気持ちで家を出たのか。たまたま目覚めたとき機嫌がよかったのか、悪かったのか。パートナーと言い争いをするか、子どものひとりに馬鹿なことを言われて、怒り心頭で家を出たのか。もしかしたら外出しながら、『今日は黒人連中のひとりに終わりを迎えさせる』と言っていたのか。そんなことを考えてしまう。ただただ、つらい」

ためらう様子もなく、ジェームズはアメリカの政治のタブーにふれた。「銃はこの国の大きな問題だ」。二〇一八年、フロリダ州パークランドの学校で銃乱射事件が起きたときも持ちだした話題だった。「多くの人びとは銃を狩猟に使っている。だが黒人たちにとって今、あんたたちがしている狩りとは、おれたちを狩るものなんだ」

強い怒りを表明したのはもちろんジェームズだけではなかったが、まわりの選手たちの多くは、やや方向性の異なるメッセージを発しはじめた。すなわち、バブルの試合を予定通り続行するべきではないというのだ。トロント・ラプターズのガード、フレッド・ヴァンヴリートは、プレーオフのボイコットが「取り沙汰されている」と言った。「膝をつくだけでは足りないからだ」

「ここにいて変化を起こそうと言いあってきたのだから、いずれは実際に動かなくてはいけない」と、ヴァンヴリートは言った。「おれたちには犠牲をはらう気があるのか。本当に今起きていることをどうにかしたいと思っているのか。『ブラック・ライブズ・マター』と刷られたユニフォームやTシャツを着るだけで、満足してしまってていないだろうか」

セルティックスのガード、マーカス・スマートも、ボイコットは「頭のどこかにある」と明かした。「今、バスケットボールより大事なことがあるんだ」。バックスのガード、ジョージ・ヒルも言った。「はっきり言って、こんなところに来るべきじゃなかった。ここへ来たことで、何が問題なのかわからなくなってしまった」。ツイッターではジャズのガード、ドノヴァン・ミッチェルが感情をあらわにしていた。「試合もプレーオフもくそ食らえだ。世の中は病んでいて、何かが本当に間違っている。おれたちは公正を求める」

ボイコットの可能性についてのやりとりはもっと具体的なものになるかもしれないと、早いうちからわたしは思っていた。ただひとりでも、良心からそうした行動を起こす者がいるだけで、今季のNBA最大の物語が生まれることになるだろう。カイリー・アーヴィングが数か月前に反対を表明していたころから、バブルが社会的公正の問題から選手を遠ざけることになるのではないか、という意見がくすぶっていた。ブレイクの事件は分岐点だった。

わたしは人生で一度もNBAの試合のボイコットを目にしたことがなかったが、クリッパーズは二〇一四年、オーナーのドナルド・スターリングによる人種差別発言の録音が流出したあと、本気でその可能性を検討した。バブルのボイコットをめぐる発言は、運営側を苦しい立場に追いこんだ。アダム・シルヴァーが国歌演奏中は起立すべしという時代遅れなルールを撤回したり、「ブラック・ライブズ・マター」というメッセージをコート上で表現したりするのも、それなりのできごとだった。だがプレーオフの真っ最中に選手たちがコートに上がるのを拒否したら、それははるかに複雑かつデリケートな状況を生むはずだった。

シルヴァーにはあまりいい選択肢がなかった。ボイコットした試合を棄権扱いにして反旗をひるがえす選手たちを罰し、給料を差し止めることでコートに引きもどすか。この問題から目をそむけ、選手たちが早々に、自発的にコートに戻ることを祈るか。ブレイクらに大がかりな支援を約束して、選手たちがその「捧げもの」を受けとってくれることを期待するか。理屈の上では、必要とあらば試合の延期や中止も可能だったが、それをすると選手たちが全日程にわたって出場を拒否するようになるかもしれなかった。

繰りかえしになるが、どの選手にも、日時や事情を問わずバブルを去る自由があった。戻ってきたら自室での待機を求められるというだけだ——戻ってきたとしたら。有力な選手や、ことによってはチーム全体が試合を拒否したら、クラスターが発生した場合と同じように、バブルの統制はいちじるしく損なわれるだろう。どれくらいの人間が去ったらプレーオフが崩壊し、残る試合が意義を失うだろうか。仮に去ったのがひとつのチーム、あるいはひとりのスーパースターに留まったとしても、のちのチャンピオンには疑問符がつくのではないか。

月曜の試合はすべて通常どおり行なわれた。クリッパーズが一五四対一一一でマーヴェリックスに大勝した一戦をふくむ火曜の試合もだ。だがスターリングの騒動の最中もクリッパーズを率いていたドック・リヴァースは、勝利にもかかわらず、試合後の記者会見で動揺をあらわにした。

「共和党大会を見ていたが、彼らは誤った恐怖をまき散らしている」と、五十八歳の黒人であるリヴァースは言った。「ドナルド・トランプが声高に語り、連中は口々に『恐怖』を口にしている。殺されているのはこっちだ。わたしたちは吊るされ、撃たれているのはこっちだ。一部のコミュニティで暮らすのを拒否されているのはこっちだ。撃たれてきた。だが聞こえてくるのは、恐怖という言葉ばかり。国に嫌われているのに、わたしたちがこの国を愛しつづけているのは驚くべきことだ」

「あの映像を見たら、黒人でなくとも怒りに震えるだろう。アメリカ人であれば、怒りに震えるはずだ。共和党はなぜ、黒人への恐怖を煽るのか。恐れているのはこっちだ。警官に車を停められたら用心しろ、と息子に話す白人の父親がいるだろうか。馬鹿馬鹿しいにもほどがある。そんなことが続いているんだ。そして法の裁きはない。ブリオナ・テイラーのときは、誰も罰を受けなかった。わたしたちが求めるのは、合衆国憲法にもとづいて振る舞ってほしいということだけだ」

ジェームズの発言同様、リヴァースの恐れと心の痛みは、バスケ界を遠く離れたところでも共感を呼んだ。このとき、リヴァースこそボイコットの可能性について意見を述べるのに最もふさわしい人間だとわたしは思った。二〇一四年、クリッパーズがその案を真剣に検討したときロッカールームにいた人間で、今も誰にも負けないほど怒っていたし、リーグでも彼の意見はたいそう信頼されていたのだ。

わたしは単刀直入にリヴァースに訊いてみた。「ブレイクへの発砲に関してボイコットを考えている選手たちに、何と声をかけますか」。夜遅い時間で、彼はその仮定について考えるため、しばし口をつぐんだ。

「自分の夢を追えと伝えるだろう。誰にも、夢を奪うことなど許されない。ドナルド・スターリングの件の最中、マット・バーンズ、クリス・ポール、デアンドレ・ジョーダン、ブレイク・グリフィン、JJ・レディックは団結した。小さな子どものころ、裏庭でプレーしていたとき、みんなチャンピオンシップを制することを夢見ていた。ドナルド・スターリングはその夢の中にいなかったし、あの警官たちもいなかった」

試合をすることもひとつの意見表明だ、とリヴァースは述べた。二〇一四年のクリッパーズはボイコットのかわりに、試合前のセンターコートでウォームアップ用の上着を脱ぎ、Tシャツを裏返しに着てチームのロゴを見えにくいようにし、黒いリストバンドとソックスを身につけるという方法で抗議した。スターリングの発言に対するシルヴァーの反応はすばやく、長年のオーナーを永久追放し、マイクロソフト社の億万長者スティーヴ・バルマーによるチームの買収をお膳立てした。

「いつだってプレーするものだ」と、リヴァースは言った。「正義のために戦いつつ、やはり仕事はするべきだろう。心からそう思うよ。自分の仕事をすることで、アメリカ人のすばらしさを見せることができる。黒人のアメリカ人と、白人のアメリカ人の。わたしなら自分の仕事をするだろう」

リヴァースがそうした着地点を選んだのは、驚きではなかった。彼は「生涯NBA」とでもいうべき人物で、一九八四年に選手生活をスタートし、過去二十一年にわたって休みなくコーチ業をこなしてきた。とことん競争心が強く、クリッパーズのタイトル奪取に全身全霊を捧げていた。そして彼は、仕事と政治的な活動を両立する能力があることを示してみせたのだった。

だがリヴァースは、そこで幕引きにしなかった。記者会見の終盤、おそらく非常に大切なひとことを言い添えたのだ。「わたしの選手たちがノーと言うなら、そういうことだ。はっきり言っておこう」。試合がなにごともなく続くのなら、リヴァースはそんなことを口にしようと思わなかっただろう。選手とオーナーのあいだに緊張が生じた場合、どちらの側につくかリヴァースは示したのだった。

一回戦でネッツに快勝したラプターズは、木曜からセルティックス相手の二回戦に臨む予定だった。だがヴァンヴリートとスマートの口調は深刻で、四十八時間以内に気持ちがおさまるとは思えなかった。

スポーツ界全体でも、ブレイクへの発砲に対する怒りの声があがっていた。

抗議活動が加速していたケノーシャでは非常事態宣言が発令され、州兵が招集されており、国内のほかの都市も似たような状況だった。火曜の夜、自宅のあるイリノイ州から車でケノーシャにやってきた十七歳のカイル・リッテンハウスが、セミオートマチックで抗議活動の参加者三人に発砲し、ふたりを死に至らしめた。リッテンハウスが銃を撃っている動画と、逮捕されることなく警官のほうへ歩いていく動画が、ともにSNSで拡散した。

混乱と恐怖が広まっていくなか、わたしは遅くまで起きて、ボイコットについてのリヴァースの発言を記事にした。それから落ちつかない気分で就寝した。

＊＊＊

八月二十六日水曜、NBAはトリプルヘッダーを予定していて、わたしは三試合すべてを観戦するつもりだった。さまざまなニュースが飛び交うなか、プレーオフの物語は進行していた。ヤニス・アデトクンボ率いるバックスは一回戦の第五戦で、オーランド・マジックを蹴落とすチャンスを得ていた。いっぽう二勝二敗どうしのヒューストン・ロケッツとオクラホマシティ・サンダーは、元チームメイトのジェームズ・ハーデンとクリス・ポールの顔合わせとなる重要な第五戦に臨もうとしていた。夜の部ではレブロン・ジェームズ擁するレイカーズが、三勝一敗のリードを生かして、ブレイザーズに引導を渡そうとしていた。

NBAのポストシーズンは過密日程だったが、そんなラインナップはわたしにとってご馳走のようなものだった。たった一日のうちに二〇二〇年のMVP候補三名、すなわちアデトクンボ、ハーデン、ジェームズを見られるのだ。将来の殿堂入りが見込まれるポール、アンソニー・デイヴィス、ひょっとしたら脚の怪我から復帰間近のラッセル・ウェストブルックも。その日のうちに三強のうち二チーム、つまりバックスとレイカーズが、カンファレンスの準決勝に駒を進める可能性もあった。

プレーオフの内部ではブレイクの事件にかぎらず、数多くのできごとが進行していた。わたしは週の前半のうちに、毎日二試合という自主規制を外すことにしていた。午後四時十分のティップオフを前にアドヴェントヘルス・アリーナに着いてみると、記者仲間のほとんどはこの日の第一戦には来ていなかった。驚くまでもなかった。

アデトクンボの存在にもかかわらず、スモールマーケットのバックスからはロケッツやレイカーズのような派手な物語は期待できなかった。すでに三試合連続で十点以上の差をつけてオーランド・マジックを下し、シリーズをきっちり掌握しており、第五戦も波乱なく勝利を収めるはずだったのだ。またマイク・ビューデンホルツァー率いるバックスの面々は控えめで、試合後の記者会見でも通りいっぺんのことしか口にしなかった。無名のギリシャ人青年だったころから何年もかけて驚くべき成長を遂げてきたアデトクンボのキャリアに強い関心がなければ、わたしもロケッツ対レイカーズの試合に集中したことだろう。

わたしはメディア関係者用の区画の、がら空きの一列目の席を取り、試合前のいつものルーティンをこなした。ラップトップの配線をつなぎ、アイスティーのボトルと炭酸水の缶を置き、ｉＰｈｏｎｅとＢｏｓｅのノイズキャンセリングヘッドフォンを充電する。準備が整ったことに満足し、バックパックを椅子の下におさめて腰を下ろし、ティップオフまで約二十分とゲームクロックに表示されたコートの様子をながめた。試合前にはあたりを歩きまわって、ウォームアップ中の選手のダンクシュートを動画におさめたり、スタープレーヤーの写真を撮ったりしてインスタグラムに投稿するのが癖になっていた。この種のコンテンツに対する熱狂的なファンの欲求は、小規模なメディアの記者が提供できる量をはるかに超えていた。

　だがベースラインに足を向ける前に、十三年のNBA取材でも、三十年の観戦歴でも目にしたことのない光景に気づいた。コートには一チームしかいなかったのだ。あとはすべて通常どおりだった。マジックの選手はわたしの左側で、いつものようにレイアップの練習をこなしていた。三人の審判はユニフォーム姿でセンターコート付近に立ち、スコアキーパーの机は強化ガラス製のボックスの中に運びこまれるところだった。大型ディスプレイでバックスの映像が流れていた。アリーナの照明はつき、大音量で音楽が流れていた。

　ところが、バックスの面々はどこにもいなかった。

　ボイコットについてのドック・リヴァースの言葉が頭をよぎったが、結論を急ぎたくはなかった。ツイッターを開き、何も変わったことがないのを確かめる。そこで裏の廊下に行って、様子を見てみることにした。

　席を離れるとき編集担当のジェイソン・マレーに、ボイコットになる可能性があり、取材の予定を立てておくべきだと一報を入れておいた。午後のこの時点では時間が貴重で、記事の掲載を見すえた最初の入稿の締め切りまで数時間しかなかった。それでも、わたしは極力慎重であろうとした。選手が直前までコートに上がるのを待つのは見たことがあったし、どれほどわずかでも、バックスはロッカールームでミーティングを開いていて、土壇場で駆けこんでくるという可能性もあったからだ。

　試合前のアナウンスが始まる時点でも、まだコートにいたのはマジックの面々だけだった。バックスのボールボーイはリングの下で腕組みして立っていた。審判たちはジョギングしたり、ストレッチしたりしながら、バックスの登場をぎりぎりまで待っていた。三時五十四分、わたしはツイッターに投稿した。「オーランド・マジックだけが十分間ほどウォームアップをしている。もうすぐティップオフだが、ミルウォーキー・バックスがあらわれる気配はない」。まもなくマジックの面々がコートを去り、ロッカールームに下がった。

裏までマジックを追っていく前、ＮＢＡの審判養成部門の副部長モンティ・マカッチンに、バックスがついにあらわれなかったらどうなるのかと訊いてみた。マカッチンは現場を離れていたものの、長いキャリアを通してリーグ屈指の審判だという評価を得ていた。気さくな「歩くルールブック」である彼は、バスケについて語るのが好きで、審判という仕事の妙味について教えてくれるのだった。

試合中止あるいは延期を、リーグがいつ、どのように決定するか理解しており、説明してくれる相手として、マカッチン以上の人物はいなかった。ＮＢＡは悪天候を理由にしばしば試合を延期または中止することがあり、コービー・ブライアントの一件があった一月も、そうしてレイカーズの試合を延期した。それが伝統的なやり方だった。だがマカッチンはわたしの顔を見て肩をすくめ、気が進まない様子で言った。「こうしたことは前例がない」。人生の大半を審判に費やしてきた男も、この件については審判を避けるということだろう。

「コートにはどちらのチームもいない」と、わたしは四時一分にツイートし、所在なげな審判たちとがらんとしたコートの写真を添えた。「どのように、そしていつ中止あるいは延期を決定するのか、手順はいまだ不明。バックスはここ数日、警官によるジェイコブ・ブレイク銃撃を強く非難していた」

ツイッター上のＮＢＡファンは点と点をつなぐのが得意で、ボイコットが起きるかもしれないという噂がたちまち広まった。ジョージ・ヒルは今週試合を続けることに疑問を呈していたし、バックスは唯一のウィスコンシン州のチームだったのだ。そしてチームの本拠地は、ケノーシャから一時間弱の距離だった。

わたしは会場を出て、マジックのロッカールームへと続く廊下を歩いていった。コロナ禍以前は、いつも試合前のアリーナはにぎやかで、とりわけポストシーズンは盛りあがっていたものだ。ジャンプしては互いを鼓舞するように声をかけあう選手たち。飲食物を手に席へ向かう観客。最終チェックをするチームマスコットとチアリーダーたち。期待と緊迫感あるエネルギー、騒音に満ちた時間だった。

バブルの廊下はいつも静かで、観客の姿はなく、アリーナの係員も少なかったが、今日はまるでゴーストタウンだった。目に入ったのはトレーニング用具が入ったバッグ、エクササイズバイク、消毒液を置いたテーブル、テレビ中継用のケーブルの束くらいだった。選手、コーチ、関係者。誰もいないし、物音もしない。

マジックのロッカールームをできるだけよく見るために、ゆっくり歩いた。半開きのドアの向こうに、オールスターゲームに選出されているセンター、ニコラ・ヴーチェヴィッチの姿が少し見えた。ユニフォームの上下とウォームアップ着という姿のまま、腰に手をやって廊下のほうを見ていた。いぶかるような表情は、わたしの心の中のせりふと一致していた。いったい、何が起きているのか。

廊下をそのまま歩いて、バックスのロッカールームに向かった。たどり着くまでに、電話をかけたりメールを打ったりしているリーグの審判を数人見かけた。警備員もいた。審判のひとりに「ここへ来てはいけない」と言われたが、わたしはひるまなかった。記者という職業に「ここへ来るな」というせりふはつきものだ。たいした理由もなく出ていくように言われるのはこれが最初ではないし、最後であるはずもなかった。

警備員のひとりに連れられて、廊下のさらに奥に設けられた仮設の待合室にたどりついた。通りすがりに見たロッカールームのドアは閉まっていて、声もよく聞こえなかった。待合室には記者がふたりいたが、やはり沈黙が支配していた。

少しずつ、全体の状況がわかってきた。チームバスが待機していることからすると、バックスはアドヴェントヘルス・アリーナを出ていない。選手たちはまだロッカールームにいるのだ。その証拠に、時おり壁の向こうから声が聞こえてくる。コーチ陣の姿もなかったので、おそらくロッカールームにいるのだろう。リーグのスタッフとバックスの職員は困惑した顔をしていたが、パニックを起こしている人間はいなかった。

ロッカールームにドアは一か所しかなかったので、選手たちが記者の前を通らずにアリーナを去ることはできない。バックスがこもっているのはコロナ禍では同時利用は四十九人までとされ、ちゃんとした洗面所もない、用具庫を改造した部屋だ。数時間なら隠れていられるかもしれないが、ずっとそこにいるわけにはいかない。これは古典的なお見合いの状況だった。話を聞くまでメディア関係者が撤収しないことを、バックスはよくわかっているだろう。バスに向かって走ろうとしたら、記者が大声で質問し、退場の場面をカメラに収めるはずだ。

四時十八分には、若手のスタッフがバスケットボールを緑のトラベルバッグに片づけはじめていた。第五戦は開催されないのだ。四時二十五分、待合室でｉＰｈｏｎｅを使って書き、Ｓｌａｃｋで編集者に送信した第一弾の記事が公開された。「オーランド・マジックはＮＢＡのプレーオフの試合に登場。ミルウォーキー・バックスは登場せず。ウィスコンシン州で警官によるジェイコブ・ブレイクの銃撃があった数日後のことだ。歴史に残るボイコットがバブルで進行している」。ワシントン・ポストの公式ツイッターアカウントがその短報へのリンクを投稿すると、一万回以上リツイートされ、二万六千件以上の「いいね！」がついた。バブル関連の投稿に通常寄せられる関心の百倍だ。

待ちぼうけは続いていた。一時間もしないうちに、ワシントン・ポストの主任編集者たちはこの件のために「Ａ１」、すなわち一面のスペースを確保していた。スポーツ記事には比較的珍しいことだ。Ａ１は通常、非常に重要なニュースのための場所で、その時点ではトランプ政権、大統領選、上院下院の動向、新型コロナウイルス感染症に力点が置かれていた。トロント・ラプターズの二〇一九年の優勝や、コロナ禍でのバブルの開場といったバスケ界のビッグニュースは、おおむね「D1」と呼ばれるスポーツ面の目立つ場所におさまる。NBA選手たちが警官の発砲に抗議するため試合をボイコットするというのは、社会の公正を求める活動一色だったこの夏、A1クラスの物語とされたわけだ。

新聞だけではなかった。バックスはESPNの「スポーツセンター」のトップニュースになり、主だった局の夜のニュース番組でも冒頭で報じられた。「印刷を止めろ《ストップ・ザ・プレス》」という、特ダネが入ったときの伝説的なせりふがリアルタイムで叫ばれていたようなもので、バックスのチーム全体での行動は大いに世間の耳目を集めていた。カイリー・アーヴィングらが、バブルでプレーしないという宣言で達成しようとしていたのとおなじことだ。

廊下で待ちながら、わたしはおそらく史上最もよく知られたスポーツ界の抗議運動について思いかえしていた。トミー・スミスとジョン・カーロスというふたりの黒人のアメリカ代表の陸上選手が、一九六八年のオリンピックにて、表彰台の上で国歌が流れたとき黒い手袋をはめた拳を突きあげた一件だ。彼らはIOC、メディア、視聴者から猛烈な非難を浴びた。

その一件は五十年以上前だったが、ジョージ・フロイドの死のあと、おなじ全国規模の人種をめぐる緊張がただよっていた。五月二十九日、抗議運動の始まりを受けてトランプ大統領が「略奪《ルーティング》が始まれば、発砲《シューティング》が始まる」とツイートしたくらいだ。それは一九六七年、マイアミの警察署長ウォルター・ヘッドリーが使った文句だった。物書きやコメンテーターのあいだで、一九六〇年代後半の社会不安と二〇二〇年を比較する際によく使われていて、トランプ大統領は抗議活動に対して一九六八年のリチャード・ニクソン同様に「法と秩序を」と諭してみせたわけだ。

バックスの行動がほかの選手、チーム、NBA、政治家、外の世界にどう受けとられるか、この時点では未知数だった。だがNBAの選手の大半は黒人で、裕福で、多くは人種間の公正を求める抗議運動を支持し、トランプ大統領に批判的だった。こうした要因の重なりが彼らを、叩いてやろうという人びとのわかりやすいターゲットにした。とりわけ、政治的な色をつけようとしている人びとの。

バックスの面々があらわれて自分たちの立場を説明するのを待ちながら、わたしの頭の中ではふたつの考えがせめぎあっていた。ひとつ、締め切りに間にあうか心配なので、早く出てきてほしい。ふたつ、彼らがことの重大性を理解していますように。よく考えないで出てきたり、質問に答えるのを拒否したりしたら、彼らを悪者にしようという人間がたちどころに非難してくるはずだ。多くの選手が数か月かけて慎重に行なってきた抗議活動が、突如として矮小化される危険があった。小馬鹿にしたような、人種差別的なコメントをテレビの解説者たちが温めているのがもう想像できた。

そうしたことを考えつづけていると、バックスの選手ふたりがようやくロッカールームから出てきた。オールスターゲーム選出の地味なフォワード、クリス・ミドルトンは会場に到着して試合の準備をしているかのように、スウェットの上下を着こんでいた。週の前半にブレイクへの発砲について意見を述べたジョージ・ヒルは、黒いTシャツ姿だった。ふたりともうつむいたまま、そそくさと洗面所に向かった。無言だった。状況を考えて、どの記者も追おうとはしなかった。プライバシーを犯し、気まずいことになりたくはなかったのだ。

それでも彼らの服装と、洗面所を使う必要が生じたことを考えると、バックスの行動がすべて計算の上ではなかったことがわかった。選手の数人はわたしが会場につくずっと前に、いつもどおりの個別のウォームアップのメニューをこなしていた。試合に出るつもりがなければ、着替える必要もない。何を言いたいかはっきりと決まっていたら、用足しのため出てくる事態になるほど長時間ロッカールームにこもるはずもない。

だが、やはり詳しい事情はわからなかった。ロッカールームからかすかなやりとりが聞こえ、何度かスピーカーフォンにして電話をかけているらしいのもわかった。最初にメディアに声をかけた責任ある立場の人間は、ゼネラルマネージャーのジョン・ホーストで、四時四十分、チームは「当面出てくるつもりはない」と告げて声明を発表するとした。十五分後にはNBAの広報担当があらわれ、マジックはアリーナを撤収した、バックスがメディアに話をすることはないだろうと言った。

五時四分、NBAはプレスリリースを発表し、バックス対マジック戦は「延期」、「スケジュールの再調整」が行なわれるとした。棄権や処罰といった話はなく、「ボイコット」という言葉は慎重に避けられていた。運営側に言わせると、バックスは「コートに出ないことにした」というわけだ。この日のほかの二試合も延期され、再スケジュールされるとのことだった。

選手会との話しあいにも触れられていたそのプレスリリースは全二行、六十三語だった。わたしが一時間ほど前にマカッチンにたずねた運営面での質問への答えにはなっていたが、じゅうぶんではなかった。それにはほど遠かった。

NBAのシャトルバスは正確無比で、カシータ・ホテルからアリーナへ、三十分ごとにメディア関係者を運んできた。そして計ったように、その日の午後も三十分ごとに、新たな記者の集団が張り込みのためやってきた。数時間のうちにバックスは、この夏はじめてだろうが、レイカーズの平均的な試合より多くのメディア関係者を集めていた。

「ブラック・ライブズ・マター」と刷られたシャツを着て試合用のショーツを履いたアデトクンボがロッカールームから出てきて、洗面所に向かった。先ほどと同じ光景が繰りかえされる。アデトクンボは黙って往復し、気づかう記者たちは遠巻きにする。

さらに一時間が経ち、わたしは落ちつきを失いはじめていた。iPhoneのバッテリーは減ってきたし、ラップトップは会場内の席に置きっぱなしだ。立ちつづけているせいで足がだるくてしかたなく、コンクリートの廊下に座りこんでしまった。八時の締め切りが心配で冷や汗が出る。六時過ぎ、スマートフォンの画面が光った。

ニューヨークの民主党米国下院議員アレクサンドリア・オカシオ＝コルテスが、わたしの記事へのリンクをツイートし、選手たちの抗議を労働運動とからめて語っていた。「ＮＢＡ選手たちは勇気あるストライキ（労働の拒否）を行なっているのであり、ボイコット（金銭的な拒否）をしているのではない」と、そのつぶやきにはあった。「その違いには意味がある。彼らの労働者としての力を示すからだ。それが要する勇気は小さいものではない。今、活動を始めているＷＮＢＡも認められるべきだ。#Strike For Black Lives（#黒人の命のためにストライキを）」

「ボイコット」対「ストライキ」という議論に参入したのは、オカシオ＝コルテスだけではなかった。労働関係の専門家は「山猫スト」という表現を使うべきだとした。バックスの行動は、選手会によって事前に承認されていなかったからだ。

六時十五分、ＮＢＡの広報担当が待望のニュースを運んできた。バックスは声明を発表するだけでなく、直接メディアと話をするという。無言ですませるより、はるかにいいアイデアだ。

セキュリティスタッフが廊下に簡単な仕切りを置き、バックスが話をすることになるロッカールームの前から、メディア関係者を物理的に遠ざけた。その時点で二十人強の記者が集まっていて（紙媒体の記者と各テレビ局の関係者だ）、ハリウッドのレッドカーペットでも取材しているように全員で並んだ。だがバックスはあらわれなかった。ＴＮＴによる廊下からの中継には、締め切りの重圧に耐えかねて両手で頭を抱えるわたしの姿も映っていた。

六時四十五分、バックスのオーナーのマーク・ラスリー、ウェス・エデンス、ジェイミー・ディナンからEメールで共同声明が届いた。「われわれは選手たちと、彼らの下した決断を全面的に支持します。事前に知らされてはいませんでしたが、もしそうだったとしても、心から同意していたことでしょう。変化をもたらす唯一の方法とは、目の前で起きている人種間の不公正に光を当てることです。われわれの選手はそれを行なったところです。われわれは以降も彼らと共にあり、責任の明確化と変化を求めていきます」

わたしが待ち時間に考えていたことと部分的に一致する内容で、長期的な労働争議の可能性は明らかに薄くなったと思った。SNSの論調とは異なり、これは雇われる側が雇用主に対して、あらかじめ計画して行なったという類のことではなかった。

むしろこの件は、同情的なボスたちの支持を得た被雇用者側が、構造的な人種差別に対して即興的なデモを行なったという形になりつつあった。この先どうなるのか、見通しは立たなかったが、NBAがバックスを厳しく処分するという話は現実味を失いつつあった。罰金や出場停止、試合の没収を繰りだすのは、支援を表明するバックスのオーナー側と嚙みあわせがよくないはずだ。

待ちぼうけが始まったときは硬い表情をしていたリーグのスタッフがあらわれ、それとなくわたしの読みを裏づけた。「本を書いているそうですが、いい章になると思いますよ」と、軽口をたたいていったのだ。この日の午後、そうした言葉を聞くのは最初でも最後でもなかったが、折り合いがつきそうになっている証と受けとっておいた。バックスまたはほかのチームが大規模なボイコットを行なうつもりなら、軽口を叩いている余裕はなかっただろう。ブラックジョークも出なかったはずだ。

七時十五分ごろ、バックスの面々がロッカールームから出てきた。予定のティップオフから三時間以上経っている。それぞれユニフォームを着替え、「先入観を変えよう」や「ブラック・オール・ザ・タイム」と書かれたTシャツを着ていた。不安げな表情の選手も多かった。おそらく自分たちの行動が、すでに全米レベルで騒ぎになっていたからだろう。アデトクンボは両手をポケットに入れて立っていた。何人かはじっと床を見ていた。大半がマスクを着用していたものの、ソーシャルディスタンスを無視した状況で撮影されることになるのを気にしているようだった。

ヒルとスターリング・ブラウンが集団の前方に出てきた。バックスで最強かつ最も知名度の高い選手はもちろんアデトクンボで、バスケットボールに関する話題なら、自然と彼がスポークスマンを務めていただろう。だが今回、チームを代表して話したのはヒルだった。ベテランのポイントガードが着ていた黒いTシャツには、バラク・オバマ前大統領の長いせりふが印刷されていた。「誰かを待ったり、いつか訪れる時を待ったりしているうちは、変化は起きない。待たれているのはわれわれ自身だ。求めている変化はわれわれが生みだす」

三十四歳のヒルは渡り鳥で、過去五シーズンは五チームでプレーしていたが、バックスでは最も経験値が高く、尊敬されている選手のひとりだった。コートに出るのをやめるようチームメイトを説得したとのことで、のちにGQマガジンの記者テイラー・ルークスに、抗議の原動力となったのはブレイクへの発砲と、警察のカイル・リッテンハウスの扱いだったと語った。

二十五歳のブラウンはバックスでは末端の選手だったが、ヒルと並んで前に出てくるのには理由があった。二〇一八年一月、ブラウンはなんということもない駐車違反のためにミルウォーキーの警官にテイザー銃で撃たれ、逮捕されていた。彼は街を訴え、結局二〇二〇年十一月に七十五万ドルの和解金を受けとった。その一件以降、ブラウンは警官の不正な行為について歯に衣着せず発言しており、彼がそこにいることはバックスの行動に個人的な意味あいを加えていた。批判的な向きもブラウンのことを、スタンドプレーに走っている金持ちと切り捨てることはできなかっただろう。ブレイクが撃たれたのとおなじ州で、権力を濫用する警官にあわやの目に遭わされたのだから。

最初に口をひらいたのはヒルで、待たせたことについて記者たちに詫びた。「チームとしてある程度意思を統一し、必要なことを知っておくのがいいと思ったんだ。感情が高ぶったまま、ことを急ぐべきではないと思った」。チームとして質問は受けつけないとも言った。「仲間を代表して言うが、今日はチームとしての声明を発表したい。そしてより知識を深め、今起きていることについていっそう理解したい」

バックスの広報担当から七時三十一分にEメールで送られてきた声明には、チームが第五戦を「ボイコットした」と記されていた。

「この四か月間、アフリカ系アメリカ人のコミュニティが直面している現在進行形の人種間の不公正について、新たな光が当てられてきた」と、ブラウンは紙を読みあげた。「全国の市民たちが、それぞれの言葉と立場を使い、これらの不正を非難している。われわれの故郷であるウィスコンシン州ではここ数日、ジェイコブ・ブレイクがケノーシャで警察官に背中を七度撃たれるおぞましい映像が流れており、抗議活動の参加者へのさらなる発砲も録画されている。変化を求める声がこれほど大きいのにもかかわらず、何の行動もとられていない。そこで今日われわれは、バスケットボールに集中するわけにいかなかった」

ヒルは声を高めた。「コートに立って、ミルウォーキーとウィスコンシン州を代表するとき、われわれはハイレベルなプレーを見せ、最大限の力を発揮し、互いの責任を果たすことを求められている。われわれはその期待に応えている。そしてこの瞬間、われわれは法に携わる人間たちにおなじことを求めている。ジェイコブ・ブレイクに正義を、そして警察官たちは責任をとるべきだ」

「それが実現するには、ウィスコンシン州議会は数か月の停滞から脱し、意味のある行動をとり、警察の責任の所在と暴力性について明らかにし、刑事司法のありかたを変えるべきだろう。すべての市民には知識を深め、平和で責任ある行動をとり、十一月三日には必ず投票してほしい」

こうしてバックスはアドヴェントヘルス・アリーナを去った。記者たちはいっせいにヒルの動画をアップし、手近なキーボードのもとへ走った。二十六分しかなかったが、わたしも締め切りに間に合わせた。

パソコンを片づけてシャトルバスに向かったが、七時五十九分にアリーナの写真を最後に一枚だけ撮った。万が一、オーナーと選手たちが合意に至らなかった場合のためだ。コートは完全に無人で、照明がまだセンターコートの「ブラック・ライブズ・マター」のスローガンとNBAのロゴを照らしていた。その晩使われる予定だったタオルが、手つかずのまま両軍のベンチに積まれていた。屹立したリングが、得点を待っていた。わたしはコメントをつけて写真を投稿した。「NBAバブルのアドヴェントヘルス・アリーナは、いつまで無人のままなのだろうか」

その時点では、誰も答えを知らなかった。アダム・シルヴァーとオーナー陣、選手会の代表ミシェル・ロバーツと選手側のリーダーたち、テレビ局、選手たち。みな事態の推移を見守るしかなかった。バックスの選手たちの声明文は彼らの動機について明快に語り、ウィスコンシン州議会に求める行動の内容も詳しく綴られていたが、パズルの重要なピースはまだ欠けていた。NBAとオーナーたちに直接何を求めるか、触れられていなかったのだ。試合を止めていたあいだの時系列的な説明もなく、ただ「今日われわれは、バスケットボールに集中するわけにいかなかった」とするのみだった。バックスは翌日、コートに戻るつもりなのか。ウィスコンシン州議会が法案を通すまで待つ気なのか。それによって状況はまったく違った。

声明にはこの日の中断によって影響を受けた五チームの言葉や、バブルにいる残りのチームの言葉もふくまれていなかった。その夜遅く、ロバーツが選手会を代表して発表した声明によると、メンバーたちは「不公正に抗議するというミルウォーキー・バックスの選手たちの決断と共にあり、今日の試合をすべて延期するという全体の決断を支持する」とのことだった。山猫ストか否かを問わず、選手たちはどうやら一丸となっていたが、次のステップは不明瞭だった。

バックスはバブルを一時停止するのに成功したが、いつ、どのようにプレーを再開するかという点については、集団としての意見が必要だった。バックスの行動によって選手たちは心を動かされ、荷物をまとめて帰宅しようという気になっただろうか。選手たちはただ、世間から隔絶されて過ごすことに飽き飽きしていたのか。これだけの犠牲をはらう甲斐はあるのか。上位チームがNBAファイナルを迎えるまで六、七週間だった。張りつめた一週間と緊迫した一日のあとでは、十月中旬は今までになく遠く思えた。

夜、自室に戻ったあとで、わたしはFedExで差し入れを送ってくれる予定だった友人にメールを打った。「数日待ってほしい。念のために」

# 第12章　波紋

八月二十七日、ワシントン・ポストのA1に見出しが躍った。「選手らブレイクへの発砲に抗議　試合中止」。その記事は共和党全国大会の発表二件と、抗議活動の参加者三名を撃ったかどでカイル・リッテンハウスが逮捕された件の続報と肩を並べていた。バックスの声明は細かく分析され、さまざまな角度から報じられていた。

ＷＮＢＡは水曜の試合をキャンセルした。コロナのせいですでにスケジュールが狂っていたＭＬＢも三試合を中止し、そのうち一試合はミルウォーキー・ブルワーズが出場するものだった。ＮＦＬのデトロイト・ライオンズは練習をキャンセルし、ＭＬＳの五試合も成立しなかった。テニス界のスター、大坂なおみは声明を発表した。「警官による黒人の虐殺が続いていることには、本当に吐き気をおぼえます」

ＴＮＴのコメンテーター、ケニー・スミスは賛同の意を示すためインサイド・ザ・ＮＢＡの番組中に退席した。かつてケンタッキー州の観客に人種差別的な振る舞いをされ、一九六一年のプレシーズンの試合を去ったバスケ界のレジェンド、ビル・ラッセルも、警察による黒人の不当な扱いは「なくならなければいけない」と述べ、公民権運動のシンボルであるジョン・ルイスの言葉を引用した。抗議活動の参加者たちは「いい意味のトラブルを起こしつづけるべき」というものだ。

二〇一一年、ラッセルに大統領自由勲章を授与したバラク・オバマ前大統領も、この件に関して意見を表明した政治界の多くの人間のひとりだった。「自分たちの信念のため立ち上がったことについて、バックスの選手たちに賛辞を送りたい」と、彼はツイッターでつぶやいた。「信念のため闘うことには、あらゆる制度的な後押しが必要だ」

いっぽうホワイトハウスの上級顧問で、トランプ大統領の娘婿であるジャレッド・クシュナーは、水曜午後にさまざまな事態が進行するなか、案の定の批判を繰りだした。「NBAの選手たちはとても恵まれた経済状況にある。懐具合への影響を気にすることなく、仕事を一晩休むことができたのだから」と、クシュナーはCNBCの取材に応えて冷ややかに言った。「それだけ豊かなのはすばらしいことだ。NBAでは多くの政治活動が行なわれている。ずいぶん多くのお題目が掲げられている。だが必要なのはお題目や旗印を離れて、実際の行動をとることだ」

クシュナーのあずかり知らぬところで、選手たちはすでに一歩踏みだしていた。試合が延期されたあと、選手会は水曜の夜にミーティングを開催した。のどかな時代でも数百人のプロスポーツ選手が合意に至るのは、頑迷さ、エゴ、利害の対立などによっておよそ不可能だ。そして今は、のどかな時代ではなかった。ブレイクへの発砲によって選手たちの心はささくれ立ち、そこへ過密日程の疲労が重なり、プレーオフの重圧も大きかった。バックスの行動の是非についてみなが一枚岩というわけでもなかった。

批判的な選手たちは、なぜ単独で抗議活動を行なうと決めたのか、なぜ選手会や他チームの選手にあらかじめ通告しなかったのかと問うた。今回の抗議活動のタイミングには、実際的な影響があった。バックスがそのまま出場して勝利していたら、マジックは翌朝バブルを出ることもできていたはずなのだ。バレイカーズが水曜夜の試合に勝っていたら、ブレイザーズも帰宅していたはずだった。NBAの選手たちは、プレーオフ中は厳密なルーティンに従って過ごすが、バックスはそんな彼らを予告もなく混乱の渦におとしいれたのだった。レイカーズの選手の多くは日課の午後の昼寝から起きて、試合が延期になったと聞き、SNSが荒れていると知ったそうだ。

バックスが選手会や他チームに予告していなかったのは、けっして小さな問題ではなかった。もしそれがあったら、バックスに続くかどうか、他チームも自主的に判断できただろう。理論上、いくつかの試合は混乱なしに開催できたはずだ。選手会が集団での抗議活動を企画し、参加者にバックラッシュの可能性を告げておくこともできた。

実際的な面からいうと、バックスの唐突な抗議活動は、全チームの選手たちに彼らの立場を受けいれることを強いた。木曜にプレーすることを望むチームは、バックスを支持しないのかと非難されるおそれがあった。バックスの抗議活動のトーンに賛同できなかったり、試合が中止されたことへの処罰を恐れたりしていた選手も、感情をのみこむしかなかった。ミーティングに出席した選手会のメンバーの一部でも互いを信頼せず、一丸となった行動に移ることをためらえば、バブルの先行きはより不透明になり得た。警察による発砲が、また世間を騒がせたらどうなるのか。そのときチームは次の必然的なステップとして、シーズンを中断し、帰宅するのだろうか。

実際、一部の選手たちはこの状況に強くいら立っていて、水曜の夜にバブルを去るとほのめかした。ジ・アスレティックの記者シャムズ・チャラニアは水曜の夜遅く、バブルでおそらく最も知名度の高いレイカーズとクリッパーズの二チームは今大会を完全に放棄する方向性で、ミーティングを急に退席したと報じた。

「おれはやめるつもりでいたよ」と、のちにレブロン・ジェームズはポッドキャスト、ロード・トリッピンの取材に応えて言った。「妻と母親に電話をして、たぶん家に帰ることになると言った。ミーティングは二、三時間、いや四時間くらい続いたが、どうするべきか決まらなかった。途中で抜けたのは、時間が惜しかったからだ。みんなが感情を高ぶらせ、エゴを剝きだしにして、自分の信念に忠実でありたいと強く思っている状況では、結論を導きだすのは難しい」

セルティックスのジェイレン・ブラウンはミーティング中にバックスを擁護する発言をし、世界の人びとはいずれ「バックスの行動を称賛するだろう」と語った。ブレイクへの発砲のあと、「無力感と疲労に」さいなまれていた選手たちを代表して行なったことなのだから。いっぽうＹａｈｏｏ！のクリス・ヘインズは、クリッパーズのガード、パトリック・ベヴァリーがミーティング中に選手会のミシェル・ロバーツに食ってかかったと報じた。ただしのちに複数の選手が、そこまで激しいやりとりではなかったと言った。

意見の相違はさておき、選手たちはジレンマに陥っていた。プレーを再開したらバックスの行動の意義を薄めることになるが、いっぽうプレーを拒否したら莫大な経済的損失がふりかかってくる。「あのままコートに上がることはできなかった」と、ジェームズは自身がホストを務めるＨＢＯの番組ザ・ショップのなかで語った。「おれたちは必死で考えていた。去るにしても留まるにしても、何を計画するべきか。どんな行動をとるべきか」

その時点での選手の心境を考えると、わたしは落ちつかなかった。おそらく彼らはブレイクの一件で精神的に疲労し、肉体的にも怒濤のプレーオフの日程のせいで消耗しきっていたはずだ。夏のはじめ、ジェームズがバブルでプレーするならみなプレーする、と断言したのはベヴァリーだった。いまやその逆の状況だった。ジェームズとレイカーズがこの場を去るなら、みなもあとに続くだろう。

いろいろと欠点はあるものの、バブルはわたしの予想よりはるかに質のいいバスケットボールを生みだしていて、最も注目度の高い一戦はわずか数週間後だった。だが選手たちは遠くからやってきて、多くのことを犠牲にしていたのだから、ここで終了を宣告したとしても、彼らを責める気にはなれなかった。それでも、ひどくがっかりしていたことには変わりないだろう。念入りに作った砂のお城を、波にさらわれてしまった子どものように。

選手たちの明らかないら立ちや、夜遅くの不吉なニュースにもかかわらず、わたしは選手たちをここに留まらせるだろう大きな力の存在を意識していた。ことは信念だけでなく、金の問題でもあるのだ。選手会のリーダーたちがバブル計画への参加を決めたのは、さもなければ経済的に大きな打撃を受けたはずだからだ。試合がなければ収益もない。収益がなければ減給、ことによっては団体協約の破棄という事態になりかねない。

おなじ計算が、このときも行なわれた。プレーオフの大半がキャンセルされたら、労働争議は避けられない。アダム・シルヴァーとオーナーたちは線引きを求められるだろう。一日の抗議や短時間のスケジュールの遅れと、バブルが「はじけて」数百万ドルを失うことのあいだでは、ビジネス的な意味あいがまったく違った。

選手たちもそのことは理解していた。選手会にはこの先の人生で一日も働かなくても暮らしていける人間もいたが、多くはそうではなかった。ルーキー、ミニマムサラリーでプレーしている選手、移籍を繰りかえしている選手は、ポストシーズンがふいになり、長期の労働争議が始まったら大きな痛手をこうむるだろう。組合のおもな機能とは、想定外の経済的な問題からメンバーを守ることであり、ロバーツもバックスを支持しつつ、より長期の中断に至った場合の影響について考慮することを求められていた。

シルヴァーはバブルの外からこの状況を見守っていたが、ロバーツは何か月も、選手たちの隣でディズニー・ワールド暮らしをしてきた。法曹界で長く過ごし、選手会会長として業績を残したあと、六十三歳のロバーツはハーレムに新居を購入し、パンデミック直前にはまもなく引退すると語っていた。NBAが経済的な困難に直面することが明らかになると、ベテランの弁護士であるロバーツは慰留に応じた。

「早く辞めなかったことを後悔してはいません」と、ロバーツは八月に語った。「退任した直後にこれらのことが起きて、選手たちを守り導くことができずにいたら、ひどく後悔していたと思います。選手たちのことはいつも気にかけています。わたしのキャリアがこうした形で幕引きになるとしても、外からながめているよりずっとましです」

ロバーツはバブルで試合を観戦し、選手会のリーダーたちと対話し、選手たちと極力親身な関係を築くことに時間を費やしてきた。お気に入りのルーティンは夜、プールサイドに行って、選手たちがキャリアに関するアドバイスを求めたり、家族について話したり、新型コロナウイルス感染症について疑問をぶつけにきたりするのを待つことだった。「こういった会話は、電話やメールのやりとりではできません。家に帰る気はありません。ここの親密な空気が恋しくなるから。一生に一度の経験です」

ロバーツにとってこの仕事の大きな喜びは、公の場で選手を支えられることだった。彼女はいわば代弁者で、とりわけ抗議活動をする権利についてはそうだった。「選手たちの表現の自由を抑えこもうとする動きがあったら、全身全霊で闘います。BLM運動がそれほど目ざわりで、バスケットボールを観戦したくないというのなら、それで結構。人権について気持ちを表明することにそれほどの憎悪を抱き、自分にとっての娯楽に背を向けてしまうというのは理解できません。国旗に対する侮辱だという意見は、単純に間違いです」

だがロバーツは現実的でもあった。バブルがはじけたら、コロナ禍ですでに多額の収益を失っているオーナーたちと争いになりかねない。裕福な人間が、より裕福な人間と衝突するには時期が悪かった。

どの選手も、いつでも「バブルを出る自由がある」とシルヴァーが言ったことはよく知られていたが、集団として彼らにここを抜けだす道はなかった。なんとかして、うまく切り抜ける方法を探さなくてはいけない。

レイカーズの先陣を切ってメディアの前に姿をあらわしたダニー・グリーンは、残留か撤収かという問題について、チーム内で「あらゆる選択肢を探った」と明かした。「正しいことをしつつ、大多数にとってベストの選択をしたい。おれたちが去るのは、みなの利益にならない。ルーキー契約やフリーエージェント、まったく懐に金が入ってこない選手もいるんだ」

バブルという環境と、全米向けのテレビ放映の舞台を離れたら抗議活動にどんな影響が出るか、選手たちはそれもわかっていた。「たぶん留まるほうがいいだろう」と、グリーンは言った。「すべての人びとのために、このプラットフォームを維持するんだ。足並みが乱れてばらばらになっているとき、おれたちは脆い」

木曜の朝には冷静さが戻りつつあり、ESPNのエイドリアン・ウォジナロウスキーは、選手たちがポストシーズンをまっとうすることに意欲的だと報じた。ただしNBA、理事会、選手会のリーダー、有力選手が落としどころを探っている状況では、コートへの復帰はまだ慎重な手順を要した。

タイミングという問題も残っていた。木曜か金曜になにごともなかったかのように試合が再開されれば、ボイコットは無意味な茶番だったと選手たちが糾弾されることになりかねない。また選手たちはプレーオフの大事な試合の再開とともに、すぐさま精神的に厳しい状況に引きもどされることになる。トロント・ラプターズとボストン・セルティックスの選手たちは、バックスの抗議に先立って、木曜の試合のボイコットを相談していたという。彼らが今、木曜にプレーしたいはずもなかった。

だが選手たちがことを引き延ばしたり、リーグ側やオーナーに対してあまりに強固な主張を続けたりしていると、バブル滞在が延びるか、ビジネス上の重要な関係にひびが入りかねない。八月の一週間を空費したら十月末にかわりの試合をしなければならず、それは誰にとってもありがたくないことだった。

木曜の午前にはNBAの理事会の緊急会合が開かれ、NBAの有力なオーナーのなかでは唯一の黒人であるマイケル・ジョーダンの後押しを受けた選手たちとの細かい話しあいが行なわれた。木曜に予定されていた試合はすべて延期されたが、午後に両陣営が合意の内容について調整などをして、前夜の不安はやわらいでいた。

緊迫した水曜夜のミーティングで選手たちに語りかけたというクリッパーズのコーチ、ドック・リヴァースは、木曜の対話の場では「驚くような変化が見られた」と言った。「文句なしの進展だった。手打ちのミーティングである必要はなかったし、事実そうではなかった。選手たちが必要とし、求めていることについて、きちんと議論が行なわれたんだ。アダム・シルヴァーとオーナーたちも出席していた。われわれには『息をする』時間が必要だった。ジョージ・フロイドにその瞬間が訪れなかったことを、わたしは忘れていない。われわれにはその機会があり、息をついた」

敷地内で過ごすという意味では、午後にオフの時間ができたのはありがたく、わたしはその時間を使って長めのジョギングをした。コロナド・スプリングス・リゾート内を走っていると、数週間ぶりに選手が散策しているのが目に入った。試合も、練習も、メディア対応もないのだ。クリッパーズの主力カワイ・レナードは巨大なゴルフカートを乗りまわし、レイカーズのセンター、ドワイト・ハワードはバス停の無人のベンチに腰かけて長いこと電話をかけていた。緊張が頂点に達していたこのときでも、バブルでは選手たちの人間らしい一面が見られた。ロサンゼルスでは試合にヘリコプターであらわれるレナードは、空の駐車場をゴルフカートでぐるぐる走っていた。

オーナーと選手たちの話しあいにあたっては、バブル入り以前の取り決めが役に立っていた。なんといってもオーナーたちはすでに「ブラック・ライブズ・マター」のスローガンをコートに刷ること、人種間の公平を求めるメッセージ入りのユニフォームを着ること、十年にわたる三億ドルの基金の設立を認めていたのだ。両者はゼロから話しあいを始めていたわけではなかった。ジェームズが言ったように、必要なのは中身があり、かつ実行がたやすい新たな案を、タイミングを逃さないように練りあげることだった。

新しい案は基金の規模を広げるといった、金銭的なことだけですませるわけにはいかなかった。オーナーたちにしたら、根深い問題を金でごまかそうとしていると思われるわけにはいかず、選手も自分たちの信念に値札をつけることはできなかったのだ。こういった種類の案は、リーグは現状ですでにじゅうぶん貢献しているとオーナーの誰かが言いだしたとたん、勢いを失ってしまうだろう。

選手会会長クリス・ポールとジェームズは水曜の夜中、オバマ前大統領に連絡し、新しい案の土台作りについてアドバイスを求めていた。のちにＨＢＯに明かしたところによると、前大統領は選手たちに、規模の大きな社会問題は「一夜で解決するわけではない」と語りかけ、自分たちの活動を長い目で見るよう諭したという。彼のおもな提案は、リーグ内に社会の公正を専門とする機関を設け、それを通して「今回のようなできごとが起きる可能性を減らすため、ベストの手段を追求する」ことだった。

それが選手たちの要求の第一の柱になった。そのあと彼らは、約三か月後に迫る大統領選に注目した。黒人層の投票は、中西部から南東部にかけてのスイング・ステート〔浮動票が多い州〕での鍵となる。ジェームズらプロスポーツ選手たちは、投票人登録を後押しし、黒人コミュニティ内での投票へのためらいを払拭《ふっしょく》するため、「一票を超えるものがある」と題したキャンペーンを立ちあげていた。無人のバスケットボールのアリーナは、都市部では絶好の投票所となる。いくつかのチームや都市はすでに、そうした目的のためアリーナを開放することにしていた。オーナー全員を、その流れに乗せることはできないだろうか。

　金曜の朝までに、ＮＢＡと選手会は合同声明を発表し、選手たちは「率直で冷静、かつ実り多い」対話を通してオーナー陣から三つの「協賛」を得ることになったと告げた。第一に、社会の公正を求める機関の設立。選手やコーチ、オーナーが協力し、「警察組織と社会的公正の意義ある改革」を求めていく。第二にオーナー陣は「地元の選挙管理委員会と協議を続け」、チームの所有するアリーナを投票所として使用する話を進める。第三に、両陣営は新しいテレビコマーシャルとアリーナ用のロゴを作り、投票をうながす。

　全般的にはよく練られた案だと思った。選手たちは、彼らの努力をなんらかの形にすることができた。前大統領提案の社会的公正のための機関はさほど突飛なものではなく、すでに存在しているべきだっただろう。新たな投票所については、大きな前進だった。一週間のうちにミルウォーキー・バックス、ゴールデンステート・ウォリアーズ、ヒューストン・ロケッツ、ニューヨーク・ニックス、ユタ・ジャズ、ＬＡクリッパーズが、アリーナや設備を提供すると発表していた。全体としては少なくとも二十三チームが、アリーナほかを投票の後押しに使うことになった。

「トランプ一派が権力を駆使し、国民が投票するのを困難にしているいっぽう、ＮＢＡの選手たちは民主主義を守るため立ちあがっている」と、オレゴン州の民主党議員ロン・ワイデンはツイッターでつぶやいた。

　政治的な姿勢が必ずしも選手たちの意向と一致しないオーナーたちも、そうしたことをめぐる闘争は避けた。また彼らは、多額の金額的な譲歩をすることも求められていなかった。もしそうだったとしたら、将来の抗議運動や衝突の際に、あらためて厄介ごとが持ちあがっていただろう。「われわれはプレーオフの再開を心待ちにしつつ、オーランドであれ各チームの地元であれ、共に課題に取り組みつづける。そして中身のある、持続可能な変化を推し進める」と、合同声明にはあった。

試合の中断は金曜までとされ、第五戦のバックス対マジック戦から再開されることが決まった。消滅していた試合は、三日後にやりなおしのチャンスを得たというわけだ。

「十五年もこのリーグにいて、こんなことははじめてだった」と、バブル存続が決まったあとポールは言った。「選手たちは固く団結し、意見を述べ、真の変化を見届けている。選手たちは疲れている。肉体的にという意味ではない。同じ場面を繰りかえし見ることに疲れているんだ。それは大きな精神的負担で、とりわけ黒人にとってはそうだろう。われわれはみな傷ついている。高い給料をもらっているのだからいいじゃないか、と世間は思っている。だがわれわれは人間だ。ちゃんと心があるんだ」

骨の髄まで達する疲労感を、誰もが分かちあっているようだった。バブル中断の前日、クリッパーズのフォワード、ポール・ジョージは精神科医のもとを訪れたと明かしていた。シュートが不振に陥っていた期間、「不安と軽いうつ状態」を感じていたからだという。バブルでまわりと切り離された暮らしを始めてから、ジョージは「メンタルヘルスの問題を甘く見ていた」ことに気づき、一時的に「自分が自分でなくなった」と言った。

こちらもプレーの質が安定しなかったグリーンは、「バブルの居心地の良し悪しは試合の出来による」と言い、愛犬が恋しいと記者たちに言った。「いいプレーができていないと、押しつぶされそうな気分になってくる。一日中、SNSを見るくらいしかやることがないのに、そこではバッシングが起きているんだ」。グリーンはその後、リーグの責任者に「空気を明るくすることは間違いない」と、ペット同伴の許可を求めた。

リヴァースもまた、バブルが選手たちにどのような影響をおよぼすか、考えが至らなかったと認めた。「政治やほかのこととは関係がない。影響を受けるのは人生そのものだ。難しいことになるのはわかっていたが、これほどとは思わなかった」

毎日をあわただしく過ごしていると、いろいろなことへの実感が簡単に失われていく。バブル中断の最中、わたしは自分の状態を見直すことにした。深夜のルームサービスや大量のスナックの提供のおかげで、ディズニー・ワールドに来てからいささか体重が増えていた。散歩は今でも毎日していたが、ステイホームの期間中ほど遠くまで行ってはいなかった。次々とやってくる締め切りをくぐり抜けるのが精いっぱいで、翌日以降の計画を立てることもできず、睡眠時間は相当削っていた。ｉＰｈｏｎｅのスクリーンタイムは過去最高を記録し、日々の瞑想のルーティンを三倍にすることで埋めあわせていた。眠れないときはオンラインショッピングをするようにもなっていた。今では色違いのポロシャツを七枚持っていた。ポロシャツなど、着たことがなかったのに。

個々の変化そのものは、大きな心配の種ではなかった。プレーオフはつねに仕事量とストレスの増加をもたらすもので、ものごとはいずれ通常に戻るはずだった。それでも全体として考えると、どれほど観戦を楽しんでいたとしても、バブルにいることで幸福度と健康、心身のバランスが損なわれているのは認めざるを得なかった。

バブル中断後の初のインタビューで、ジェームズは荒れた水曜のミーティングに関する質問には答えず、早くバブルを去りたいというレイカーズの空気にも触れなかった。彼はその場の記者たちに直接語りかけた。「夜も昼も、バブルを去ることを何度となく考えた」。ジェームズは妻のサヴァンナと、三人の子どもたちと引き離されたままだった。「きみたちメディア関係者も含めて、みんなそう考えたはずだ。『ああ、もう出ていかせてくれ』と思ったことのない人間はひとりもいないだろう。一日に一回は、そんなことを考えている」

ブレイクへの発砲が決定的な一撃だったとしても、選手たちはすでに二か月近く世間から隔絶された環境におかれ、極限まで追いこまれていたのだ。ＮＢＡの副コミッショナー、マーク・テイタムは九月下旬のインタビューで、バブル中断は「いら立ち、変化の遅さ、この環境にいるという事実が複合して」起き、それは「みなが求めていた休憩であり、ひと息ついて心を整える機会だった」と言った。

その時期についてのテイタムの話を聞いていると、リーグの責任者たちは少なくとも部分的に、バックスを例の行動に駆りたてた状況に責任を感じていることがわかった。リーグは過密な日程を組み、厳しいガイドラインを設け、最初のうちは家族のバブル立ち入りを禁じ、愛犬の同伴も禁止した。ほかにもこの種のことをたくさん行なっていた。

シルヴァーとオーナーたちは、バブル設立にかかわりながらその内部では暮らしておらず、そのためロバーツや選手たちの問題提起を切り捨てることができなかった。シーズンをまっとうするため選手たちをフロリダ州中部に送りこんだのだから、困難な状況では責任の一端を負うのが筋だった。「鍵となったのは構造的な人種差別、この国の社会や人種をめぐる不平等と闘うための、リーグと選手会の継続的な努力だった」と、テイタムは言った。「対話が続いたおかげで、われわれは前進することができた」

試合の再開が決まったのは、わたしにとって非常にうれしいことだった。チャンピオンの戴冠を楽しみにする気持ちは変わらず、外の人間が選手たちに「逃げた」というレッテルを貼るのも見たくなかったのだ。何よりごめんだったのは労働争議で、帰宅したら選手たちの声は埋もれてしまうというグリーンの意見にも賛成だった。あとになって思えば、バブル中断はハーフタイムブレイクのようなものだった。

そのいっぽうＮＢＡも、ただ再開だけすることはできなかった。バックスはおなじロッカールームに戻り、ブレイクへの発砲に対する怒りをひきつづき味わい、おなじポストシーズンの重圧に向きあい、記者たちからこのたびの騒動について質問を受けることになった。三日間の中断のおかげで秩序と冷静さが戻っていたが、ファイナルにはまだ六週間あった。

第五戦でバックスはマジックを粉砕し、第二ラウンドに進出した。レイカーズはその晩、余裕をもってブレイザーズを下し、ジェームズとアンソニー・デイヴィスはふたり合わせて七十九得点した。一方的な展開もやむを得なかったはずだ。優勝候補たちが休息の時間を得ていたのに対して、下位のチームは三日間、もうじき楽しいわが家に帰れると思いながら過ごしたのだから。

レイカーズ戦で膝を痛めていたブレイザーズの主力、デイミアン・リラードは、敗退を見守るよりも早くバブルを去ることを選んだ。チームメイトがシーズン最終戦に向けて調整していたころ、リラードは息子を抱いた写真をインスタグラムに投稿した。「指の脱臼、膝の故障。でも心は落ちついている。息子に会いたかった」。親子は満面の笑みを浮かべていた。

白星を積みあげているチームもふくめて、バブル内のチームはまだ喜びからほど遠かった。重苦しい一週間の最後の理不尽な一撃は、俳優のチャドウィック・ボーズマンが四十三歳で亡くなるという一件だった。世間には公表しないまま四年間、結腸がんと闘っていたという。ジェームズやアデトクンボをはじめ、多くの選手が『ブラック・パンサー』の主演俳優を悼んだ。

バックスは土曜、マジック相手の勝利や、マイアミ・ヒートとのマッチアップについて多くを語らなかった。試合は形式的なもので、アデトクンボがマジックを圧倒したいっぽう、ブレイクの事件がまだ選手たちの心を占めていた。「会場に行き、選手たちのとった行動について考えると、歴史の正しい側につくという格言を思いだす」と、コーチのマイク・ビューデンホルツァーは言った。「会場に戻ることで何かを感じた。人種的な不公正に終止符を打ち、人種差別を克服し、この世界をよりよい場所にするのは、やはり試合に勝つことより重要だ」

クリス・ミドルトンも「気持ちの上でとても長い二日間を過ごしたあとでは」、第五戦をプレーするのが「とても難しかった」と言った。だが後悔はなかったようだ。抗議活動に対する世間の関心が、彼らの想像をはるかに超えていたとしても。「おれたちは仲間として支えあった」と、ミドルトンは言った。「歴史がどうのというほど、大きな話になるとは思っていなかったよ。ああやって決断したことを誇りに思う。試合をするのにふさわしい日ではないと、心の底から思ったんだ」

バックスは水曜の件について詳細を明かした。ティップオフの直前、ヒルとブラウンが欠場を決めると、チームメイトは彼らの味方についたという。「リーダーとして、あの試合ではプレーしないと決めた」と、アデトクンボも言った。「ふたりを置き去りにはできなかった。それぞれ、世の中の状況について思うところがあったんだ。試合をできる状態にないのは、おれも百%理解できた。そのあとチームとして、コートには上がらないと決めた」

抗議活動のおかげでルーキーイヤーのことを思いだした、とアデトクンボは言った。ギリシャから来たばかりの十九歳だった彼は、アメリカ生活のさまざまな面について無防備だった。よく知られた話だが、NBAに来るまでスムージーを飲んだことがなく、二〇一四年にはじめて味わったあとはツイッターに「ゴッド・ブレス・アメリカ」と投稿した。同じシーズン、彼はウィスコンシン州出身で少年時代に何度も逮捕された経験をもつベテランのフォワード、カロン・バトラーから助言されていた。自分の肌の色を考えて、公共の場では警戒されるような振る舞いをするな、という内容だった。

「この国はいろいろと違う」と、アデトクンボはバトラーの忠告を振りかえった。「気をつけなきゃいけないんだ。カロンに、道を歩くときはパーカーのフードを脱げと言われた。『なぜ?』という感じだったよ。当時はわからなかった。今はわかる」

ロッカールームで過ごした三時間のあいだに、バックスはウィスコンシン州に大事な電話を二本かけていた。一本の相手は州検事のジョッシュ・カウルで、ブレイクの事件の進展と捜査の状況についてたずねるためだった。のちにカウルは、記者会見でバックスを称賛した。「これらの問題をめぐる対話に参加し、声を届けた」

バックスの選手たちはブレイクの父親、ジェイコブ・ブレイク・シニアにも心のこもった電話をかけていた。ブレイク・シニアがのちにＥＳＰＮのデイヴ・マクメナミンに語ったところによると、電話がかかってきたのは「選手たちがコートを去った五分後くらい」で、その行動に「深く心を動かされた」。彼らの励ましに対して、孫たちに代わってお礼を述べつつ、抗議活動の参加者には暴力に走らないよう訴えた。

アデトクンボは言った。「親父さんは声をつまらせて、おれたちがやったことは自分と家族にとって大きな意味があった、と言ってくれた。バスケより大事なことだ。あのときの気持ちは一生、忘れないだろうな」

それがバックスにとって最も大きな瞬間だっただろう。声明文に名前が登場したウィスコンシン州議会議員たちは、八月三十一日に開かれた特別会合で、警察の振る舞いに言及した。民主党知事トニー・エヴァースもその場で、絞め技の使用を禁じる法案に取り組むべきだとして、警官の物理的な力の行使につき一律のガイドラインを設け、そのほかの規則も制定すると言った。いっぽう法律で開催を義務づけられていた共和党主催の集会は、一分もしないうちに閉会した。

ビューデンホルツァーと選手たちは、政治的な動きの鈍さにただ失望をあらわにするだけだった。

「共和党だろうが、民主党だろうが関係ない。議会とは対話し、議論する場ではないのか」

# 第13章　追放

　バブル中断の翌週、中にいた人間はほとんど誰もが霧に包まれて過ごしているようなものだった。誰かを亡くしたり、長く続いた関係が破局したりしたあとの、幽体離脱しているようなあの感覚だ。

　マジックとブレイザーズは、土曜に帰宅ということになった。同日、第五戦でサンダーもロケッツに引導を渡された。直前の七十二時間、クリス・ポールはバブルを救おうと苦闘していたのだが。日曜の三試合はすべて十点以上の差がつき、セルティックスは二回戦の第一戦でラプターズを粉砕した。月曜、ヒートは二回戦の第一戦でバックスに勝ちきった。中断直後の七試合はすべて一方的な展開で、バブルはとにかく起爆剤が必要だった。

　ラプターズのコーチ、ニック・ナースはバスケ一筋で、ときどきメディアの前で選手に活を入れたが、第一戦でセルティックスに敗戦したあとも辛辣だった。「今日はいい出来ではなく、勝つためには強さも、速さも、質も、タフネスも足りなかった。痛い敗戦だった。見るべきものはなにもなかった」。彼らしいせりふだ。

　ラプターズは心ここにあらずだった。コンゴ共和国出身のサージ・イバーカは敗戦について口数少なく、かわりに「アメリカで黒人を殺しているのと同じシステムが、アフリカでおれの同胞を殺している」と言った。リーグ屈指の闘争心の持ち主、カイル・ロウリーもこう発言した。「バスケットボールはいつだって大事だが、この状況、この時では二の次だ」。ラプターズは気骨あふれる誇り高いチームで、二〇一九年のチャンピオンシップを泥くさく制してバスケ界を驚かせたが、今は明らかにタイトル防衛と精神的な負担のバランスを取りかねていた。

一応、助けの手は差しのべられようとしていた。NBAのガイドラインでは、二回戦に進出した八チームは制限つきながら客を呼んでいいことになっていた。当初の二十二チームのうち十四チームが帰宅した今では、ホテルの部屋にもじゅうぶん空きがあった。レイカーズがブレイザーズを蹴落としたことで、ヨット・クラブに宿泊していた六チームはすべて敗退し、グランド・フロリディアンの唯一の生き残りはヒューストン・ロケッツだった。

それぞれの選手が、両親、パートナー、子どもなど最大四人まで宿泊できる部屋の提供を受けた。客を呼ぶにあたっては「過去に直接会っていない、または限られた状況での対面しかしていない」ゲストは禁じられていて、みな冗談半分に「グルーピー〔有名人と親密な関係になりたがる女性〕禁止ルール」と呼んでいた。ゲストは全員、到着に際して一定期間の隔離を求められ、その後も敷地内に留まり、検査を受け、マスクを着用し、移動するときは公式な交通機関のみを利用することになっていた。

ゲストとしてやってくる家族たち、すなわち大半が妻、ガールフレンド、幼い子どもたちから成る一行は大人数で移動することが多く、コロナド・スプリングス・リゾート内のルイ・ヴィトンの鞄、グッチのサングラス、ヴェルサーチの服の割合を劇的に増加させた。二か月バブルにいるあいだに香水の匂いを忘れていたが、ある日の午後、ラプターズの選手の家族三人が自転車に乗ってわたしを追いこしていったときに思いだした。香りの壁に頭から突っこんでいったせいで、たちまちマスクの下で咳が出た。

家族たちは節度をもって観戦することを求められ、野次を飛ばすのを禁じられていたいっぽう、コート近くのすばらしい席を与えられていた。彼らの到着が試合の結果を左右するだろう、とわたしは踏んでいた。とりわけブレイクへの発砲のあとの、精神的に厳しい状況では。ヤニス・アデトクンボとガールフレンドのマライア・リドルスプリガーは、二月にはじめての子ども、リアムの誕生を発表していた。わずか五か月後、父と息子は離れ離れになる。愛くるしい乳児が父親のユニフォームを着てコートサイドの席に座っていること以上に、幸運をもたらすものなどあるだろうか。

だがリアムの登場も、アデトクンボとバックスが不振から脱するきっかけにはならなかった。ヒートに敗戦した第一戦で、現MVPはわずかシュート六本に留まり、八本のフリースローを失敗し、終盤ジミー・バトラーに好き放題にプレーされてもなすすべがないようだった。のちにアデトクンボは試合後半、バトラーのマークをさせてほしいとコーチのマイク・ビューデンホルツァーに頼まなかったのかと訊かれて、彼らしくない答えをした。「やつを抑えるために？　いや、頼んでいない」。その口調にはとげがあった。「なぜ、そんなことを訊く必要がある？　おれはコーチが求めるとおり動くだけだ」

それは意味深なやりとりで、バックスに亀裂が生じつつあることを物語っていた。アデトクンボはNBA最優秀守備選手賞の受賞者で、バトラーはヒートきってのペリメーターの選手だ。常識的にいえば、バックスはプレーオフで前者を後者にぶつけるべきだった。とりわけ第一戦で四十得点したバトラーは絶好調だったのだから。

マッチアップの決断は、あらかじめ用意されていたものではなかった。アデトクンボはバブルに来てからというものファウルを取られつづけ、ペリメーターでオンボールのストッパーを務めるより、リング近くでディフェンスを補助するほうが効果的だった。懐疑派にとってアデトクンボの答えは、闘争心と試合への計画的なアプローチの欠如を意味し、ビューデンホルツァーはプレーオフ中に修正を加えることに後ろ向きなのではないか、という不安の裏づけになった。いっぽうアデトクンボの擁護派には、彼の答えはコーチへの忠誠心とバックスの戦略への信頼を意味していた。

どちらにしてもラプターズ同様、バックスは地に足がついていなかった。誰もジェイコブ・ブレイクの事件を言い訳にしようなどとしていなかったが、それでも今はまだプレーにふさわしい時期ではない、という空気が漂っていた。ちょっとしたところでそれが感じとれた。たとえばＮＢＡでプレーする兄弟ふたり、すなわちチームメイトのタナシスとレイカーズのコスタスと、バブルで片ときも離れずにいたアデトクンボが、二か月近く離れていた家族の来訪をどう思うかと訊かれても表情をやわらげなかったとき。「息子とガールフレンドが来てくれて、なじみの顔を見られるのはうれしい」と、彼は淡々と言った。「だが、おれたちにはまだやるべき仕事がある」

キャリアを通して常に期待以上のパフォーマンスを見せてきたアデトクンボにとって、期待に応えられないというのは未知の悩みだった。二〇一三年のドラフトに十八歳で挑んだとき、一部のチームは成熟するまで国外に留まるべきだという評価を下した。だが彼はすぐさまＮＢＡ入りし、十九歳のルーキーとして二十三試合に先発した。二十歳のころには、プレーオフ進出チームの不動のスターターになっていた。二十一歳でバックスの準得点王、二十二歳でオールスターゲーム選出、オールＮＢＡチーム選出、ＮＢＡの最成長選手賞、二十三歳で得点王トップファイブ。二十四歳でＭＶＰに輝き、オールスターチームのキャプテンを務め、イースタン・カンファレンスのファイナルに進出したバックスの看板選手だった。

二十五歳のころにはバスケ界のベストプレーヤーの座を賭けて、レブロン・ジェームズやカワイ・レナードと競っていた。わたしはアデトクンボに、バスケ界のどんな選手にも劣らない尊敬の念を抱いていた。恵まれない環境から身を起こして、ありとあらゆる困難に打ち勝ってＮＢＡ入りを果たし、大金持ちとしての新しい人生にも、よりよい自分になるため全力を尽くすという姿勢でうまく対応した。シャイな痩せっぽちの若者から屈強な男に変身し、怪我で欠場することもほとんどなかった。オフェンスの技術を学び、ディフェンスの戦術眼を磨き、身体的な資質を最大限に生かした。アウトサイドからのシュートをねばり強く練習し、自分にできる最大の結果を出そうとした。

わたしがアデトクンボについて最も気に入っているのは、得点力とリバウンド奪取の能力を磨き、デビューから七シーズンは毎年PER〔選手の影響力を示す数値〕を伸ばしたことだ。祖父が成人してからずっとミシガン州の車工場に勤めていたこともあり、わたしはアデトクンボを生きて呼吸する組み立てラインのように思っていた。彼のスタッツは、そのラインから出てくる製品だった。NBAの試合を知り、アメリカ生活になじんだあと、アデトクンボは毎年アウトプットを改善する新しい方法を見つけてきた。けっして満足することはなく、リーグの顔になってからもそれは変わらなかった。

その人間離れした体格と筋力にもかかわらず、アデトクンボはわたしが愛してやまない選手のひとり、小柄なジョン・ストックトンを彷彿とさせた。ふたりはまったく身体的な条件が異なり、選手としてのバックグラウンドも、プレースタイルも、スキルの種類もかけ離れていた。だがユタ・ジャズの偉大なポイントガード同様、アデトクンボも自身の潜在能力をすべて開花させたという思いとともに引退していくことだろう。

いっぽうアデトクンボは、ヒートを倒すには今以上のものがさらに求められていることを悟りつつあった。レギュラーシーズン中、バックスの五十六勝十七敗という戦績の立役者となった彼だが、今は早い時間帯に疲労し、判断ミスを犯し、ヒートが自身をリングに近づけないために築いた「壁」のようなディフェンスを破れずに苦しんでいた。ビューデンホルツァーはかたくなに、アデトクンボの一試合の出場時間を三十六分までに絞っており、ここ一番のプレーオフに挑むとき、全盛期では四十分以上出場していたスーパースターたちとは大きな差があった。アデトクンボがコートを去ると、バックスはたいていペースが乱れた。

アデトクンボ率いるバックスが、優勝候補として扱われることに困惑を覚えはじめていたいっぽう、バトラー擁するヒートは期待値の低さを歓迎していた。ヒートは野戦病院と化したインディアナ・ペイサーズを一回戦で粉砕し、アデトクンボのことも恐れていなかった。複数のポジションができるオールスターゲーム選出のセンター、バム・アデバヨがいて、MVPの身体能力に対抗する見込みがあったからだ。アデバヨがリングを守り、層の厚いウィングが規律あるディフェンスを見せるなか、ヒートはレギュラーシーズンを四十四勝二十九敗、東側の第五シードとして終えていながら、同地区のトップチームによく対応していた。

バックスがシリーズに勝つだろうし、勝つべきだとわたしは思っていたが、個人的な経験からしても、バトラー擁するヒートが簡単に屈しないことはわかっていた。二〇一五年、スポーツ・イラストレイテッドに寄稿していたころ、わたしはバトラーにとって初のカバーストーリーを執筆した。その半生をたどっていると、彼の並外れた競争心、バスケットボールも人生も全力疾走という哲学は、テキサス州トムボールという小さな町でホームレスとして過ごしていた十代のころ培われていたことがわかった。おそらくバトラーは、バブルが求めている起爆剤となり得るタイプの選手だった。

少年時代、バトラーは父親と生き別れ、十三歳のとき実の母親に家を追いだされた。友人の家に転がりこみ、二年ほど他人の家を渡り歩いていたが、ようやく友人のひとりの母親であるミシェル・ランバートが引きとってくれた。はじめて会ったときバトラーは「傷ついた小鳥」のようで、誰のことも信じていなかったと白人のランバートは言った。高校時代のバトラーは粗削りかつエゴ剝きだしのビッグマウスで、ディヴィジョン1のオファーは来なかった。「いつも世界と敵対している感じだった」と、二〇一五年に彼は語った。「ずっと長いこと、そう思っていたんだ」

テキサス州の短大からマーケット大での三年間へと、バトラーは異色のルートでＮＢＡに近づいていった。マーケット大ではコーチのバズ・ウィリアムズから愛のこもった厳しい指導を受け、ディフェンスとリバウンド奪取という泥くさい仕事を叩きこまれた。「おまえは箸にも棒にもかからないと言われたよ」と、当時のやりとりを思いだして笑いながらバトラーは言った。自分にとって必要な言葉だったという。

ウィリアムズはこの若者の中に卓越した運動神経とオールラウンドな能力、高いバスケＩＱを見出していたが、師匠が必要なことも見抜いていた。二〇一〇年のＮＣＡＡトーナメントで決勝弾を許したとき、バトラーはすっかり意気消沈し、その場面の写真を印刷して寝室の壁に貼り、自分の欠点をつねに思いだすようにしたという。「たった一度のポゼッションが人生を変えることもあると、彼は学んだんだ」と、ウィリアムズは言った。

子どものころ安らぎの場所をもたなかったバトラーは、たいていの人間には思いつかないようなやり方で自分やまわりを追いこむと、わたしはじきに悟った。彼は早朝のトレーニングを好み、おなじようなワーカホリックたちと親しく付きあい、試合にじゅうぶん集中していないと感じたら味方と喧嘩もした。コーチやチームメイトを対面あるいはインタビュー時に批判し、シカゴ・ブルズ、ミネソタ・ティンバーウルヴス、フィラデルフィア・セブンティシクサーズを二年間で渡り歩いたときは、いつもわずかに苦い後味を残していった。

スポーツ・イラストレイテッドの記事を仕上げていたころ、バトラーに電話口で延々と罵倒されたことがある。わたしは努めて冷静でいようとしたが、荒っぽい言葉が矢継ぎ早に飛んできた。いら立ちの理由はわかっていた。記事を書く際はファクトチェックが必須だが、その過程は誰にとっても煩わしいものだ。バトラーがいっこうに収まらないので、わたしもついに声を荒らげた。すると彼は瞬時に態度をあらため、問題になっていた箇所について話しあうことができた。もしかして試されていたのだろうか、と電話を切りながら思った。

わたしにとっては仕事の範囲の電話だった。バトラーにとっては勝負の場だった。わたしはＮＢＡ記者として出張した先で冷蔵庫のマグネットを何百個も手に入れていたが、ジミー・バトラーというマグネットを蒐集したような気分で記事を入稿した。自身の信念を守り、他人の指図は受けないという、バトラーの強烈かつ果てしない願望に初めて接したわけだ。彼は人間関係を失うことも、業界の常識から逸脱することも恐れず、ビジネスの相手をなくすことさえ恐れていなかった。激動の少年時代に、ほとんどすべてを失う経験をしてきたからだ。「ジミーは『先を急ぐ』ことが習い性になっています」と、ランバートは言った。「前進して結果が出ているかぎり、彼とのあいだに問題は起きない。でもこっちが足を止めるか、一瞬でもスピードを緩めると、すべてがご破算になりかねません」

マイアミ・ヒートはバトラーにおあつらえむきのチームで、本人も二〇一九年にフリーエージェントで訪れたとき、すぐそのことに気づいたという。マイアミはヤシの木、太陽、ナイトライフの都市だ。ヒートは華やかで派手だった二〇一二年と二〇一三年のタイトル争奪戦を、かの華やかな四人組とかけて、「ヒートルズ」と呼ばれていた。レブロン・ジェームズも「その才能を引っさげてサウスビーチに行き」、ドウェイン・ウェイドやクリス・ボッシュが在籍し、バスケファンと愛憎相半ばする関係を築いていたスター軍団でプレーした。

ジェームズが二〇一四年にキャヴァリアーズに復帰し、ヒートルズが解散したあと、チームを支配したのは球団社長のパット・ライリーとコーチのエリック・スポールストラだった。ともに勝利とハードワークしか頭になかった。ライリーは七十代半ばで、人生の半分以上をＮＢＡ選手、コーチ、エグゼクティブとして過ごしてきた。一九七二年にレイカーズのタフなガードとして初タイトルを獲得し、ヘッドコーチおよびリードエグゼクティブとして七度戴冠した。それでもまだ満足せず、バブルという不便な環境も厭わずヒートの試合の観戦にやってきて、二百レベルの高さの席から熱心に声援を送っていた。アクセス権限は第二区域、すなわち会場には入れるが、コートへの立ち入り、選手との接触、チームホテルの滞在は不可という状況だった。

ポートランド大の元選手にして長年のNBAエグゼクティブの息子であるスポールストラだが、いわゆる叩き上げだった。最初は映像コーディネーターとして仕事をし、アシスタントコーチを経て、四十代前半のときヒートルズを四年連続のファイナル優勝に導くことになる。質問に対して極力、言葉数を費やさないことで知られるスポールストラは（選手からは「スポ」と呼ばれていた）、「ヒート・カルチャー」と呼ばれるチームの空気を牽引していて、選手には高いフィットネスと責任ある行動を求めた。

ヒート・カルチャーをひとことで言うなら、チームの理念と自己改革に邁進《まいしん》するというものだ。ヒートは過酷なトレーニング・キャンプと、選手の体脂肪を計測することで有名だった。ライリーはつねにスターをフリーエージェントで売り出していたが、彼らのアプローチはチームの門を叩いた選手なら誰であれ徹底的に使うことだった。ルーキーは慎重に育成された。ベテランはキャリア最高の状態になることを求められた。ロールプレーヤーは得意とするプレーに徹し、余計なことはしないよう言われた。誰もが厳しい鍛錬を求められた。

ウェイドと親しかったバトラーは何を求められるか知っていて、二〇一九年の初のフリーエージェントの会談では、それを喜んで迎えた。「ざっくばらんな話ができた」と、スポールストラは言った。「二十分が過ぎるころには、競争や鍛錬、チームの方向性について完全に見かたが一致しているのがわかった。ただ食事をしたようなものだったよ。雑談していたんだ。話が始まって五分くらいで、彼はパットとわたしをさえぎって言った。『加入します』。われわれは面食らった。『まだ売り込みもしていないじゃないか』とね」

ヒートルズの四年連続ファイナル優勝を取材していたころ、わたしはスポールストラを評価しかねていた。彼は試合後のインタビューに歯の治療でも受けるようにして臨み、ほとんどの質問の最中は歯を食いしばり、そそくさと部屋を出ていった。選手の負傷の状況や戦術的な修正の可能性については、州レベルの機密事項のように口を閉ざした。あのころわたしは彼が、気難しい態度をとることで若さと経験不足を補おうとしているのかと思っていた。

バブルに来て、スポールストラにとってはそれが自然な振る舞いなのだとわかった。バトラーをふくむ多くのワーカホリック同様、彼はせっかちで、時間を無駄にするのをひどく嫌った。メディアとのやりとりは、ＴｏＤｏリストの次の項目に取りかかる前の障壁だったわけだ。ごく稀に踏みこんだ話をすることもあったが、それらは決まってハードワークの価値を強調し、見えないところでの選手たちの努力を称えようとするものだった。

八月の盛り、午後の気温は三十八度近くまで上昇し、外を散歩すると服が体にへばりついた。五キロほど歩くと、水を飲むために足を止めずにいられなかった。わたしはその状況を一種のマゾヒズムとして受け入れていたが、ほかの人びとはほぼ全員、一日の最悪の時間帯を避けるように運動の予定を組んでいた。

だがスポールストラはまったく意に介さず、耐えがたい気候のなかでほとんど汗もかいていなかった。厳しい表情を崩さず、きびきびと歩き、すれ違うときは少しだけ手をふっていった。わたしは八月も九月も、一日も散歩を欠かさなかったが、おそらく彼もそうだったのではないか。ほとんど誰も見ていなくても、日々の歩行距離を積み重ねていたはずだ。そんな人物像を補完するかのように、スポールストラはよく胸元に「ヒート・カルチャー」とシンプルに書かれたシャツを着ていた。

万人向けではないバブルだが、スポールストラやバトラーらが大半の選手よりうまく適応することは予測できた。彼らはよそのチームを悩ませている居心地の悪さや不便さとも折り合いをつけていた。能力で上回る敵に敗れることがあったとしても、ディズニー・ワールドの環境に潰されることはなさそうだった。

第二戦はバックスにとって勝たねばならない試合のようなもので、第一クォーターの時点では硬さが見えた。攻撃の主導権を握っていたのはヒートで、球を回し、七人が得点して十点以上を稼いだ。アデトクンボは二十九得点に十三本のフリースローという頑張りを見せたが、バックスご自慢のドライブアンドキックのオフェンスは影をひそめていた。バックスの攻撃はアデトクンボがゴールにたどりつき、敵を引き寄せ、ペリメーターでオープンなシューターを見つけるのが前提だった。彼らにはプレーメーカーが欠けていたが、レギュラーシーズン中はアウトサイドからの攻撃に長けたロールプレーヤーの働きで補っていた。

ヒートはアデトクンボをインサイドで自由にさせず、ペリメーターでのシュートに対抗するため地道にローテーションして、敵のアプローチを無力化した。第二戦でバックスは、アウトサイドからのシュートが枯渇した。アデトクンボのシュートは安定性を欠き、チームメイトもこぼれ球を次に繋げられなかった。アデトクンボが第一クォーターの途中でベンチに下がると、バックスは半ば機能不全に陥り、ターンオーバーを犯し、彼が戻ってくるまで無意味なシュートを放ちつづけた。

後半アデトクンボはあらためて何度もゴールを狙い、フリースローを成功させ、レイアップやダンクシュートをなんとか決めて、バックスを逆転可能な位置に保ちつづけた。だがヒートがまだ四点リードしており、球も支配していて、残り十五秒足らずとなったとき、バックスのベンチは苦悶の表情で試合を見つめていた。

にわかにシーズンが危うくなってきたバックスは、バトラーをとらえてターンオーバーを奪い、ブルック・ロペスがレイアップを決めてスコアを一一三対一一一にした。バトラーがすぐさまファウルを取って得意のフリースローを決め、残り七秒の時点でリードを三点に戻す。オーバータイムが必要になったバックスがクリス・ミドルトンに球を渡すと、スリーポイントラインの数歩後ろからシュートが飛びだした。ミドルトンはその勢いで前のめりになって、両足を踏んばり、両手を上げてシュートを防ごうとしていたヒートのガード、ゴラン・ドラギッチとコンタクトした。そのままコートに倒れこむと、不可解なことに審判のマーク・デイヴィスはドラギッチのファウルを取った。

それはオーバータイムを呼びこむかもしれない贈りもので、バックスの希望の灯をよみがえらせ、シリーズを逆転する可能性さえ秘めていた。ミドルトンは三本のフリースローをすべて決めて、残り四秒の時点で百十四点の同点にした。

バトラーは第一戦の魔法を再現できず、終盤のターンオーバーとフリースローの失敗が、チームをもろに厄介な状況へと追いこむことになった。だがヒートがどこから最後のシュートを狙うかは明らかだった。バトラーが左のコーナーでボールを受け、ウェズリー・マシューズがシャドー〔味方のボール運びを助け敵のディフェンスを邪魔する動き〕に入る。残り二秒弱のところで、アデトクンボがバトラーにダブルチームをかけようと走り寄ってきた。オープンの選手にパスするのではなく、決勝点となるシュートを狙うと確信していたのだろう。

その直感は正しかったが、アデトクンボはやや勢いこみすぎた。バトラーがコーナーでステップバックシュートを打ったとき、アデトクンボは激しく寄せて、はずみで相手にぶつかっていった。ボディブローではなく当たったという程度だったが、コンタクトしたのは明らかで、バトラーは倒れこんだ。先ほど逆のエンドでドラギッチのファウルを取ったばかりのデイヴィスが、また笛を吹く。バトラーは試合を決める二本のフリースローを与えられた。

アデトクンボは信じられないというようにデイヴィスを見やったが、地団太を踏んだり、怒鳴ったり、審判に詰め寄ったりはしなかった。かわりにサイドラインに向かっていき、コートと観衆を隔てるフェンスの上に座り、膝に肘をついて前かがみになった。ビューデンホルツァーとバックスの選手数名がアデトクンボに代わって抗議したが、本人は動かず、うつむいて頭のてっぺんを腹立たしげにさすっただけだった。試合を救うはずのブロックが、試合を落としかねない失策になってしまった。残り時間はなく、すなわち逆転のチャンスもなかった。

バトラーがフリースローを両方決め、試合は終わった。ヒートは後半、崩壊寸前になりつつもバックスを二連敗という窮地に追いこんだというわけだ。審判のデイヴィスは、バックスを救うかわりに息の根を止めた。

ブザーの数分後にロッカールームへ向かうと、バックスの共同オーナーのひとりマーク・ラスリーと、NBAのバスケットボール部門の副部長キキ・ヴァンダウェイの電話のやりとりが断片的に聞こえてきた。バックスの夢のシーズンは風前のともしびで、ラスリーは不服そうだった。翌朝の記事で、ESPNのジャッキー・マクマランはラスリーからこんなメールが届いたとしていた。「ああいった形で試合に負けるのは間違っている」

けっして怒りっぽいたちではないビューデンホルツァーも黙っていなかった。「審判の判断、決定とそのタイミングには失望している。試合を裁くのは難しい。審判に対しては大きな敬意をはらっている。だがわれわれには、われわれの見かたがあるんだ。今回のことには納得できない」

当事者として判定に不満を述べなかったのが、アデトクンボだった。「ジミーがプレーしにくいようにするつもりだった」と、ゆっくりと平坦な口調で言い、その目は遠くを見ていた。「審判はコンタクトを取った。そうかもしれない。そうだったんだ。おれはシュートを防ごうとしていた」。アデトクンボはなぜ自分がダブルチームという選択をしたのか、むしろその点を説明したがっていて、時間ぎりぎりの状況でバトラーは「パスをするはずがなかった」から自分は「正しいプレーをした」と言った。「こういったことは、キャリアの中では何度もやっている」

わたしはそのとき、アデトクンボの潔さを大いに尊敬した。自分のせいでチームが試合を、ことによってはシーズンを落としたと心底思っているような態度と口調だった。選手はよく審判に責任転嫁するもので、今回もそれが簡単な方法だったはずだ。だがコートでの反応や試合後のコメントからは、彼がほかの誰でもなく己を責めていることが明らかだった。

バトラーにファウルしたのは、アデトクンボのキャリア最大のミスだったはずだ。バトラーは大学時代、苦い経験を通して「たった一度のポゼッションが人生を変える」ことを学んでいたが、アデトクンボもおなじ真実を受け入れることを余儀なくされていた。バックスは第四クォーターで奇跡の逆転を狙っていた。それがチーム最高の選手の一瞬のあやまちによって失われたのは、残酷なことだった。公式に敗退したわけではなかったが、すでに終わりは見えていた。

アデトクンボが誰のこともやり玉に挙げなかったいっぽう、メディアとバックスのファンはそのかわりを務めるのに忙しかった。あらゆる方向に矢が乱れ飛んだが、それもやむを得ないことだった。アデトクンボ抜きのバックスの序盤が散々だったことからもわかるが、ビューデンホルツァーはもっと彼に出場時間を与えるべきだった。ポイントガードのエリック・ブレッドソーは、ポストシーズンのパフォーマンスが不安定だという不名誉な評価を新たにしていた。バックスのスリーポイントシュート、チームの化学反応、コート外での雰囲気はどれもレギュラーシーズンとは別物で、ゼネラルマネージャーのジョン・ホーストがベテラン選手を獲得したことも、あまり効果を発揮していなかった。ガードのマルコム・ブログドンの不在も痛かった。オーナー陣によるコストカットという決断のため、シーズン前にトレードに出されていたのだ。

バックスは第三戦で崩壊した。アデトクンボは序盤で足首をひねったことがオフェンスに響き、シュート二十一本で二十一得点に留まり、スリーポイントシュートは七本すべて外した。ヒートは終盤で一七対一のラン〔ある時間帯に点差を広げること〕を仕掛け、一一五対一〇〇で勝利した。バックスはラスト四分四十秒のあいだ得点がなく、屈辱的な四連敗まであと一敗ということになった。

何も語るべきことはなかったが、アデトクンボはおだやかに、必要とあらば「もっと出場できる」と言った。その点を議論するのはあまりに遅すぎた。アデトクンボとミドルトンを慎重に扱っていたのは間違いではなかったとビューデンホルツァーは言い、厳しいプレーオフで三十六分以上プレーするのは「限界に挑ませる」ようなものだとした。あまり説得力のない主張だった。ライバルチームのスター選手たちはバブルでも日常的に四十分超プレーしていたのだし、多くの批評家が、まさに次の試合でミドルトンが四十七分出場したと指摘した。

第四戦はバックスの傷口を広げただけだった。アデトクンボはこの試合でもまた、足首を痛めて倒れこんだ。バブルで最も不穏だった場面というべきか、彼は痛みに悶え、会場に響きわたる声で悪態をついた。兄のタナシスの手でサイドラインに連れていかれ、そのまま試合に戻らなかった。だがバックスはミドルトンの三十六得点でオーバータイムに試合をものにして、会場にいた全員を驚かせた。ヒートは珍しいことに、主力を欠いた相手に逆転を許した。

だがその勝利も、バックスには気休めにしかならなかった。第五戦では負傷したアデトクンボを温存することになり、ヒートは一〇三対九四で試合をしめくくって、シリーズをものにした。勝ってコートを去るとき、バトラーの顔に笑みらしい笑みはなかった。チームはこれでプレーオフ八勝一敗だったが、いつものように先を見すえていたのだ。「あと八勝しなければ」と、バトラーはTNTに言った。キャリア初のファイナル出場が突然、手の届くところまで来ていた。

毎シーズン、バックスは最低でもイースタン・カンファレンスのファイナルに駒を進めていた。NBAの歴史において十ポイント以上のゲーム差をつけた十二チームのひとつで、つまりシーズンを通して試合ごとに十得点以上の差をつけて勝ってきたというわけだ。これらの十二チームのうち、八チームは優勝した。バックスは十一チームのどこよりも早く、プレーオフから姿を消した。

キャリアで初めて、アデトクンボは期待を裏切った。七年連続で驚くべき成長を遂げてきた男が、二〇一九年のイースタン・カンファレンスのファイナルの出来に大きく及ばなかった。二〇二一年のフリーエージェントと、バックスを去る可能性は以前から取り沙汰されていたが、アデトクンボはシーズンに終止符を打つ敗退のあと、言葉選びに慎重だった。

「チームとして今回のことから学び、より強くなって戻ってきたい」と、これ以上状況を悪くしないよう気をつけながらアデトクンボは言った。「これから長年にわたって、毎年チャンピオンシップで戦えるような空気をバックスにもたらしたい」

ビューデンホルツァーはアデトクンボに枷をかけている、チームが次の一歩を踏みだしたいと考えるならブレッドソーにも居場所はない、という確信を胸にわたしは会場をあとにした。プレーメイクのできる選手がもっと必要で、ブログドンの放出は間違いだったと言っていたバックスの「アンチ」たちは正しかった。アデトクンボにとって、バブルは忘れてしまいたい記憶になったはずだ。彼にはもっと支えとなる選手たちが必要だった。

ブレイクへの発砲事件がこうした事態を生んだわけではなかったが、問題を迅速に解決できないバックスの能力不足は浮き彫りになった。わたしにとって、バックスの敗退はバブルにおける最も切ないできごとだった。パンデミック前まではすばらしいチームだったのに、ディズニー・ワールドでは輝きが半減してしまった。

ビューデンホルツァーはといえば、選手たちが抗議活動を行なったときは誇らしかっただろうが、試合内容が期待を裏切るものだったことについてはどう受けとめているのか、と最後の記者会見で訊かれて言葉に詰まった。

「チームの価値観、空気、人権を守ろうとする姿勢、先日やったように歴史の正しい側に立つこと。それらにはとても心打たれている」と、彼は言った。「すばらしいチームだ。勝つことは大事だよ。開幕からずっと大きな期待を背負い、そのままシーズンを過ごしてここへやってきた。もちろん期待に応えたいと思っていた。コート内外でそれができたらすばらしかっただろう。だがどちらかを選べと言われたら、高い倫理観をもち、何かのために立ちあがる選手たちをとりたい」

ビューデンホルツァーはすばやく立ちあがり、メディアに礼を言って、早足で出口に向かった。なんということだ。わたしが優勝候補として挙げた三チームのひとつが追い出された。レイバー・デーまでもつことさえなかった。

# 第14章　西側の脅威

思いがけないチームが勝利するまで、プレーオフは始まらない。一回戦では、有力な八チームはすべて駒を進めた。マイアミ・ヒートはレギュラーシーズン中の順位ではインディアナ・ペイサーズに一ゲーム差をつけられていたが、ペイサーズが負傷者だらけだったせいで、楽に勝ち進むことができた。いっぽうウェスタン・カンファレンスの四位と五位対決では、ヒューストン・ロケッツはオクラホマシティ・サンダーを下すのにまるまる七試合を要したが、それでも勝ち進んだ。

シーズン全体が、ウェスタン・カンファレンスのファイナルでのレイカーズとクリッパーズの激突に向けたカウントダウンのようだった。ＮＢＡはオープニングナイトとクリスマス・デーに両者の対戦をもうけ、ライバル心を煽るとともに、バブルでのシーズン再開の初日にも対戦させた。

盛り上がりにはいろいろと理由があった。まずスター選手のそろい踏みだ。レブロン・ジェームズ、アンソニー・デイヴィス、カワイ・レナード、ポール・ジョージがおなじシリーズで登場するのは、いささか贅沢が過ぎた。チームの立ち位置としては好対照で、レイカーズは金満チーム、クリッパーズは叩き上げというわけだった。

クリッパーズはポストシーズンの戦績がいまひとつ振るわないのを、チームの魂とねばり強さを強調するキャンペーンで補おうとしていた。ロサンゼルスじゅうのバスの車体や看板に、「スポットライトではなくストリートライト」、「個の力よりチーム力」、「与えられるより求めろ」といったメッセージがあらわれた。ハリウッドのセレブたちがレイカーズに肩入れしていることを、クリッパーズはおおいに認めていた。華やかさという意味ではレイカーズにかなわないので、ちゃらちゃらしていない、地に足のついた「この街のバスケチーム」になろうとしていたのだ。

ジェームズとレナードは、巨頭対決の看板にぴったりだった。ふたりには根っから違うところが山ほどあったからだ。ジェームズは高校時代から全米で騒がれていて、ドラフトでも全体一位指名だった。レナードは名門といわれるデューク大でもケンタッキー大でもないサンディエゴ州立大に進学し、ドラフトでもロッタリーピック〔十四位以内の指名〕ではなかった。ジェームズは魅力あふれるヒートのスーパースターとして初のタイトルを手に入れた。レナードは地味なサンアントニオ・スパーズの一員として手に入れた。

ジェームズはNBA史上屈指の得点力とパスの鋭さを誇る選手だ。いっぽうレナードが注目を集めたきっかけはディフェンスの強さで、二〇一三年と二〇一四年のNBAファイナルではジェームズをシャドーした。ジェームズはバスケ界随一の活動的な選手で、インスタグラムを使って練習や、家族と食卓をかこむ様子をファンに公開する。レナードは内向的で、ネット上で存在感を放つことには興味がない。ジェームズはメディア対応に長けていて、しじゅうコンテンツを提供し、多くの報道を生むひとことを放つことができる。レナードは試合後のインタビューになかなか登場せず、マイクの前では型どおりのせりふをつぶやくのみだ。

これだけ性格が違ういっぽう、ジェームズとレナードはどちらも完成度の高い選手で、輝かしい戦績を誇っていた。ともに三つの所属チームで、いずれも優勝を狙っていた。ジェームズはヒートにいた二〇一二年と二〇一三年、キャヴァリアーズの一員だった二〇一六年にタイトルを獲得している。レナードは二〇一四年にスパーズ、二〇一九年にラプターズの一員として優勝していた。ともにロスターの構成について発言力があった。たとえばジェームズは親しい友人である代理人のリッチ・ポールとともに、二〇一九年のトレードでデイヴィスを獲得できるよう画策した。レナードはおなじ夏に、ジョージを獲得するなら、という条件でクリッパーズと契約した。レイカーズ対クリッパーズはスーパースター対決、スタイル対決、ふたりがその手で選んだ「友人対決」が約束されていた。

いっぽうヒートがバックスとの対決を制したことは、バスケ界全体にとって衝撃だった。ジェームズがバブルを「新しいシーズン」と表現し、三月までの出来と無関係だと言ったのは印象的だった。けれどもヤニス・アデトクンボが、ジェームズやレナードに挑戦するはるか手前で帰宅することになったのは、まったく次元が違った。バックスの負けっぷりがあまりにあざやかだったので、レイカーズやクリッパーズが盤石なのかどうか、問い直さなければいけなかった。

二チームのうち、一回戦ではクリッパーズのほうがより不安定にみえた。レイカーズは五試合で難なくブレイザーズをひねった。ブレイザーズがプレーオフ進出を賭けた戦いで疲労し、ジェームズやデイヴィスを抑える人材に欠け、膝の故障でリラードを失っていたにしてもだ。いっぽうルカ・ドンチッチ擁するダラス・マーヴェリックスは、クリスタプス・ポルジンギスを途中で怪我のため失ったにもかかわらず、クリッパーズに六試合することを強いた。

クリッパーズは山ほど難題をかかえていたが、最大のものがドンチッチへの対処だった。二十一歳のスロヴェニア出身の新星は、バブル期間を通してすばらしい二年目のシーズンに花を添えた。生来のショーマンで、観客の前でプレーすること、審判とやりあったり、一心不乱にプレーしたりすることを愛していたが、バブルという環境にもすぐなじんだ。二〇一八年のドラフトでＮＢＡにやってくるまで、すでに何年も国外でキャリアを積んでいて、試合を純粋に楽しんでいた。ＮＢＡファイナルが屋外のアスファルトの上や、月面の宇宙ステーションで開催されるといわれても、表情ひとつ変えなかっただろう。

ドンチッチは華々しく登場し、第一戦ではクリッパーズに黒星を喫するものの四十二得点した。初めてポストシーズンに挑んだＮＢＡ選手としては過去最高だ。クリッパーズの戦術はつねに、バスケ界を代表するペリメーターのストッパーであるレナードとジョージを軸にディフェンスを敷くというものだった。プレシーズンのイベントでジョージは、得点が量産される現代では「失われた芸術」であるディフェンスに力を入れるという点で、レナードと意気投合したと語った。

だがドンチッチにやすやすと守備を切り裂かれ、コーチのドック・リヴァースは苦しい立場に置かれた。「得点だけならしかたない。得点とアシストの両方で下回るわけにはいかない」。理論上ドンチッチを止め、周囲の選手たちを抑えるのにクリッパーズほど向いているチームはなかったのだが、バブルでの彼らのディフェンスはどこか嚙みあっていなかった。

ジョージは精神的に万全ではなかったと言い、バックコートのストッパーのパトリック・ベヴァリーはふくらはぎを故障していた。ルー・ウィリアムズはマジック・シティ騒動に足をすくわれ、センターのモントレズ・ハレルはバブルを出て祖母の葬式に参列したため、最初の八試合を逃していた。リヴァースはあちこちに開いた穴をふさいでいたが、まだ水が漏れているという状態だった。

荒れた第四戦では、流れが何度も大きく変わった。ドンチッチはまたしても好調だった。序盤のリードを失ったあと、クリッパーズは残り数分で四点差を追いつき、オーバータイム〔延長戦〕に突入した。互いにパンチを浴びせるような展開で、シーズン中盤から調子のよかったマーカス・モリスが残り九秒で決定的なスリーポイントシュートを沈め、クリッパーズに一点のリードを与えた。

ファウルの判定のあと、マーヴェリックスは残り三・七秒で左サイドラインに狙いを定めた。レナードにマークされていたドンチッチが、味方が敵の守備を遅らせているあいだにスローインを受け、よりマッチアップしやすいレジー・ジャクソンと対面した。勘を働かせて左にドリブル、右にクロスオーバー、もう一度クロスオーバーして、左に重心を乗せたステップバックシュートの体勢に入る。

一連のすばやい動きのなかで重心が後ろになっていたジャクソンは、シュートを防ぐため前方に身を投げようとしたが、ドンチッチはアークの二歩手前から視界を保っていた。残り一秒もないところで放たれた距離のあるスリーポイントシュートが、試合終了とともにリングを通過する。絵に描いたような「ヒーローボール」にチームメイトは狂喜し、センターコートでドンチッチに飛びついた。解説者たちはさっそく、若かりし日のジェームズやマイケル・ジョーダンによるプレーオフのブザービーターを引きあいに出した。

ドンチッチは四十三得点十七リバウンド、十三アシストだった。プレーオフの歴史において、三つのどのカテゴリでも前例のない数字だ。おまけに、第三戦の序盤での交代の原因になった左足首の捻挫をかかえてプレーしていた。「ただ決めるつもりだった。どんな気持ちだったか、うまく説明はできない。ボールがリングを通過したときも、チーム全員がこっちに向かって駆けてくるのを見たときもね。特別な何かだったよ。あんなに最高な気分だったのははじめてだ」

あとになって思えば、ドンチッチのシュートはバブルを通して最高の瞬間だったといえるかもしれない。あまりにすばらしかったので、無観客の会場にいることを忘れたくらいだ。物語の一場面のようだった。若さと怖いもの知らずの度胸、リングまで距離があっても打とうという意志、ポルジンギスを負傷で欠いた優勝圏外のマーヴェリックスを勝利へと導く力量。ドライなユーモアで知られ、大げさな言葉は口にしないコーチのリック・カーライルも、殿堂入りしているラリー・バードやジェイソン・キッドとドンチッチを比較した。

「これらの選手たちは、競争という面ではおなじ素材でできている。勝利への執着心と、手段の豊富さだ。ただボールをゴールに入れるだけではなく、チームメイトに自信を与えるんだ。ドンチッチは試合を5Gではなく6Gで見ている。おおかたの人間の視点とはレベルが一段違うんだ。よその惑星でのプレーのようだった」

クリッパーズは痛恨の敗戦を、昔ながらのやり方で乗りきろうとした。すでにポルジンギスを第一戦で退場に追いこんでいて、ドンチッチにもトラッシュトークを仕掛け、ラフプレーを見舞っていた。ハレルがドンチッチを「ろくでなしの白人のガキ」と呼ぶところが映像に残っている。のちにハレルは行き過ぎだったと謝罪し、ドンチッチは受けいれた。

だがそれはクリッパーズの陽動作戦の序の口だった。第五戦でモリスはコートの反対側に行き、スローインを待つドンチッチの痛む足首をまともに踏んづけた。第六戦では、ドンチッチの頭部に強いファウルを浴びせて退場になった。一度目は相手を責めなかったドンチッチだが、二度目は床から飛び起きて抗議した。チームメイトのボバン・マリヤノヴィッチがユニフォームをつかんで、喧嘩になるのを止めなければならないほどだった。身長七フィート四インチ〔約二二三・七センチ〕のマリヤノヴィッチがこんなに活動的になるのは、キアヌ・リーヴスの映画『ジョン・ウィック：パラベラム』にカメオ出演して以来だった。

リラードがベヴァリー、ジョージ、そしてクリッパーズのトラッシュトークを非難したのとおなじように、ドンチッチもモリスを糾弾した。「ひどいファウルだよ。二試合連続であういったことをしたんだ。最初のほうは故意ではないことを願っていたが、この試合のファウルを思いかえすと、やはりそうだったのではという気がする。ああいう選手とは関わりあいになりたくない」

第四戦のドンチッチのシュートのあと、クリッパーズは汚い振る舞いが増えたが、いっぽうプレーの質は上がっていた。三日間の中断前の最後となった第五戦ではレナードとジョージがふたりで六十七点とって、一五四対一一一の快勝をもたらした。得点数とプレーオフの試合での点差としてはチーム新記録で、シリーズを三勝二敗でリードする。優勝候補の名に恥じない反撃ぶりで、第六戦も一一一対九七で制して消耗戦を乗りきった。

クリッパーズの雰囲気といえば、達成感というより安堵だった。わたしの目からすると、場外乱闘にこれだけ頼る必要があるのは黄信号だった。相手はポルジンギスを欠いていたというのに、ドンチッチを抑えるのに苦心し、十点以上のリードを繰りかえしふいにして、大事な瞬間にミスを犯したのだ。好調のクリッパーズはやはり迫力があったが、土台のところではいろいろと改善の余地があった。「シリーズに出遅れたと思っていた」と、リヴァースは第六戦のあとで認めた。

どこかで少しだけ歯車が狂っていた。負傷者を多数抱え、先発が安定しないという事情を差し引いても明らかに集中力に波があり、泥くささも足りなかった。レナードは二〇一九年のラプターズの優勝争いにおいては大事な場面で貢献していたが、今回は時おりドンチッチに負かされ、判断ミスもいくつかあった。キャリアを通してポストシーズンの出来にムラがあるジョージは、一回戦の大半をシュートの大乱調に苦しみながら過ごした。

わたしはたびたびジェームズとレナードの相違点について考えていた。毎日のように、ジェームズがデイヴィスと一緒にいるところを目にした。ふたりは練習しながら笑いあい、コートでも密にコミュニケーションをとり、インタビュー中は互いをほめ、試合後は互いの記者会見に顔を出すようになっていた。ジェームズがカメラの外から、デイヴィスの話に茶々を入れることもあった。レイカーズのスターふたりはいつもいっしょにバスに向かい、年の差やチームメイトとして過ごしてきた時間の短さにもかかわらず、かたときも離れられない友人どうしのようだった。ふたりのプレーはいつもみごとに嚙みあっていて、バブルでもそれは崩れなかった。

いっぽうレナードとジョージには、おなじようなコート外での親しさや、試合中の化学反応が見られなかった。オクラホマシティ・サンダーで過ごした二シーズン、ジョージはラッセル・ウェストブルックと親友だと公言していた。ジョージがサンダーと再契約したとき、ふたりはパーティを開き、シガーを吸って祝った。だがレナードには、多少まわりと距離をおくところがあった。

クリッパーズのスターどうしの関係は温かみを欠いていた。選手たちが試合や練習にやってきて帰宅していく通常のシーズンなら、問題にはならなかっただろう。だがバブルでのタイトル争いは、だいぶ様相が違った。ジョージがメンタルヘルスの問題を告白したとき、リヴァースたちは彼を支えた。だがそれでも、クリッパーズのプレーぶりは寄せ集めのメンバーのように見えることがあり、インタビューの内容もときどき嚙みあっていなかった。

わたしはまだクリッパーズをタイトルレースの予想から外すことができなかったが、ドンチッチが彼らの倒しかたのマニュアルを作ったことは心に留めておいた。すなわちベンチからの野次は無視し、ビッグネームが揃っていてもディフェンスを恐れないというものだ。ジョージには一目置きつつ、少しでも隙を見せたら利用する。何よりも、つねにプレッシャーをかけつづけるのがよい。クリッパーズには序盤のリードを手ばなし、終盤にミスをする傾向があったからだ。クリッパーズにとって不運なことに、二回戦の相手デンヴァー・ナゲッツは、これらを着実に遂行していった。

だがそれに先立って、ナゲッツはユタ・ジャズとの厳しい七試合に勝たなくてはいけなかった。ノースウェスタン・ディヴィジョンのライバルどうしは互角だった。西側の第三シード、ナゲッツはレギュラーシーズンを四十六勝二十七敗で終え、四十四勝二十八敗にして第六シードのジャズをわずかに上回っていた。ナゲッツはガードのゲイリー・ハリスが腰に慢性的な故障を抱え、ジャズはフォワードのボヤン・ボグダノヴィッチが中断期間に手首の手術を受けていて、両チームともローテーションが完全ではなかった。言うまでもなく、ジャズのスターであるルディ・ゴベアとドノヴァン・ミッチェルは、NBAで最初にコロナ陽性になっていた。ナゲッツのオールスターゲーム選出のセンター、ニコラ・ヨキッチも海外旅行中に感染してバブル入りが遅れていた。

負傷者の多発と健康面の問題を考慮に入れると、マッチアップの行方は予測不可能だった。第一戦はミッチェルがキャリアハイの五十七得点を叩きこんだものの、ナゲッツが余裕をもって勝った。ディズニー・ワールドの狭さがよくあらわれているできごとだが、次の日ナゲッツのガード、ジャマール・マレーは敷地内でミッチェルと鉢合わせしたという。「バブルにいて驚くのは、試合の直後この男に会ったりすることだ」と、インスタグラムのストーリーに投稿していたマレーは、椅子に座ったミッチェルにスマートフォンを向けて言った。「五十七点決めたばかりのやつだぜ！」直接対決は始まったばかりだった。

ミッチェルの五十七点でも及ばないのなら、ジャズに勝機はなかっただろうか。そんなことはなかった。ジャズはそれから三連勝し、第二、第三戦では大差をつけ、第四戦では一二九対一二七という首の皮一枚の点差だったものの勝った。今度はシリーズ一勝三敗のナゲッツが窮地に立たされる番だった。第四戦ではマレーが覚醒してキャリアハイの五十点を決めたが、この夏いちばんの対決はミッチェルが五十一点という僅差で上回った。チーム一のペリメーターのディフェンダー、ハリスがいない状態では、ナゲッツにミッチェルを抑えるすべはなかった。彼は残り三分で十四得点して、第四戦に蓋をした。

敗退目前となったナゲッツのコーチ、マイケル・マローンとスタッフたちは、第五戦では全身黒といういでたちでサイドラインに登場した。二〇一九年はウェスタン・カンファレンスのファイナル進出まであと一勝だったナゲッツに、またしても悔しい、早すぎる敗退が迫っていた。中断期間の前、ヨキッチはバスケ界を代表するセンターとして評価を固め、ナゲッツはロサンゼルスの二強のかげで着実に白星を積み重ねていた。ところが四か月の不測の中断期間の最中にヨキッチ、マローン、そしてチームスタッフがつぎつぎとコロナに感染した。絶好調のミッチェルによって、五試合でノックアウトされるのは、上り坂の若いフランチャイズにとって明らかな後退のしるしだった。

カナダ出身の二十三歳のガードであるマレーに、そうさせるつもりはなかった。二〇一六年のロッタリーピックになった直後から、わたしは彼に強い関心をもっていた。ジミー・バトラーを思わせる異常なまでの努力家だが、その背景はまったく違った。バスケットボールがバトラーにとって家庭生活の穴を埋めるものだったいっぽう、マレーのバスケットボールとの関係は要求の高い父ロジャーの手で築かれていた。

少年時代から青年時代にかけて、マレーは将来のプロスポーツ選手として育てられていた。ロジャーは息子に長時間のシュート練習や果てしないコンディショニング・トレーニングを課し、瞑想の方法を教え、携帯電話の使用を禁止した。ESPNのジャッキー・マクマランが明かしたところによると、父は息子にバランス感覚を磨かせるため、わざわざアイスホッケーのリンクでバスケの練習をさせたという。「気持ちがどうのと言っている余裕はなかった」と、マレーは語った。「大事なのは、こなしていくことだった」

父の訓練のおかげで、マレーは名門ケンタッキー大の奨学金を獲得し、NBA入りを果たした。幼少時代が修行僧にも似て、非常に厳しかったのは間違いないが、バブル生活にはこれ以上ない準備だったのではないか。父ロジャーが息子に行き過ぎの指導をしていたのかどうか、判断は難しいが、メンタルヘルスに重点を置いたトレーニングはマレーの大きなアドバンテージになった。

わたしはディズニー・ワールド入りする三年ほど前に瞑想を始め、一日に長くて十分くらいやっていた。バブルでは気がつくと三十分ほどかけて朝のセッションを行ない、夜寝る前には少しだけ短い時間で二度目を行なっていた。バブル生活の疲れが増してくるころ、レブロン・ジェームズも試合前に深呼吸のエクササイズをしていた。この類のないストレスフルな環境で落ちつきを保てる人間がいるとしたら、それはマレーだっただろう。

マレーの試合前のウォームアップを観るのは目の保養だった。彼は流れるようなシュートの打ち手で、必ずコート上のさまざまな角度や場所からボールを放つようにしていた。だがハイライトはやはりティップオフのずいぶん前、コートをほぼ独占できる時間帯に行なっていたドリブル練習だった。深く集中できるようにヘッドフォンをつけた姿で、マレーはさまざまな形のドリブルをしながらベースラインとミッドコートを歩いて往復した。速度を変え、脚の間や背中側でドリブルし、両手を均等に使う。調子が出てくると、鞍馬《あんば》をする体操選手のように正確な全身のリズムを加えた。その集中ぶりは完璧だった。

マレーはジャズとの第五戦で闘争心を発揮し、四十二得点八アシストという数字で、一一七対一〇七の勝利を呼びこんだ。スコアは残り三分強というところで同点だったが、マレーが六十二秒間で四連続のジャンプシュートを決めて九点を稼いだ。土壇場でも敵の注意を引き、ヨキッチの決定的なスリーポイントシュートをお膳立てした。

シーズンが懸かった状況でのマレーの終盤の戦いは、シュート、準備、好判断と非の打ちどころがなかった。「あの若者は成長していて、最高の舞台でのスーパースターになりつつある」と、マローンは言った。その声には隠しきれない喜びがにじんでいた。二〇一九年のプレーオフでは無謀なプレーも多かったマレーだが、たった今二試合連続ですばらしい出来を披露したのだ。

結果的に、マレーはまだまったく爆発しきっていなかった。第六戦はバックスのボイコットのために延期されたが、マレーのリズムはまるで乱れなかった。それどころか三試合で二度目の五十得点を叩きだし、ミッチェルの四十四点を上回って、一一九対一〇七の勝利に貢献した。ジョージ・フロイドとブリオナ・テイラーの絵がエアブラッシュで描かれたシューズを履いて、九本のスリーポイントシュートを決めたマレーは、試合後のインタビューでは涙をこらえていた。

「生きていれば守りたいものが見つかる」と、マレーはTNTに語った。「アメリカだけの話じゃない。どこだってそうだ。NBAで団結するには、一度のミーティングだけでは足りない。電話会議を重ねて、忍耐しなければいけないんだ。おれたちは四百年近く闘おうとしてきた。このシューズはおれに力をくれる。これらの人びとは逝ってしまったが、おれに生きる意味と、闘いつづけるための強さをくれる」

テレビ局のカメラは、ロッカールームに戻るマレーを追っていった。するとマレーは廊下で両膝に手をおき、前かがみになった。彼の自制心と、住人を丸のみにしかねないバブルの脅威を思い起こさせる場面だった。マレーは過酷な週の厳しい試合のあと、ほんの少しだけ息をつこうとしていたのだが、この環境から出ていくことはかなわず、カメラも回りつづけていた。

ナゲッツとジャズの第七戦は低調だった。互いに六試合を難なく大量得点で終えていたのだが、どちらもまったく点が入らなかった。ミッチェルはここまでの六試合中五試合で最低でも三十点とっていたが（五十点に達したことも二度あった）、チームは第七戦の前半をわずか三十六点で終えた。マレーも直近の三試合で計百四十二得点という驚異的な数字を残していたが、後半のナゲッツは三十点だった。最終ラウンドに入る前、ふたつのチームは椅子で眠りに落ちかけているヘビー級ボクサーのようだった。

開始から四十七分四十五秒がまるで精彩を欠いたいっぽう、ラスト十五秒はバブル最高の衝撃の幕切れとなった。八〇対七八とリードされていたジャズは、ミッチェルがトップ・オブ・ザ・キー〔フリースローサークルの上部のエリア〕から右サイドを上がっていった。ナゲッツのゲイリー・ハリスが後ろからボールをつついて奪い、すかさずベースライン近くのマレーに渡す。相手のファウルを取ろうとするかわりに、マレーは攻守を切り替えて四対一の速攻を仕掛けた。サイドラインではアシスタントコーチと選手が少なくともひとりずつ、ターンオーバーになるから無理をするな、とジェスチャーで伝えようとしていた。

だがマレーはライトウィングにいたトーリー・クレイグにパスを送った。レイアップに持ちこんで、試合を決めることを期待したのだろう。クレイグはマイク・コンリー越しに伸びあがったが、比較的やさしいシュートを外し、残り五秒かつタイムアウト〔一分間の休憩〕も取れない状況でジャズにポゼッションを許した。懸命に守備に戻ろうとするナゲッツを尻目に、ジャズの選手がボールを前方に送る。残り二秒でコンリーがボールを手に入れて、左側にドリブルし、駆け寄ってきて手を出そうとしたマレーの頭越しにスリーポイントシュートを放った。

クリッパーズ戦のルカ・ドンチッチの鮮烈な決勝弾とほぼおなじ位置からのシュートだった。数歩ゴールに近かったが、おなじ会場の、コートのおなじサイドだった。ドンチッチのシュート同様、ボールがリングを通過する前にブザーが鳴る。だがドンチッチと違い、ボールはリングの後ろに当たって跳ねかえり、ナゲッツに八〇対七八の勝利をもたらした。ナゲッツは一勝三敗の状況から七戦目でシリーズを制し、三戦連続で敗退をまぬがれた。

つづく十秒はESPNワイド・ワールド・オブ・スポーツの煽りにぴったりだったはずだ。「勝利の興奮……敗退の絶望」。ユタ・ジャズのロイス・オニールは呆然として頭を抱えたままベンチに向かい、ジョー・イングルスは前かがみになってユニフォームをにぎり、コートを見つめた。凍りついたミッチェルも頭を抱えてコートにくずおれ、その胸はまだ上下していた。

コンリーのシュートが外れたあと両の拳を突きあげたマレーは、なぐさめるようにミッチェルをハグした。紙一重の勝利となった歴史的な七試合で輝いていたマレーだが、どう転んでもおかしくなかったことをよく知っていた。バスケットボールの神々は彼を絶望のふちに突き落とすこともできたが、かわりにミッチェルにその役回りを与えたのだ。わたしは終盤の展開に頭がくらくらしていた。自分の中で消化したいできごとが山ほどあった。

何か月も怪我で戦線離脱していたハリスは、三日間の中断を経て第六戦から復帰したばかりだった。バックスが抗議活動をしなかったら、復帰は間に合っていただろうか。ほかのナゲッツの選手が、終了間際にボールを奪取することができただろうか。

いっぽうミッチェルはターンオーバーを犯したあと、急いでプレーに戻るかわりに憤然としてその場に残っていた。マレーが止まって、ファウル奪取を狙うと思ったのかもしれない。ユタ・ジャズが残り五秒でボールを奪いかえしたとき、ミッチェルはまだ蚊帳の外にいて、最後のシュートを打つ態勢になかった。コンリーのかわりにボールを受けていたら、シリーズを決めるシュートを沈められただろうか。

そしてマレーはどういうつもりだったのか。ここまで終始冷静にプレーしてきたあと、最後の数秒で見境のないプレーに走り、あわや非難の的となるところだった。コンリーがあのシュートを決めていたら、マレーの最高のシリーズも水の泡、コートを駆けあがろうとした判断について何年も釈明する羽目になっていたはずだ。バズ・ウィリアムズが言ったとおり、「人生はたった一度のポゼッションで変わる」のだ。

わたしはこれらの異なるシナリオについて考えていたが、やがて何か月も抱えていた疑問への答えが出ようとしていることに気づいた。選手たちはバブルの無観客の会場で、ドラマチックな土壇場での勝利をどのように祝うのか、というものだ。

ナゲッツはシーズンを制したわけではなかったが、歓喜に酔っていた。マレーはインタビューをつぎつぎと受けながら、まだ実感が湧かないという様子だった。「あのせいで試合を落としていたら……」。三回目にマイクに向かいながら、語尾をにごした。「今はこうして笑っているけれど、悲劇になっていたかもしれない」と、ヨキッチは淡々と言った。

シーズンが懸かった状況で、三試合連続でサイドラインに黒い服を着てあらわれていたマローンは、そのチョイスは「黒服の男」として知られたカントリー歌手ジョニー・キャッシュを偲んでのことだと言った。

「トーリー・クレイグにレイアップを打たせようとしたとき、ジャマールが何を考えていたのかはわからないが、その件は日をあらためよう」と、マローンは言った。マレーはレイアップを外したクレイグが悪いと思っていたようだ。いっぽうクレイグ曰く、マレーはパスではなくシュートを選択すると思っていたので不意を突かれた、ということだった。

第七戦の結末には「マーチ・マッドネス〔三月の狂乱〕」の異名をとるNCAAトーナメントのような熱さがあり、ナゲッツの面々はティーンエイジャーのように狂喜乱舞していた。マローンの試合後の会見中はおとなしくしていたマレーだが、終わるやいなやコーチにボトルの水を浴びせた。会見場を出るときには、空になったボトルを軽く投げつけた。シャンパンシャワーとまではいかなかったが、純粋な喜びがあふれる場面だった。

コンリーにシュートを決められていたら荷物をまとめて撤収していたはずのナゲッツ陣営は、突如として二回戦でのクリッパーズとの対決に備える羽目になった。だがカワイ・レナード、ポール・ジョージについて考えるのは朝までおあずけだ。バスに向かう途中、スタッフが「勝利だ！」と大声で怒鳴った。歓声をあげてくれる観客がいないなら、自分たちでやるだけだ。「ユタ・ジャズとドノヴァンに敬意を表する」と、マレーは試合後に言った。「すごい戦いだったよ。ほかに言葉が見つからない。なんと言ったらいいかわからない」

マレーはそのプレーオフのMVPではなかったが、バトラー同様、三日間の中断のあと求められていた活気をバブルにもたらした。第七戦のあと、わたしはマレーを「MBP」、モスト・バブル・プレーヤーとみなすようになった。交互に訪れる真剣さと歓喜の爆発は、ディズニー・ワールドという矛盾した世界にふさわしかった。ある日、バブルは選手たちを奈落の底に突き落とす。次の日には、歓喜の雄たけびをあげさせるのだ。

# 第15章　屈辱の敗戦

前々からわたしには、じゅうぶんすぎる結果を出しながら本当の意味での優勝争いの一角には加われないチームにつけるあだ名があった。キュート・ストーリー。上り坂のスターを擁する若手主体のチームであることが多い。おおむね好感度が高く、ファンや地元メディアに期待をもたせては将来の夢を見せ、もしすべてがうまくいったら世界に衝撃を与えるのではないかと思わせるチームだ。

ナゲッツは究極のキュート・ストーリーになりつつあった。ジャマール・マレーの得点ぶりは、それまでの本人のプレーの水準を劇的に上回っていた。彼らは優れた（しかし最強ではない）チームであるユタ・ジャズに対して、一勝三敗から予想外の逆転劇を演じた。「誰もわれわれに期待していない」という空気が、マイケル・マローンの黒一色の服装にあらわれていた。そして第七戦ではあわやの場面を切りぬけた。

そのいっぽう、わたしの見立てでは、クリッパーズはカワイ・レナードとポール・ジョージのおかげでウィングのマッチアップでは大きく優位に立っていた。一回戦でルカ・ドンチッチ率いるマーヴェリックスが弱点を明らかにしていたものの、すべての要素はナゲッツの快進撃もここまでだと示していた。

キュート・ストーリーというあだ名を使うと、ファンはよく侮蔑的だと腹を立てた。だがチャンピオンシップを制する手段はひとつではないにしても、優勝するチームはほぼ例外なく全盛期のスーパースターを擁している。クリッパーズはファイナルの現MVPであるレナード、二〇一九年のMVPトップスリーのジョージという形で、そういった選手を擁していた。ナゲッツにいたのはあくまで出場選手のなかでベストのセンターであるヨキッチと、全力でプレーしているがまだオールスターゲームには選出されていないマレーだった。

クリッパーズは初戦を二十三点差の勝利で飾った。レナードは一晩中ほぼミスがなく、マーカス・モリスは四本のスリーポイントシュートを決め、勝負の行方はハーフタイムまでに決していた。よくある日程のいたずらだった。ナゲッツはジャズを倒してから中一日で、マレーはいつもの切れを欠いていた。

ヒップホップ史に残る「ビーフ〔けなしあい〕」の最中、ジェイ・Z《ズィー》はナズが「トップテンから無名に」転落したと言った。ナゲッツもいったんバブルの人気チームとして台頭したあと、おなじような苦境を迎えていた。二回戦のほかの三試合はもっとおもしろみがあった。ヒートはバックスから一本取ろうとしていて、セルティックスとラプターズは互角、最も派手なチームであるレブロン・ジェームズのレイカーズはジェームズ・ハーデン率いるロケッツと激突していた。今すぐ強烈に巻き返さないかぎり、ほとんどの観客はナゲッツを見限って、クリッパーズのウェスタン・カンファレンスのファイナル進出を確信するはずだった。

そんなナゲッツは第二戦を一一〇対一〇一で制して星をイーブンに戻し、わたしはすっかりクリッパーズに嫌悪感を抱くことになった。ケヴィン・デュラントにはキャリアを通してお気に入りの金言があった。「天才が努力しなければ、努力が天才を上回る」。NBAにおいてわたしがこのうえなく不快に思うのが、トップチームが油断のせいでアドバンテージを失うことで、クリッパーズは期末試験に向けて勉強する必要はないと思いこんだオールAの学生のようだった。彼らは開始早々に一四対二とリードされ、第一クォーターの終わりでは四四対二五と差を広げられていた。

クリッパーズの出来はもっと非難を集めてしかるべきだったと思うが、そうならなかった理由の一端は、レナードが珍しくフィールドゴール十七本中わずか四本の成功に留まったからだ。本人にとってはプレーオフ最悪のシュートの不調で、二度とこんなことはないはずだった。まだ二回戦の序盤のため、コーチのドック・リヴァースはチームの出来にとらわれまいとして、「アグレッシブな」ナゲッツを称賛した。

そしてクリッパーズはスイッチをオフにしたのとおなじくらい、やすやすとオンにしてみせた。一一三対一〇七という結果になる第三戦でジョージは三十二得点、スリーポイントシュートを五本決めて、チームはマレーをわずか十四得点に抑え、第四クォーターを粛々としめくくった。レナードはマレーのダンクシュートを指先でブロックして勝利に貢献した。スローモーションのリプレイを見ると、レナードが巨大な手を絶妙な高さに上げて、中指でマレーのシュートを間一髪ではじいている。ハイライトを見ていると、兄貴が調子に乗った弟をやりこめているようでも、キュート・ストーリーが越えられない壁にぶつかっているようでもあった。

クリッパーズのガードのパトリック・ベヴァリーは勝利の自信に満ちあふれた顔で、自分を抑えられないといった様子だった。ふくらはぎの負傷で出場がかなわず、ここまでのプレーオフでは存在感のなかったベヴァリーには、デイミアン・リラードに喧嘩を売った過去があった。今、標的にしていたのはナゲッツのオールスター選手、ヨキッチだった。「やつはルカ・ドンチッチとおなじことをする。やたらと痛がってみせるのさ。そして正しいジャッジをしろと審判にプレッシャーをかけるんだ」

屈強かつスキルの高いセンターであるヨキッチは、クリッパーズのディフェンスにとって最も厄介なマッチアップの相手だった。第二戦では二十六点、第三戦では三十二点取られていて、ベヴァリーはこのセルビア出身の巨体をマインドゲームに引きずりこもうとしていたわけだ。わたしの見立てでは狙いこそ正しかったが、筋はよくなかった。ヨキッチはたしかにコンタクトを主張することが多かったが、シリーズのこの時点で、ベヴァリーがむやみに攻撃する必要はなかったはずだ。

ヨキッチが身長七フィート〔約二一三・五センチ〕なのに対して、ベヴァリーは身長六フィート一インチ〔約一八五・五センチ〕のポイントガードで、彼を止める役割を与えられることはないはずだった。ましてやヨキッチは第二戦でフリースロー二本、第三戦で四本しか打っていなかった。ライン際に行ったことによる試合の結果への影響はなく、クリッパーズのセンター、イヴィチャ・ズバッチが二十一分にファウルアウトしたのも彼とは関係なかった。相手がやたらと倒れたり、審判が不公平だったりしても、コーチや選手は文句を言うのをふつう敗戦のあとまでとっておくものだ。そして懸念を口にするのはスタープレーヤーであって、ロールプレーヤーではない。

どちらにしても、ベヴァリーの発言にナゲッツは首をひねるばかりだった。ヨキッチは二十五歳で、これがはじめてのポストシーズン参戦というわけでもなかった。トラッシュトークにはさして関心のない選手で、このときも記者たちの前では、いっそ退屈しているともとれるようなクールな態度だった。

「痛がってみせるとはどういう意味だ。向こうはフリースロー二十六本で、おれたちは十本だった。おれはファウルを受けたら審判にそう言うだけだ」。マローンも挑発を一蹴し、こう切りかえしてみせた。

「パトリック・ベヴァリーの話にはあまり耳をかたむけていない。カワイ・レナードの発言なら聞くかもしれない」

ただしベヴァリーの発言も、レナードを止められないというナゲッツの問題の前では色あせた。第四戦でレナードは三十得点十一リバウンド、九アシスト、四スティールという数字を残し、試合を完全に支配して、クリッパーズに三勝一敗という大きなリードをもたらした。ツイッターのユーザーの多くは、ナゲッツは一勝三敗で追う立場になるまで安心できなかったのだ、と冗談を言った。クリッパーズが二〇一五年のプレーオフ二回戦で、ロケッツ相手の三勝一敗のリードをふいにしたことを指摘するユーザーもいた。

今回のシリーズは別物のようにみえた。クリッパーズは三連勝を許したユタ・ジャズではなく、ロケッツ相手に崩壊した当時のチームより層も厚かった。レナードの引き起こす問題はナゲッツには解決不能で、マレーが最初の四試合で二十得点に達したのはわずか一度だった。二〇一五年もクリッパーズを率いていたリヴァースは、チーム史上初のカンファレンスのファイナル進出に王手をかけたあと、慎重な物言いをこころがけていた。第四戦の勝利のあとのロッカールームは静かだったと明かしつつ、リヴァースは言った。「どうでもよかったのさ。リアクションはゼロだった。まだ何も成し遂げていないのだから」

リヴァースが慎重を期したのは正しかった。クリッパーズは第五戦で十六点リードしたあと、ディフェンスのたがが外れた。マローンはまた全身黒のいでたちで、マレーとヨキッチは後のない試合で失うものはないというように縦横無尽に動いていた。第四クォーターを二一対八のランで始め、およそ敵陣に攻めこむたびに得点した。レギュラーシーズン中はNBA最強だったクリッパーズは、二十本シュートしてわずか十六点に留まった。

第二戦の内容のせいでささやかれていたクリッパーズの不安がふたたび浮上したという格好で、今ではさらに多くの野次馬が観戦し、また三勝一敗のリードをふいにするのかとおもしろがっていた。リヴァースはチームにディフェンスの規律が欠けていることを嘆き、レナードはシーズンを通してリードを保つのに苦心してきたことを認め、ジョージは第六戦に目を向けようとした。「相手を追いこんでいたのに、勝利を手放してしまった。しっかり集中して、試合をものにしたい」

言うは易く行なうは難し、というべきか、第六戦はほぼ第五戦の再現だった。クリッパーズはハーフタイム直後に十九点リードしていながら、またナゲッツの猛追に遭った。数日前にベヴァリーの挑発を受けていたヨキッチは絶好調で、三十四得点十四リバウンド、七アシストという数字を叩きだし、ここまでのプレーオフ最高の出来を披露した。ナゲッツは後半に三〇対一一のランを仕掛けてスコアをイーブンに戻し、硬直したクリッパーズが傷口の手当てをできずにいるうちに、五一対二〇のランで引き離した。

ほぼ無人の会場で、両チームの自信の差は明らかだった。第六戦がコロナ禍の年以外に行なわれていたら、ナゲッツの観客はクリッパーズがまたしても崩壊したことに狂喜乱舞していただろう。だがバブルの環境は、それよりさらに状況を悪くした。クリッパーズは終わりのない悪夢の最中にいて（これほどの悪夢があるだろうか）、邪魔が入ることはおろか、背後で物音がすることも期待できなかった。すべての目は彼らのシュートの失敗、ターンオーバー、ディフェンスの不備に注がれていた。

クリッパーズのベンチの対面にあったわたしの記者席からは、ヨキッチがクラッチシュート〔試合を決定づけるシュート〕を決めるたびにコーチ陣が椅子に体を沈めていくのが見えた。コート上のクリッパーズの選手たちが沈黙しているのもわかった。記者会見ではおしゃべりだった集団が、今や静まりかえっている。全員、疲労してなすすべもないようだった。リヴァースは第四戦の勝利のあと、チームの「リアクションはゼロだった」としたが、第六戦の不可解な敗戦においては別の意味でリアクションがゼロだった。終わってみればナゲッツは後半で十九点のビハインドを解消し、一一一対九八で勝利していた。逆襲の流れは完全で、どちらのチームも終了間際にベンチを去っていたくらいだ。

クリッパーズの試合後の様子は、後半の出来とおなじくらい不穏なものだった。主力たちの発言の内容がばらばらなのを、わたしは危険な兆候ととらえた。今シーズン大幅刷新したロスターが、負傷や個別の事情でバブル入りしてからあまり一緒にコートに立てていないとリヴァースは語った。「われわれは選手の経歴を考えたらベテランのチームだが、チーム歴としてはベテランではない」

そのチーム評価が、過去十二か月にわたってタイトル獲得を主張してきたコーチの口から出るものとしては奇異だったのにくわえて、自分たちは自信を失っていないというジョージにも説得力がなかった。「前向きだよ」と、チームの雰囲気について訊かれたジョージは言った。「みんな団結している。今でも試合の行方はこっちの手の中にあるんだ。パニックモードには入っていない」。ジョージは主導権を握っているのがクリッパーズだと強調し、こう続けた。「ナゲッツはよく戦い、シーズンの望みをつないでいる。今のところ、おれたちがそれを許してしまっているんだ」

理屈からいうと、シリーズの戦績が三勝三敗の状況ではどちらが主導権を握っているともいえなかった。ナゲッツは望みをつないでいるだけなのか、クリッパーズが論評する立場にもなかった。勢いがあったのはナゲッツで、クリッパーズはあらゆるプレッシャーに直面していた。第七戦の前にロスターを交換するチャンスがあったとして、マローンは「ノー」と即答していたことだろう。リヴァースはおそらく考えこんでいたはずだ。ロールプレーヤーの多くが期待に応えられず、ディフェンスは第四クォーターになると右から左から水が漏れていたのだから。

バブル全期間を通じて最も辛辣なやりとりは、レナードの試合後のインタビュー中に生まれた。ロサンゼルスから来ていた記者が、Ｚｏｏｍ越しにずばりと斬りこんだのだ。「今日のあなたがたは『チョーク』したのですか〔緊張して思い通りのプレーができなくなったという意〕」。わたしは記憶のひだをさぐり、ＮＢＡの記者会見の席で「チョーク」という表現が使われたことがあったか、とりわけレナードのようなスーパースターに対してそんな言葉が向けられたことがあったか、思いだそうとした。まったく覚えがなかった。二〇一一年のＮＢＡファイナルの最中、ある記者がレブロン・ジェームズに大舞台では

「シュリンク〔萎縮〕する」のかと訊いて、三日間もニュースの種になった。だが「シュリンク」のほうが「チョーク」よりはるかにましだ。

「チョーク」というのが挑発的な表現なのは、個人やチームとしての姿勢に問題があることを示唆しているからで、おなじことを指摘するのにもっと穏当な言いかたはたくさんある。だがこの場合は、起きていたことを正確にあらわしていた。記者やSNSのユーザーが記事やツイートで「チョーク」云々と言うくらいなら、直接レナードにぶつけたほうが公平だったといえるかもしれない。

　レナードは二度の優勝経験があり、二〇一九年のラプターズのタイトル争いでは大きな働きをした。二回戦のシクサーズ戦では、シリーズを決めるブザービーターを沈めた。その場で席を蹴って帰っても、不躾《ぶしつけ》な質問だと回答を拒否してもよかったはずだ。だが、彼はただ気まずそうにしているだけだった。

「おれたちは『冷えて』しまった。第三クォーターで冷えたんだ。そういうことさ。ペイントエリア〔制限区域〕に入ってボールを回していたが、ちょっと手詰まりになって、どうしてもシュートが打てなかった」

　第七戦はおそらく今シリーズ最強の選手で、バスケ界ナンバーワンともいえるレナードの双肩にかかっていた。これ以上、彼にどんなモチベーションが必要だっただろうか。シーズンが懸かっていて、チームは二試合連続で屈辱を味わい、記者には侮蔑的な質問をされていた。レナードが第七戦で結果を出せば、クリッパーズもそれに応えて、待望のレイカーズとの対戦を実現させただろう。

　だがそのかわりにクリッパーズは、長年彼らにつきまとってきた不愉快なイメージを体現することになってしまった。脆弱。穴だらけ。呪われている。勝ちきれない。クリッパーズは第二クォーター後半の時点で十二点先取していて、三試合連続でファーストハーフを大きくリードしていた。そして三試合連続で、ナゲッツにたちまちそれを帳消しにされた。マレーはハーフタイム直前の四分で十一点とり、ナゲッツはセカンドハーフを一六対五のランで開始した。

会場の雰囲気は、デジャヴ程度の言葉では説明できなかった。追い風を受けたナゲッツはクリッパーズの覇気のないディフェンスを尻目に球を回し、着実に点を決めていった。第三クォーターでは七人の選手が得点し、第四クォーターでマレーとヨキッチが試合を決められるようお膳立てした。

第六戦同様、クリッパーズの崩壊ぶりはあまりに鮮やかで、終盤が緊迫するほどの点差にもならなかった。第四クォーターの開始から七分間、一度もシュートを打てず、あれよという間にナゲッツに二十点の差をつけられた。とりわけまずいターンオーバーのあと、リヴァースが両手で頭を抱えるなか、ナゲッツのゲイリー・ハリスがトランジションからレイアップを打とうと攻め上がっていった。目の前でシーズンが音を立てて崩壊していたが、リヴァースにはどうすることもできなかった。

レナードとジョージも同様だった。レナードが波に乗るという期待は、彼が十四得点に留まり、フィールドゴール二十二本中六本という惨憺たる状況に陥るとみるみる薄れていった。ジョージもおなじくらい不調で、シュートは十六本中四本の十得点、スリーポイントシュートを十一本試みて九本外した。クリッパーズのスーパースターであるふたり合わせてフリースロー一本に留まり、セカンドハーフの出来は危機感の欠如がどうにも気になった。ヤニス・アデトクンボは今シーズンが危うくなっていると感じたとき、少なくとも焦燥感をあらわにして何度もリングに近づこうとした。レナードとジョージはシュートを打つばかりで、効率の悪いアプローチを絶対に変えようとしなかった。

たとえ片方あるいは両方が目を覚ましたとしても、まだ足りなかっただろう。マレーは四十点を決め（プレーオフで四度目だ）、最後まで怖いものなしといった様子だった。ヨキッチは十六得点二十二リバウンド、十三アシストのトリプルダブルで、先日ベヴァリーに見当違いな非難を受けてからというもの、やるべきことをすべてやっていた。

ナゲッツは三週間で六回、負けたら終了の試合に勝つという、およそ考えられないことをやってのけた。むしろクリッパーズを第七戦であまりに完璧に敗退に追いこんだので、コートでろくに喜ばなかったくらいだ。あいかわらずジョニー・キャッシュ風の黒服を着たマローンは、リヴァースとの握手に応じた。マレーはベヴァリーとルー・ウィリアムズから、称賛の意をこめて背中をたたかれた。ヨキッチはにこりともしなかった。クリッパーズの面々は呆然自失のままロッカールームに向かっていった。

内外からの期待がいっそう高かったぶん、今回の崩壊は二〇一五年に輪をかけて悲惨だった。三試合連続で十六点、十九点、十二点のリードを失ったのだ。三連敗のうち第四クォーターは計九四対五九と上回られ、第七戦のレナードとジョージはほぼ何も生みだせなかった。

一年を通してレイカーズに迫りつつ、クリッパーズは出すべき結果を出せなかった。プレーオフではやりすぎなほど敵を挑発し、ラフプレーに走ったが、そのあげくぶざまに失敗した。結局、こけおどしだったというわけだ。さらに深刻だったのは、最も厳しい局面で選手たちがあきらめてしまったことだ。

第五、第七戦を本拠地のステープルズ・センターでプレーできていたら、シーズンを棒に振るようなことになっていただろうか。興味深いが、意味のない問いだった。オーナーのスティーヴ・バルマーはどう反応するだろうか。クリッパーズはフリーエージェントでレナードを獲得するのに一年を費やし、その過程で有望なガードのシェイ・ギルジアス＝アレクサンダーを放出し、五回のドラフト一巡目指名権と二回のスワップ権〔指名順位を交換する権利〕を手ばなしていた。

それに加えてクリッパーズはレナードの代理というかたちで、南カリフォルニアの子どもたちにバックパック百万個を無償で提供していた。前代未聞の大盤振る舞いは、新たなスター選手に満足してもらうための巧みな戦略だった。

クリッパーズの今シーズン最後の記者会見を待ちながら、バスケ界きっての金満オーナーであるバルマーはこの激しい屈辱をどう消化するだろうか、とわたしは考えていた。全体の方向性を見直すのだろうか。誰かに責めを負わせるのか。このひどい空気を一掃し、チームのイメージを決定的に変えなくてはいけなかった。あらためて競争面で優位に立つため、無限の資金をどう使うだろうか。バックパックを二百万個配るのか。ひょっとして三百万個。マジック・ジョンソンは嬉々として傷口に塩を塗りこんだ。「レイカーズはいつも『ロサンゼルスの』王者だ」と、ツイッターに書きこんだのだ。「未来永劫に」

第七戦のあとは、解釈と釈明が飛びかっていた。リヴァースはコーチとして「いかなる非難も甘んじて受ける」と言い、本調子ではなかったため「プレー時間を与えることができない」選手たちがいたと言った。リヴァースの不安は試合中から明らかで、チームを鼓舞し、サイドラインから主審を煽り、序盤でリードしても「コンディションの問題」のせいで「決して安堵できなかった」と認めた。

レナードは多くを語らなかった。クリッパーズは試合に勝つため「化学反応を増し、より賢くならなくては」と言ったくらいだ。「最後の三試合では自分で自分の首を絞めてしまった。双方の状態を映しだす三試合だった」

レギュラーシーズンでは一試合平均十八・二得点だったウィリアムズは、プレーオフでは十二・八得点、スリーポイントシュートの成功率は二十四%に留まった。彼はクリッパーズの面々が「ムカついている」と言ったうえで、チームには「勝てるだけの選手がいたが化学反応がなく、それが露呈した」と語った。

マジック・シティに寄り道したせいで追加のホテル隔離期間を課された三十四歳のウィリアムズは、バブルのせいで消耗したのを認めた。「六十八日間、娘ふたりに会っていないんだ。会っていない時間の正確な長さを知っている。しかしそのいっぽうで、この管理された安全な環境にいられることのありがたみは感じている。でも負担も大きいんだ」

最も不可解だったのはジョージのインタビューだった。クリッパーズは昨夏からタイトル狙いを公言し、周囲の期待を煽るようなこともしていた。リヴァースははっきりと、チームは期待を裏切ったと言った。ウィリアムズもおなじことを言った。だがプレーオフではシュートの成功率が四十%を切っていたジョージだけは、別の世界にいるようだった。

「事実だけ見るなら、おれたちは期待に届かなかった。だがチーム内部では、今年は優勝か、さもなくば破滅かという年だとはとらえていなかったはずだ。共に長い時間プレーし、一緒に過ごすほど、チームの状態はよくなる。化学反応は強くなるほどいい。それが今シーズンを決したのだと思う。一緒に過ごす時間が足りなかったんだ」

クリッパーズはこれからロスターをめぐって大きな決断をしなければならないはずだったが、ジョージは今後についての主張を譲らなかった。ナゲッツ相手に何度もリードを失ったことについて訊かれると、「残念だよ」と答えた。「残念だ。残念としかいえない。だが前進しなくては。今年が共に過ごす一年目だ。共に戦う初年度だ」

ジョージが混乱しているように思ったのは、わたしだけではなかった。室内の記者たちは互いに眉をひそめてみせ、彼が退室したあとは意味ありげな目くばせをかわした。わたしはふたたび、こうしたコメントを聞いたらバルマーはどう考えるだろうかと思った。前進する。本当に、それでいいのか。

レナード、ジョージ、ウィリアムズは、あるひとつの点においては一致していた。化学反応が欠けていたという点だ。それは大きな変化の訪れを示しているようだった。モントレズ・ハレル、マーカス・モリス、ジャマイカル・グリーン、パトリック・パターソン、レジー・ジャクソン、ジョアキム・ノアは全員フリーエージェントとなる予定だった。ベヴァリーとウィリアムズは、プレーオフで大きな働きができなかった。もろもろ考えあわせると、レナードとジョージをのぞく誰もが交換可能にみえた。ジョージの言う「一年目」は、チームの大半にとって「一年目にして最後の年」になりつつあった。

そしてリヴァース自身だ。長年のコーチである彼は二〇一四年の就任以来、クリッパーズを勝者のチームに変え、ドナルド・スターリングのスキャンダルを乗りきり、チームの連勝記録を更新し、七シーズンで六度プレーオフに進出した。二〇一八年と二〇一九年には契約を延長し、レナードをフリーエージェントで獲得したときは中心的な役割を果たし、社会の公正を求めるバブルの運動の最中も大きな発言力を誇った。端的に言って、リヴァースはクリッパーズの救世主だった。

だがバルマーはクリッパーズのコーチ陣にヘッドコーチ候補を多数加入させていて、メディカルスタッフにも厚く予算を割いていた。リヴァースがナゲッツ戦で選択したラインナップには疑問の余地があり、オフェンスでもディフェンスでも、チームは一度として実力を発揮できなかった。バルマーは結果重視のテクノロジー業界の巨頭で、言い訳に興味はなくせっかちだった。ロスターとチャリティー活動への投資に加えて、十億ドル規模の複合アリーナをイングルウッドに建設しようとしていた。ニューヨーク・ニックスのオーナー、ジェームズ・ドランに現金で四億ドル払って、アリーナの建設予定地近くの「ザ・フォーラム」を買収したくらいだ。市との法的闘争を終息させ、建設計画を進めるためだった。

クリッパーズの次のステップについて思いをめぐらせていると、レナード獲得前のバルマー時代を象徴するできごとについての記憶がよみがえってきた。二〇一八年のブレイク・グリフィンのトレードだ。冷酷無比なやり口だった。数か月のあいだ、今後長きにわたるフランチャイズ・プレーヤーだとグリフィンを持ち上げておいて、長期の契約延長に合意させたあと、ほとんど予告もなくデトロイト・ピストンズに放出したのだ。チームとしては正しい取り引きだったが、おそろしく無情で、ほとんど裏切りといってもよかった。

その取り引きに際して、バルマーは自身の優先順位を明らかにした。ほしいのは優勝杯であって、友人ではないのだ。恋と戦は道を選ばずというが、バルマーにとってバスケットボールはその両方だった。バブルが開催されていようがいなかろうが、こうした対戦のあとでは大ナタが振るわれていたことだろう。レナードとジョージはフランチャイズの礎で、まだ加入してから日が浅かった。フロントオフィスは優秀で協調性に富み、目立った弱点はなかった。消去法でいくと、浮上するのはリヴァースだった。

案の定、第七戦の十三日後にプレスリリースが送られてきた。「ドック・リヴァース、LAクリッパーズを去る」

「フロントオフィスと選手には大きな信頼をおいている」と、バルマーは述べた。リヴァースの退場はオーナーとコーチの「双方合意による決断」とのことだった。「チームを前進させ、究極的な目標に達するのにふさわしいコーチを見つけたい」

リヴァースがクリッパーズのファンに宛てたメッセージは型通りのものだったが、それでも別れを惜しむ気持ちは伝わってきた。「この仕事に就いたとき、わたしの目標は勝てるチームを作ること、フリーエージェントが加入を望むチームにすること、優勝杯をもたらすことだった。こうしたことの達成を見届けられなくなった。シーズンの結末としては残念だったが、われわれは正しい場所にいる。このチームの可能性をわたしは知っている」

七月、バブルは優勝候補を三チーム抱えて開幕したが、今では一チームしか残っていなかった。クリッパーズはバックスより長く持ちこたえたものの、散り際はもっと派手だった。レナードは帰宅した。アデトクンボも帰宅した。突如として、レブロン・ジェームズとレイカーズは視界良好になっていた。

# 第16章　鋼鉄のタマ

「地球上でいちばんハッピーな場所」は、チームの弱みを白日のもとにさらすという驚くべき仕事をつづけていた。シクサーズの場合はラインナップの問題と、プレースタイルの欠点だった。バックスの場合は終盤のオフェンスの内容と、警官によるジェイコブ・ブレイク銃撃という精神的な負担だった。クリッパーズにとっては化学反応、その一点に尽きた。どのチームももっと結果を出せていたはずで、パンデミックに見舞われていなかった世界なら確実にもっと先まで進出していただろう。

五十三勝十九敗という成績でウェスタン・カンファレンスの第二シードとなっていたトロント・ラプターズもおなじ運命をたどるのではないか、とわたしは危惧していた。ディフェンディングチャンピオンである彼らは国外からやってくるという事情のため、ほかの二十一チームより早く現地入りせざるを得ず、中心選手たちはブレイクの事件のせいで集団として心に傷を負っていた。それでも三日間の中断前の一回戦では、野戦病院と化したブルックリン・ネッツをやすやすと破り、シリーズ突破を決める試合では百五十点という大量得点を成し遂げた。

ところが中断期間直後のラプターズは別のチームのようで、二回戦が始まるとボストン・セルティックスに二連敗した。第一戦では一一二対九四というスコアで負け、「こてんぱんにやられた」格好になり、コーチのニック・ナースも非常にまずい事態であることを認めた。用意周到で知られる就任二年目の彼は、チームが最大限に努力し、敵を苦しめるところを見るのに慣れていた。ところがこのときのラプターズは無気力で、まだブレイクの一件に気を取られていたと敗戦のあとで言った。

レギュラーシーズンを四十八勝二十四敗で終え、イースタン・カンファレンスの第三シードに収まっていたセルティックスは、第二戦を一〇二対九九でものにした。ラプターズにしてみれば、想定外かつあってはならない負けだった。セルティックスのガード、マーカス・スマートのスリーポイントシュートの成功率はキャリアを通して三十二％だったが、この試合では六本決め、そのうち五本は第四クォーターだった。スマートの乱打は、少なくともラプターズの目を覚まさせることになったようだ。

「すっかりムカついているよ」と、二〇一九年の優勝に貢献したタフなポイントガード、カイル・ロウリーは言った。「この状態は望むものではないが、ホームゲームを二度落としたという通常のプレーオフの状況ではない。単に二試合負けただけだ」

バブルの中だろうが外だろうが、〇勝三敗になったら巻き返しの望みは薄い。そこでナースは試合後のインタビューで、とにかく自チームを有利な状況に置こうとした。すなわち審判を痛烈に非難し、皮肉めいた物言いをしたのだった。「スマートはパスカル・シアカムにひどいファウルを食らわせた」と、シアカムが攻め上がろうとした試合後半の一場面について訊かれると答えた。いっぽうセルティックスのジェイソン・テイタムはまたしても好調で、両チーム通じてトップの三十四得点だった。ナースはオールスターゲーム選出のフォワードであるテイタムに十四本のフリースローが与えられたことを「不服」とし、審判たちは「今晩彼にずいぶんやさしかった」とつけ足した。

ラプターズは今シーズンが壊れかけているのを悟っていた。だが彼らにとって、最初から失うものはなかった。カワイ・レナードがフリーエージェントで去ったことで、タイトルを守るプレッシャーも期待も消滅していたのだ。レギュラーシーズン中、ラプターズのプレーは楽しげで軽やかだった。シアカムは四年目にして初のオールスターゲーム選出と飛躍し、ガードのフレッド・ヴァンヴリートもコントラクトイヤーに一皮むけようとしていた。彼らは誇り高いチームで、ロウリーとセンターのマルク・ガソルをはじめ、選手たちのバスケIQも高かった。

レナードがいなくなったあとでは、プレーオフでどこまで行くかというより、どんなプレーを見せるかというほうが大事だった。二回戦での敗退は世界の終わりではない。だがむざむざ負けるのはラプターズらしくないし、熱烈なファンを裏切ることでもあった。

セルティックスは全力を尽くして、ラプターズを早期敗退に追いこもうとした。ケンバ・ウォーカーは第三戦で二十九点とり、味方のファイナルポゼッションに端を発するすばらしい連係から自身のプレーオフ最高の試合をしめくくった。スコアが一〇一対一〇一のイーブン、残り五秒というところでダブルチームをかわしてペイントに侵入し、ディフェンダーふたりの間を縫うノールックパスを、ベースライン上にいたセンターのダニエル・タイスに送ったのだ。パスを受けたタイスはすかさず伸びあがってダンクシュートを放ち、残り〇・五秒で得点を決めた。

ナースは地団太を踏んで、ただちにタイムアウトを求めた。ロウリーも愕然とした様子で両手のひらを上に向け、なぜローテーションしてタイスを追わなかったのかとシアカムに問うた。それが自分の責任なのかどうか、シアカムは決めかねているようだった。ガソルは憤然としていた。逆サイドではテイタムが両の拳を高々と突きあげ、ウォーカーは控え選手たちから祝福のしるしに胸をたたかれていた。

だがラプターズにはまだ、シーズンを救う〇・五秒が残されていた。第三クォーターで、空中で股間に膝蹴りを受けて倒れこんでいたロウリーが、右のサイドラインからスローインを行なおうとしていた。セルティックスのリードが二点という状況で、ロウリーにはあらゆる選択肢があった。山なりのパスでゴールを狙っても、すばやいキャッチアンドシュートでスリーポイントシュートにつなげてもいいし、ストップアンドポップでオーバータイムを引きだしてもいい。

セルティックスのコーチ、ブラッド・スティーヴンスは身長七フィート五インチ〔約二二六・二センチ〕の新鋭のセンター、タッコ・フォールを投入してロウリーをガードさせ、厳しい展開にさらなる見どころを加えた。この時点までのフォールの実績といえば、二〇二〇年のNBAスラムダンクコンテストに「小道具」として出演したことくらいだった。オーランド・マジックのアーロン・ゴードンは、彼を跳び越えてダンクシュートを決めるという離れ業を成功させていた。フォールのレギュラーシーズンの出場は三十三分に留まり、プレーオフでもガベージタイム〔勝敗が決した試合の残り時間〕に三度出場しただけだった。コロナ禍以前、セルティックスの本拠地TDガーデンの観客は大量リードの終盤「タッコを入れろ!」とチャントし、スティーヴンスがそれに従うと喝采するのだった。

こうして身長六フィート〔約一八三センチ〕のロウリーは、ラプターズのシーズンが懸かった最も重要な一連のプレーを前に、NBAきっての高身長の選手と向きあう羽目になった。ヴァンヴリートが右コーナーを念頭にボールを受けようと前進してきたが、セルティックスのディフェンダーふたりは彼が第一の選択肢であるのを予測し、待ちかまえていた。シアカムがスリーポイントライン付近のセンターコートで動きを見せたが、トップ・オブ・ザ・キーからの決勝弾を見越してマーカス・スマートが対応していた。膠着状態だった。ガソルはペイントでロブを狙ってジェイレン・ブラウンと競りあい、ヴァンヴリートが懸命にロウリーのそばでスペースを作り、パスを受けようとした。

混沌とするなか、OG・アヌノビーが左奥のコーナーにするりと入りこんだ。二十三歳のフォワード、アヌノビーはワイドオープンの状況で、いちばん近くの敵ディフェンダーは約四・五メートルほど離れていた。知られざるディフェンスの名手アヌノビーは、ラプターズの勝利を支える貴重な戦力だったが、いつも見過ごされがちで、自分自身に注目を集めようともしなかった。コート上では物静かで、インタビューでも目立たなかった。ロウリーが狭まりつつある選択肢を吟味していたとき、手をあげて球を求めることさえしなかった。

それでもロウリーは、わたしがいままで見たなかでも最高かつ最大限に大胆なパスを放った。両手で球を持ちながら手首のスナップをきかせ、高く弧を描くパスを出したのだ。ボールは両手を掲げたフォルの頭上を越えていった。飛距離は約十五メートルあったが、正確無比だったので、アヌノビーは右に半歩動いた程度でスリーポイントライン寸前からすばやいキャッチアンドシュートに移ることができた。左コーナーの危機を察したブラウンが、コート中央からダッシュしてきて身を投げだし、シュートを防ぐか視界をさえぎろうとした。

アヌノビーのスリーポイントシュートは残り〇・一秒の時点で放たれ、ブラウンの指先をかすめてネットをくぐった。一〇四対一〇三。ブザーが鳴り、ガソルとシアカムが両手を上げる。ロウリーが破顔一笑し、ヴァンヴリートがアヌノビーに飛びつく。アヌノビーはチームメイトたちの手荒い祝福を受けながら、落ちついた足どりでベンチに向かった。バブル史上ベストのシュートを打ちながら、歓喜の輪のなかで顔色ひとつ変えなかった。「決まると思っていた。失敗するつもりでシュートしたりしない」

ヴァンヴリートに言わせれば、「人生最高のシュート」に対するアヌノビーの無反応は「とにかくあいつらしい」ことで、いっぽうナースは記者たちに、試合を決めることになった戦術はベテランのコーチにしてラジオ番組のホスト、ヒュービー・ブラウンが出演している古いビデオから拝借したと言った。ロウリーは笑みを浮かべつつ、自分の手柄は主張しなかった。「あのパスはなんでもないさ」と、三十一得点八アシストのロウリーは言った。「すべてはシュートがよかったからだ。アヌノビーにはすばらしい瞬間が訪れたよ。冷静沈着な性格のおかげで、ああいった瞬間も浮き足立たずにいられるんだ。そういうやつなのさ」

若手のチームメイトの成功をロウリーが歓迎するという図は、ラプターズが二〇一九年にタイトルを獲得してから急速に増えていた。三十四歳のポイントガードはメンフィス・グリズリーからヒューストン・ロケッツに渡り、二十代後半でラプターズに加入してようやくブレイクするという十四年のキャリアのなかで、たびたび批判を受けてきた。何年もプレーオフで失意を味わったあと、ようやくタイトルを手に入れて歓喜を味わい、そのことを「まわりに還元しよう」としていた。ヴァンヴリートの契約更新を後押ししたり、プレーオフで苦戦するシアカムを支えたり、アヌノビーの驚異のスリーポイントシュートを称えたりという具合だ。

いっぽうロウリーはラプターズの歓喜の夜を象徴する、いささか自画自賛ともいえるせりふを放ってみせた。股間に一撃を食らって悶絶しながら、どうやってクラッチタイムにパスを成功させたのかと訊かれ、顔色ひとつ変えずに言ってのけたのだ。「どうやら、おれの睾丸《タマ》は鋼鉄でできているらしい」。粗野でマッチョな表現ではあったが、第四クォーターの出来とフォールの頭上を越える大胆なパス、アヌノビーの氷のように冷静な決勝弾、タイスにダンクシュートを沈められたあとのラプターズの強い意志をみごとにあらわすものだった。

ラプターズは手をゆるめず、第四戦はアウトサイドシュートをつぎつぎと決めて一〇〇対九三で勝利し、シリーズ通算の勝敗をイーブンにした。バックスのコーチ、マイク・ビューデンホルツァーはスター選手の出場時間を頑として増やそうとしなかったが、ナースのアプローチは正反対だった。ロウリー、ヴァンヴリート、シアカムには第四戦で最低でも四十三分のプレー時間を与え、七人のローテーションで通したのだ。

いっぽうセルティックスは第五戦で一一一対八九と強烈に反撃した。全体的なバランスもよく、彼らをイースタン・カンファレンスの優勝候補とみなすべきだろうかとわたしは考えた。セルティックスの先発五人は全員、十点以上得点し、序盤からラプターズを圧倒してシリーズ三勝二敗とした。「一度も追いこまれることなくプレーオフを乗りきることはできない」と、シリーズの流れを変えるアヌノビーのスリーポイントシュートに言及しつつ、スティーヴンスは言った。「いやな場面なしにプレーオフを終えることはできない。必要なのはただ、巻きかえすことだけだ。このチームに闘争心があるのはわかっていた。今夜はそれがよくあらわれていた」

勝敗にかかわらず、スティーヴンスがどの試合のあとも落ちついていたのは称賛に値することだった。マイアミ・ヒートのコーチ、エリック・スポールストラ同様に、彼は炎天下にひとりで午後の散歩に出るのが好きで、歩きながら携帯電話でしゃべっていた。わたしの育ったオレゴン州では、ハイカーたちはトレイルですれ違うときほぼ必ず「ハロー」と言う。どんな状況でも会釈し、手を振り、笑みを浮かべるスティーヴンスの礼儀正しさは、故郷を思い起こさせてくれた。

スティーヴンスは自身の価値観に忠実で、自分がそう扱われたいように他人を扱い、決して近道をしないタイプの人間のようだった。ほめたり批判したりするときはチーム全体が対象で、個々の選手を名指しすることはなく、マインドゲームにも興味がなかった。リーダーとしてのスタイルは落ちつきを保ち、選手の利益を最優先することだった。飛行機に搭乗しているときに酸素マスクが降ってきたら、彼はおだやかな笑みを浮かべて席から席へと歩き、乗客全員がきちんと装着できているか確かめることだろう。率直に言ってしまえばその性格のせいで、刺激的なせりふはほぼ発してくれないのだが。

わたしはスティーヴンスがチェスのプレーヤーのように腕組みし、試合の展開に対処するのを見るのが好きだったが、ナースとラプターズにも強く惹かれていた。とりわけ危機的な局面においては。その極度の負けず嫌いのおかげで、ラプターズが負けるのを見るのはいつも興味深かった。

ロウリーは第五戦で、第一クォーターで落ちこんだ大きな穴から抜けだせずにいるのが我慢ならないという様子だった。第四クォーターに差しかかってもセルティックスに抑えられたままでいると、ついにいら立ちを抑えきれなくなり、審判のひとりに食ってかかった。試合の成り行きや、ロウリーの噴火に危険を感じていたサージ・イバーカは、チームメイトにそう伝えた。「しっかりしろ。負けているんだぞ！」と、大声で言う。ヴァンヴリートが仲裁のため寄っていったが、その前にロウリーが自分で気を静めた。

こうした激しさこそシクサーズ、バックス、クリッパーズに欠けていたものだった。また何をするかわからないナースは、チームが敗退の瀬戸際にいる今、大きく動いてくる可能性があった。シアカムはシリーズを通して消えていた。フリースローのラインにたどりつけず、自信をもってシュートを打つこともなく、必要なだけゴールに近づいていなかった。

カメルーン出身のこのフォワードは第五戦でわずか十得点四リバウンド、二アシストに終わり、ナースはためらいもなく彼を糾弾した。「なぜバブルでの中断後からこれほどリズムが乱れているのか、よく理解できない。ここまであまりいい試合がない。昨年のプレーオフでは大活躍で、今季も好調を維持していたのだから非常に残念だ。まだ何試合か残っている。リズムが整うことを期待しよう」

ナースは物腰こそやわらかだったが、フランチャイズの選手を公然と非難するというのは、現代のコーチがおよそ踏みいれようとしない領域だった。シアカムは昨秋、一億三千万ドルのマックス四年契約にサインしていて、レギュラーシーズン中にはオールスターゲームの常連になれる域まで成長していた。そうした状況の選手は、コーチからネガティブな言葉を聞くことなどないと考え、いっぽうのコーチはたいてい影響力を欠き、立場が怪しくなっているものだ。だが昨季の年間最優秀監督にして立場も安定していたナースには、嘆き節のように見せながら意見を述べる巧みさがあり、シアカムに恥をかかせることなく注意喚起するのに成功していた。シアカムには活を入れるほうが、否定するよりよかった。

ナースがほかのコーチと大きく違ったのは、その臨機応変さだった。二〇一八年にラプターズに就任するまで三十年近く、アメリカのマイナーリーグや国外で指導したことで身につけたものだ。彼は第六戦で身長六フィート七インチ〔約二〇〇・八センチ〕のフォワード、アヌノビーをセンターで起用するというラインナップを披露して、みなを驚かせた。セルティックスの速さと流動性に対して、ガソルとイバーカというラプターズの年長の巨体ふたりではマッチアップに問題があることを見抜き、レギュレーション〔試合開始から第四クォーターの最後までの時間〕の最後の八分間はセンターなしのラインナップを組んでみせた。

その結果は火を見るより明らかだった。セルティックスはゴール付近でタイスのダンクシュートやレイアップをつぎつぎお膳立てし、いっぽうラプターズはロウリー、ヴァンヴリート、シアカム、アヌノビーという新しい強力な布陣にベテランのウィング、ノーマン・パウエルが加わって攻撃に弾みをつけた。両チームは第四クォーターを通してパンチを繰り出しあい、ラスト二分でディフェンスの強度を上げた。どちらも得点できず、試合は九十八点タイのままオーバータイムに突入した。

オーバータイムでもナースは新たな面子に手を加えなかった。レギュラーシーズン中は数回しか一緒にプレーしていなかった顔ぶれだ。パウエルはコーチの信頼に、クラッチタイムのスリーポイントシュートと終盤のフリースロー二本で応えたが、同点の状況で決勝弾になっていたかもしれないシュートを外した。二度目のオーバータイムが始まった。

ここでパウエルはさらに十点積みあげ、一二五対一二二の勝利を固めた。シリーズが始まってから五戦ではほぼ存在感のなかったパウエルだが、シーズンを救う二十三得点を叩きだし、ナースの博打のようなラインナップを天才的手腕の産物にみせてしまった。「いや、すばらしかったさ」と、ロウリーは興奮と安堵をにじませて言った。「ありがとう、ノーマン。信じられないよ。ははっ。最高だよ。ああいうのが必要だったんだ」

シアカムは今宵の英雄ではなかった。十二得点八リバウンド、六アシストに留まり、いくつか後半でミスもあった。それでも二度目のオーバータイムの半ばで大きな得点を決め、ゲームハイの五十四分の出場時間も記録した。長きにわたったクラッチタイムを通して流動的かつセンターなしの布陣を維持するため、ナースにはその一分一分が必要だった。「われわれは大きなものが懸かる段階に差しかかっている」と、彼は言った。「この段階では、優れたチームのみが勝てる。われわれがそうしたチームであるためには、あちらこちらの局面でこういった小さな貢献が必要なんだ」

ラプターズの意志の強さには、あらためて驚かされた。長年にわたって彼らは、プレーオフで与《くみ》しやすいとされるチームだった。二〇一四年にはホームで第七戦をふいにした。二〇一五年にはワシントン・ウィザーズの手で、一回戦で葬り去られた。二〇一六年はイースタン・カンファレンスのファイナルに進出したものの、六試合で敗退に追いやられ、大差がつく最後の二試合で躍動したレブロン・ジェームズがラプターズをまったく恐れていなかったのは明らかだった。そして二〇一七年と二〇一八年には、当時ジェームズが所属していたキャヴァリアーズに屈した。

ナースの覚醒、レナードの加入、二〇一九年のタイトル獲得が、強靭なメンタルというアイデンティティを生み、それはレナードの急な退団のあとも失われなかったのだろう。その空気を保ったのはロウリーで、熱血漢の彼は第六戦のあとの記者会見で、三針縫うことになった血まみれのあごの写真を見せびらかした。スマートフォンの画面をかたむけて、名誉の負傷が室内にいるみなの目に入るようにしたくらいだ。

ここまでの勝敗は三勝三敗のイーブンだったが、ラプターズは六戦中五戦をあっさり落としていてもおかしくなかった。ロウリーのパスがつながらなかったら、アヌノビーが奇跡のシュートを外していたら、ナースがスモールラインナップに切り替えていなかったら、パウエルが期待に応えていなかったら、シーズンは終わっていたはずだ。だが彼らはどうにか生きのびて、翌日を迎えた。

どちらが第七戦を制するのか、予想はつかなかったが、わたしはセルティックス優位を確信していた。どの試合でも安定性において上回り、ラプターズを敵の好みのスタイルに適応させ、テイタムはシアカムを完全に凌いでいたからだ。アリーナに向かうバスの中で、ふたりの記者が同時にラジオ番組のインタビューを受けていた。どちらもラプターズの勝利を予想し、経験値と精神力を理由に挙げていた。ロウリーのせりふを借りるなら「鋼鉄のタマ」だ。

だがラプターズは二度の厳しいオーバータイムで消耗していた。第七戦はヴァンヴリート以外、誰もろくにシュートが打てなかった。ガソルは長時間コートに留まるには鈍重すぎた。ロウリーは堂々と戦ったが、疲労の色は隠せなかった。アヌノビーはオフェンスから消えていた。シリーズ四度目の四十分超の出場を果たしたシアカムも、リズムをつかめずにいた。

違いをもたらしたのはテイタムで、両チーム通じて最高の二十九点を決め、九二対八七の勝利に貢献した。セルティックスは自分たちのやり方でプレーして、ラプターズを破った。スマートは攻守をすばやく切り替えてパウエルをみごとにブロックし、テイタムはフリースローを外したあと、オフェンシブリバウンドを誰よりも早く拾った。ブザーが鳴ると、両手を高々と上げて祝った。「やつはスーパースターだよ」と、ウォーカーは言った。「今夜、それを見せてくれた。やつに疑いのまなざしを向けていた連中に見せつけたんだ。この第七戦でね。特別な選手だよ」

ロウリーも相手を称賛した。負けるなら、よき敗者になりたかったのだろう。「すばらしい戦いだった。やつらは正々堂々とおれたちを負かしたんだ。悲しいことさ。もっとできることがあったと思う。

バブルは難しい環境だったが、よく考えて設計されていたと思うよ。おれたちはこの場を使って、社会の不公正に対する意見を発信した。バブルは成功だった。さあ、家に帰ろう」

シアカムは自身に対して辛辣だった。ポストシーズンを通してシュートが不安定で、ペリメーターから自信をもって打つことができず、ドリブルも不調だった。七試合で成功したスリーポイントシュートは三十二本中四本のみ、十五回のターンオーバーを犯した。オフェンスの選択肢として期待された自身初のポストシーズンで、彼は硬直してしまった。「チームメイトの力になることができなかった。大きな責任を感じているよ」

シリーズを通してナースは傲慢、挑発的、毒舌かつ独創的だった。戦いに没頭するあまり、試合後の記者会見では呼吸法を試みて、気持ちを落ちつかせなければならない場面もあったほどだ。ラプターズは(とりわけナースとロウリーは)、バブルにおあつらえむきだった。ナースが代わり映えのしないディズニー・ワールドの園内をサイクリングして、アドレナリンをさらに分泌しようとしている姿をよく見た。

ラプターズのシーズンは終了し、ナースは変化の訪れを予期していた。敗戦に際しては含むところがあるといった様子で、オフシーズンにシアカムを中心にチームを再構成するプランを披露しつつ、ヴァンヴリート、ガソル、イバーカがフリーエージェントとなるのを認めた。ラプターズの社長、マサイ・ウジリはレナードに代わるスーパースターを入手するまで若手を主体にし、金銭的に無理のないやり方を重視するだろう。タイトルを獲得したときの中心メンバーの何人かが、それぞれの道を行くことは明らかだった。「もうこのチームが恋しいよ」と、ナースは言った。

それは彼だけではなかった。

# 第17章　招かれざる客

九月までに、バブルでは新型コロナウイルス感染症は過去の話になっていた。選手、コーチ、メディア関係者、そのほかコロナド・スプリングス・リゾートの住人から陽性者は誰も出ていなかった。半数超のチームが敗退し、園内はよりがらんとして、安全な雰囲気になっていた。選手の家族たちも問題なく入場し、第二陣の記者たちもやってきて同僚を安堵させ、プレーオフの最後の数ラウンドの取材にかかった。社会の公正をめぐる課題のほうが、健康面の不安より重視されているという状況だった。とりわけ八月後半の三日間の中断期間はそうだった。

感染対策は明確だった。ルーティンは定着していた。日々義務づけられた検査はいまや習慣となり、わたしは朝起きるとすぐ検査を受け、二度目の隔離を命じられることがないようにした。夜遅くまで書きものをしたあとでは、検査室に向かうことを考えるとベッドから出るのがひときわつらかった。だが感染リスク回避という観点からは、その程度の不都合は問題なかった。バブルでは、検査を受けるのはマスクを着用するのとおなじくらい容易で、わたしはすすんで両方を行ない、多くのアメリカ人がまだ手にしていないこの特権に感謝していた。

わたしはおおむね法を順守する市民だが、バブルではとくに気をつけていた。グレーゾーンは回避した。あるとき共同の洗濯室を使っていて、マスクの着用を忘れていることに気づいたときは、シャツで口もとを覆って四階ぶんの階段を駆けのぼり、マスクを探しに行った。それが見つかってようやく、急いで戻って乾燥機に衣類を移した。まわりには誰もいなかったというのに。

滞在期間中ずっと、他人の客室には足を踏み入れなかったし、ある晩遅く知人に急な編集の手伝いを頼まれたときも断った。接近アラーム、ホテルの電子キー、防犯カメラ、ルール違反を報告するホットラインというNBAのセキュリティシステムに、よその部屋に上がりこんでいたのを突き止められてはたまらない。拳やひじでタッチする以外は、誰にもふれなかった。九月十八日、ルース・ベイダー・ギンズバーグの死が報じられたときは例外だった。その晩はアリーナで悲しみにくれる記者仲間をハグしながら、その短いふれあいがお偉方を怒らせないかと気を揉んでいた。

自分が神経質になりすぎていたのか、今でもよくわからない。バブルが開始してまもないころは、到着後の隔離の最中に部屋を出たり、宅配の料理を受けとるために園を出たりと何人もの選手がルールを破って、再度の隔離を命じられていた。中盤にやってきた記者のひとりは、新鮮な空気を吸おうと自室のドアの外に座っていたせいで隔離期間を延長された。接近アラームが充電されているか、NBAは抜き打ちでチェックを行ない、ルールについての説明や更新を記したメールを送りつけ、アリーナではマスク着用が守られているか入念に監視していた。ある夜ループを歩いているとSUVに乗った警備員があらわれて、わたしがIDカードを提示するまで先に行かせてくれなかった。

ルールを順守しようという住人の意識の高さは、とりわけ外の世界と比較すると明らかだった。ここではマスク着用をめぐる議論はなかった。誰もがマスク姿だった。ソーシャルディスタンスはほぼつねに守られ、とりわけ室内と食事中はみな気をつけていた。最初のころ、試合後のインタビューは少々やりにくかった。部屋が狭いため記者どうしで肩を寄せあい、選手に近づかざるを得なかったのだ。それでも混雑したロッカールームに記者やカメラマンがごった返すなか、部屋の奥にもぐりこむのが日常だったロサンゼルスにくらべたら楽なものだった。バブルでプレーオフが終わるころ、記者会見場はより大きな部屋に移され、記者たちは間隔をとって置かれた椅子に座り、選手たちもじゅうぶん距離をとった小さなひな壇の上で話すようになった。リアルで参加した記者はいつも十名程度で、集まりの悪い生徒会のミーティングのようだった。

ウイルスは日常的な脅威という様相が薄れ、外の世界とは様子が違っていた。自宅にいたころはスーパーに買い出しに行くのをすっかりやめ、銀行を訪れる回数も減らしていたものだ。バブルではマスクとゴム手袋を身につけた係が、ガラスのついたての向こうから食事を渡してくれた。園内では理容室をのぞいて現金を使う場面はなく、ATMさえ必要なかった。わたしは現金四百ドルを携えてバブル入りしたのだが、最後になってもじゅうぶん余っていた。

園内にはそこかしこに手指消毒液のスタンドや消毒用の布が置かれていたが、誰かがそれを使おうとする場面はほぼ目にしなかった。医療用の手袋をはめてあらわれた数人の記者たちも、何日かするとつけなくなっていた。選手たちは試合後、よく廊下に留まって記者やスタッフと雑談していた。コロナ禍以前にくらべたら接触ははるかに減っていたのだが、正式にはほめられた行為ではなかった。メディア関係者が到着するやいなや、NBAは選手と記者のふれあいをより厳しく制限するようになり、不満の声はいろいろとあったもののルールは守られていた。

ここは厳密なルールを要する環境で、わたしは自分ひとりのせいでそれを台無しにしないという、コミュニティに対する義務を感じていた。「ビッグ・ブラザー」的な警備には警戒心もあったが、自分のところから水が漏れるのが心から怖かった。「ベン・ゴリヴァーの陽性確定、レイカーズに感染リスク広がりプレーオフ延期」という原稿だけは同僚に送りたくなかった。

いっぽう陽性反応やガイドラインの違反がないまま日々が過ぎるうちに、大きな事故は起きないだろうというわたしの確信は強まっていった。不安、退屈、孤独はどれも深刻な問題だったが、バブルは三か月の実験で、一年におよぶ試練ではない。耐えるための方法もいくらか用意されていた。ＮＢＡによる薬物検査は中止され、敷地内のレストランやフードデリバリーを利用してアルコールを口にすることもできた。とりわけ審判の一部を中心に、プールサイドでシガーを吸うのも人気だった。選手たちは互いにプレッシャーをかけていた。チャンピオンシップが懸かっているのだから、感染対策を守ることは冴えたパスを出したり、ディフェンスに戻ったりすることとおなじくらい重要だった。

ＥＳＰＮのスティーブン・Ａ・スミスが、選手の性行為の機会が限られるとバブル開始前に指摘していたが、ディズニー・ワールド内のインタビューでその件を持ちだすのはタブーだった。園内の記者たちも、こっそりルールすれすれの行動をとったり、ルールを破ったりしている選手たちの存在を感じていたが、選手たちのホテルでのできごとが外まで伝わってくることはなかった。感染対策と、厳しいアクセス制限のためだ。一回戦が終わって妻や恋人たちがやってくると、選手たちにとってこうした意味でのバブル暮らしの最も厳しい局面は終わりのはずだった。

ことはそう簡単ではないと、痛い目に遭って学んだのはヒューストン・ロケッツだった。彼らは逸材揃いだが出来にばらつきのあるチームで、ゼネラルマネージャーのダリル・モーリーは、チームの希望をただひたすらスモールラインナップに託していた。二月のトレードでクリント・カペラが去ってから、ロケッツはほぼセンター抜きのラインナップのみでプレーしていて、インサイドでの体格とタフネスを犠牲にするかわりに、スタープレーヤーのガードたちが動くスペースを作ろうとしていた。

二回戦でトップシードのレイカーズ相手にアップセットを演じるには、体格で劣るロケッツはあらゆる手札が必要だった。たとえば二十七歳のフォワード、ダヌエル・ハウスだ。ハウスは身体能力が高く、アウトサイドからのシュートに長け、ジェームズ・ハーデンやラッセル・ウェストブルックと相性がいい。ドラフトで指名されず、NBAゲータレード・リーグから叩きあげてきたプロ四年目で、今回のパズルに欠かせないピースであり、プレーオフでは平均十一・四得点、毎試合六本近いスリーポイントシュートを試みていた。

レブロン・ジェームズ、アンソニー・デイヴィス、ドワイト・ハワードというレイカーズの強力なフロントコートに対抗するため、ロケッツはP・J・タッカーを起用した。がっちりした身長六フィート五インチ〔約一九五・七センチ〕のフォワードで、ディフェンスではデイヴィスを止め、オフェンスではスリーポイントシュートを打つという役割を与えられた。その戦略は、一一二対九七の勝利を収める第一戦ではそこそこうまくいった。ハーデンとウェストブルックはジェームズとデイヴィスを得点数で上回り、ロケッツはペリメーターからのシュート数でレイカーズに競り勝ち、小柄な選手を揃えたラインナップはテンポを作った。

敗戦に際してジェームズはロケッツを「百メートル走チーム」と呼び、二〇〇〇年代前半に稲妻のような攻撃で「グレイテスト・ショー・オン・ターフ」と称されたNFLのセントルイス・ラムズ〔現ロサンゼルス・ラムズ〕を引きあいに出した。「彼らのスピードを想像するのは難しい。映像で観るのがせいぜいだが、今晩その実感が得られた」

ただしロケッツは第二戦を一一七対一〇九で落として、夢から醒めた。責任の大部分はウェストブルックにあった。二〇一七年のMVPである彼はバブル入りする前にコロナに感染していて、そのあと大腿四頭筋を痛め、一回戦のほとんどをベンチで過ごした。無尽蔵のエネルギーと屈強さで知られる選手で、波に乗っているときはゴールに突進し、ミドルレンジのシュートをつぎつぎ決め、すばやいトランジションを牽引した。

だがウェストブルックには前々からむら気なところがあり、バブルに来てからのプレーは制御不能だった。第二戦がおそらく最悪の出来だっただろう。七回のターンオーバーと五回のファウルを犯し、シュートは十五本中四本しか決まらなかった。レイカーズは彼に三メートルもスペースを与え、あえてシュートを打つよう誘っていて、ウェストブルックはこらえきれずスリーポイントシュートを打ち、七本のうち六本を外した。ほとんどはブリック〔リングに当たって入らなかったシュート〕だった。プレーオフで不調に陥るのは、これが初めてとはいえなかった。ウェストブルックがシュートの正確性を欠き、球も手につかずにいるうちに、所属するチームは過去三年、一回戦で敗退していた。

何年も前、プレッシャーがかかる場面でのウェストブルックのばたついたプレーを目にして、わたしは新しい言い回しを思いついていた。すなわち、彼のプレーには意思はあるが、意図はない。その決意や努力のほどは疑いようがないものの、ウェストブルックには試合に対する大局的な感覚や視野、十人全員の選手に対する視点が欠けていた。プレーオフが進むにつれて、チームメイトがうまくプレーできるよう味方をまとめることがなくなり、敵の盲点を突くこともなくなっていた。対照的だったのが、二〇一九年にウェストブルックとのトレードでロケッツを去ったクリス・ポールで、彼は意図をもってプレーしていた。大きな一発だけに賭けるのではなく、綿密に試合を作ることを知っていて、プレーオフではいつも目的のあるプレーをした。

「今のおれは、ただ走りまわっているだけだ」と、第二戦の黒星のあとウェストブルックは言った。「映像を観て、どうしたら効率的になれるのか考えなくては」。わたしにとってその発言は長年温めてきた仮説を裏づけるもので、ロケッツにしたら吉報なのか凶報なのか、考えをめぐらせた。己を見つめるのはウェストブルックの得手とすることではない。ロケッツはレイカーズとの体格差を克服するため、自信満々で効率的なウェストブルックを求めていた。不安定なウェストブルックは、ロケッツの終焉を意味していた。

　ウェストブルックが巻きかえしの機会を得る前に、やがてスキャンダルへと発展し、チームの精神面に大きなダメージを与えるニュースが届いた。九月八日火曜の朝、ダヌエル・ハウスとベテランのセンター、タイソン・チャンドラーの二名が、バブルのガイドラインに違反した疑いで事情を訊かれているとNBAから連絡があったのだ。

　のちに敷地内でPCR検査を実施している会社の契約社員と判明する女性が、無許可で夜遅くロケッツのホテルを訪れていたという。その女性はセキュリティのチェックポイントを通過し、NBAチーム以外は入場禁止のグランド・フロリディアン内のエリアに入りこんだ。

　ほかの七チームが敗退したため、ホテルに残っていたのはロケッツだけだった。「いい感じだよ」と、ウェストブルックはオクラホマシティ・サンダーを一回戦で下したあと言っていた。「園内に戻ると、そこにいるのはおれたちだけだ。ほかのチームはいない。グランド・フロリディアンにはおれたちだけなんだ」

　ロケッツは以前よりプライバシーを保つことができていたかもしれないが、相変わらず警備員に監視され、防犯カメラに見張られていた。無許可の客が訪れた証拠を押さえていたNBAのセキュリティチームは、感染対策にほころびが生じた可能性を考え、ハウスとチャンドラーを第三戦から締めだしつつ調査を進めた。

　それは多くの面において悪夢のシナリオだった。第三戦のティップオフ数時間前まで調査の件を知らなかったロケッツにとって、ハウスの突然の欠場は競技面で大きなディスアドバンテージとなった。第二戦では二十七分出場して十三点決めていた選手で、かわりを探すにしてもあまりいい選択肢がなかったのだ。だが本当の問題はタイミングだった。ここまでのリショーン・ホームズやルー・ウィリアムズといった違反者たちは、罰として十日間の隔離処分を言いわたされていた。ＮＢＡがハウスに同様のペナルティを与えたら、仮に第七戦までもつれたとしても、二回戦の残り試合をすべて欠場することになる。

ふつうの状況なら、ＮＢＡはティップオフ前に出場停止の理由を公表するだろう。だがハウスとチャンドラーは、イーブンの状況で迎えた第三戦を「個人的な都合」で欠場するとされ、その間に調査が進んだ。非常に危うい状況だった。事情を公表せず問答無用で欠場させたことで、ＮＢＡは選手を公平に扱っていない、透明性に欠けると非難される危険を冒していた。

さらに問題だったのは、この判断で有利になったのがレイカーズだったことだ。ＮＢＡ史上最悪のスキャンダルのひとつといえば、元審判のティム・ドナヒーが、二〇〇二年のプレーオフシリーズのサクラメント・キングス戦でレイカーズ寄りの笛が吹かれたと告白した件だ。元コミッショナーのデヴィッド・スターンはかつて、理想のＮＢＡファイナルの対戦カードは「レイカーズ対レイカーズ」だと発言したことがある。その理由はテレビの視聴率が稼げるというものだった。一部のファンや陰謀論者は昔から、派手なビッグマーケットのフランチャイズであるレイカーズはＮＢＡにひいきされている、と信じていた。

だがハウスの一件では、ＮＢＡに選択の余地はなかった。バブルに居住しない誰かと無許可で接触した選手は、感染リスクを負ったことになる。試合に出場したらチームメイト、コーチ、相手チーム、審判、メディア関係者まで危険にさらしかねない。ＮＢＡの規則においては、バブル外からの無許可のゲストは禁止で、違反者に対する唯一の選択肢は完全隔離だった。

第三戦はレイカーズが一一二対一〇二で勝利し、ジェームズは三十六得点して、ＮＢＡのキャリア通算プレーオフ最多勝利記録を更新した。試合は途中まで拮抗していたが、レイカーズが第四クォーターの序盤にギアを上げた。二回戦の展開とハウスの処分待ちというふたつの面で、ロケッツは崖っぷちだった。

　九月十日の木曜に第四戦の幕が上がったときも、まだＮＢＡは裁定を下していなかった。ハウスが潔白を主張するいっぽうで、ＮＢＡは彼を解放するわけでも、公式に処分するわけでも、調査の詳しい内容を公表するわけでもなかった。ハウスはホテルの自室で待機させられたままだった。プレーオフのローテーションには加わっていないベテランのセンター、チャンドラーは、問題行動はなかったとされてチーム復帰を許可されていた。

　調査について直接知っている人間に聞いたところによると、ロケッツはＮＢＡのハウスへの対処に「すっかり困惑して」いた。ＮＢＡと選手会は第三、第四戦のあいだにやりとりをしていたが、ロケッツはおおむね蚊帳の外に置かれ、ハウスの問題行動とされる件の証拠も見せられていない状態だった。ロケッツのいら立ちは手に取るように伝わってきた。チームの今シーズンや、コーチのマイク・ダントーニおよび多くの選手たちの将来が危機にさらされていた。

「ＮＢＡはハウスを『疑わしきは罰せよ』式に扱っている」と、事情を知っているある人間はわたしに語った。「感染対策という観点をほかのすべてに優先しているのだ。選手会も身動きがとれない状況だ。デュー・プロセス〔適法手続〕だの『疑わしきは罰せず』だのと言ったところで、ＮＢＡはすかさず『対策、対策、対策』と言いかえしてくるだろう。どこかに線引きかバランスが必要だ」

　ロケッツにはプレーオフのアドバンテージを生かせないという悪評があった。ハーデンは二〇一七年、シーズン終了となるスパーズ戦で低調なプレーに終始した。二〇一八年、ウォリアーズ相手の第七戦を落としたとき、選手たちはスリーポイントシュートを二十七本連続で外していた。二回戦で敗退する二〇一九年、ウォリアーズ戦のセカンドハーフの不出来をめぐってハーデンとポールは衝突した。二〇一八年の敗退に際しては、審判たちがウォリアーズ寄りの笛を吹いたとして審判の監査を求めたほどだ。だが抗議は実らず、スポーツマンシップに欠ける、被害妄想だと糾弾される羽目になった。

評判にたがわず、宙づりの状況にあったロケッツは第四戦で崩壊した。結果は一一〇対一〇〇のレイカーズ勝利だったが、ハーフタイムまでに試合は終わっていた。ハーデンはフィールドゴールを十一本中二本決めただけで、五回のターンオーバーを犯し、浮き足立ったパフォーマンスに終始した。どうにも救いようのないファーストハーフについて、ダントーニはチームの「気持ちの強さの不足」を嘆いた。ディフェンスにもおよそ努力の跡が見られなかった。試合後に廊下にいると、ロケッツのロッカールームの壁越しに怒鳴り声が聞こえてきた。

いいときのハーデンはボールと試合の流れをコントロールし、正確無比なフットワークで敵を翻弄し、巧みに動き、力強いフィニッシュに持ちこんだ。よくないときのハーデンは試合に入っていけなかった。第四戦で勢いが完全に失われたと悟ったあとも、試合後のインタビューではアイコンタクトを避け、ろくに質問に答えず、アイスパックをいじるばかりだった。気持ちが切れていたのだろう。ウェストブルックも、不出来の理由について釈明しなかった。

ダントーニはハウスの一件のせいにするのを拒否し、そうすることは「体《てい》のいい敗北の言い訳」だとした。カメラの外では、ロケッツはＮＢＡに対するいら立ちをたぎらせていた。ハウス抜きで二試合を落としながら、彼が正確に何をしでかしたのか、第五戦には出場できるのか、いまだにはっきり知らされていなかったのだ。レイカーズには二度も土俵から押しだされていて、土曜に負けたらバブルから追い出されるという状況だった。

「これがスター選手だったら、ＮＢＡは決してこんなやりかたをするはずがない」と、ハウスに近い立場で調査について直接知っている人間が、第四戦のあとでわたしに言った。「連中は誰かをスケープゴートにしたがっている」

その主張には賛同しかねた。ハウスを生贄《いけにえ》と言っていれば話は簡単だったが、懸かっているものが大きすぎた。クラスターが発生したら何週間も予定に遅れが生じて、綿密に計画されたプレーオフのスケジュールが台無しになりかねない。ほかのチームもバブルで時間をつぶす羽目になるし、プレーオフの意義が問われることにもなる。ＮＢＡは全員のバブル入りに先立ってルールを説明し、試合開催のために莫大な資金を投入し、ガイドラインを制定し、感染対策を強化してきた。ハウスに厳しい罰を科さなければ、バブルの理念に傷をつけることになる。

それでもハウスとロケッツには同情を禁じ得なかった。彼らは明らかな証拠を提示されたうえで、迅速な判断を下されてしかるべきだっただろう。ようやく裁定が下ったのは、第五戦の前日である九月十一日だった。「ＮＢＡは先日の感染対策違反につき調査を終了しました」と、プレスリリースには書かれていた。「ダヌエル・ハウスは九月八日、園内入場の許可をもたない人物を数時間にわたってホテルの自室に招き入れていました。同選手は園を去り、ロケッツの今シーズン残り試合には出場しません」。調査の結果、チャンドラー、ロケッツのほかの選手たち、コーチ、スタッフは完全な潔白が証明されたとのことだった。

既婚者で三児の父であるハウスはバブルを去るまで、濡れ衣だと公に主張することも、記者に対して釈明することもなかった。ロケッツはＮＢＡの処分に抗議しなかった。金曜の午後に一報を告げたＮＢＡは、なぜハウスが捕まったのか、チャンドラーがいったん疑われながら無罪放免された理由はなんだったのか、それ以上の情報を提供しなかった。三日間を要した調査は、あいまいなまま幕引きとなった。

数か月後、十二月からの新シーズンに向けてロケッツが活動を再開したとき、ハウスは公式な謝罪文を発表した。「バブル内での一件につき、チームメイトとクラブ、オーナーに謝罪いたします」。それ以上の釈明はなかった。

　大量得点の予感がただよう第五戦で、レイカーズは一一九対九六でやすやすとロケッツを破った。ハーデンは三十得点したものの、またしてもムラのあるプレーぶりで、六回のターンオーバーを犯した。ウェストブルックもキレを欠き、あいかわらず無駄が多く、フィールドゴールを十三本中四本決めて十点追加したのみだった。開始三分、ジェームズのダンクシュートでレイカーズが十三対二とリードした時点で、勝敗は決していた。

　ロケッツはどうしても泥くさく頑張ることができず、レイカーズの体格と屈強さにどう対応すべきかという問題への答えも出せなかった。ジェームズはよくわかっていた。

「さっきからずっと引っぱりやがって」と、ジェームズは審判に文句を言いに行ったロケッツのフォワード、ロバート・コヴィントンに向かって大声で言った。「ちょっと触っただけで大さわぎしやがる。おまえらこそ、ずっと引っぱっていただろうが。試合をしろ」

　試合後半、ウェストブルックが怒りをあらわにする場面があった。レイカーズのガード、レイジョン・ロンドの兄弟であるウィリアム・ロンドに、コートサイドの席から「くず」と野次を飛ばされたことに腹を立てたのだ。バブル内で理容室の従業員のマネージャーを務めていたウィリアムは、選手の家族に求められるNBAの会場内での規律に反したとして、警備員によって退場させられた。「黙って観戦するべきだろう」と、ウェストブルックは言った。「それがルールだ。とりわけ家族やまわりの人たちがいる場合は、きちんと守るべきだ。悪意はなかったはずだ。わかるよ。兄弟を応援したかったんだ。だがルールは誰にでも適用される」

　シーズン終了のあとでは、敗退の重苦しさもなかった。ウェストブルックの着ていたカットオフのTシャツには「終わりの時が来た」と書かれていた。コロナに感染して練習時間を三週間奪われ、足の故障が重なったせいで、プレーオフでは「リズムを探る」状態だったとのことだった。ここまで四シーズンにわたって成功を収めてきたダントーニだが、ロケッツの最後の試合を指揮した監督といった風情で、神妙に「これ以上は望めなかった」と言い、「これが続いてほしい」とした。

ハーデンは周囲の誰もが今週ずっとわかっていたことを口にした。ハウスの調査のせいで、ロケッツは足止めを食ってしまったのだ。「チームに影響があった。もちろん気が散ったし、ダヌエルは大事なローテーションの一員だからね。それでも試合に出場し、戦って勝ちを求めなくてはいけない。とても腹立たしかったよ。一歩ずつやるつもりだ。あと一歩なんだ。これからも成長を続けて、おれとラッセルのまわりの布陣も整えていきたい」

ハーデンがあたりさわりのないことを言っているのか、心からそう思っているのか、わたしにはよくわからなかった。二回戦でやすやすと負かされたのだから、「あと一歩」ではないだろう。信頼の厚いコーチ、ダントーニが新天地を求めるなら、「これからも成長を続ける」わけにもいかない。ハーデンとウェストブルックを軸に強化できるという保証もない。ふたりはプレーオフ中、たいして嚙みあっている様子もなく、ウェストブルックの出来の悪さときたらトレード候補に挙がるのは既定路線だった。

いっぽうゼネラルマネージャーのダリル・モーリーは、香港の活動家を支援するツイートの後遺症をまだ引きずっていた。夏のはじめ、わたしはシクサーズとロケッツを、リーグの二大「伸るか反るか」チームとみなしていたものだ。シクサーズは一回戦で破滅した。今度はロケッツの番だった。ハウスのルール違反がラクダの背中を折った最後の藁の一本、すなわちとどめの一撃だったとしても、このラクダはＮＢＡのセキュリティが介入してくるずっと前から、カイロプラクティックと安静を必要としていた。

ＮＢＡの調査とハウス追放がなくても、ロケッツにレイカーズを倒す見込みはなかっただろう。あっけなく勝負がついた第一戦で、ジェームズは自身を止めるのに必要な駒が揃っていないディフェンスを容赦なく切り裂いた。シリーズにおけるジェームズとハーデンの差は大きく、とりわけ冷静さ、オフェンスをまとめる力、マッチアップで優位に立つという点では顕著だった。どちらも前々からのMVP候補だったが、それにふさわしいプレーを見せたのは片方だけだった。

NBAがハウスに裁定を下す前から、ロケッツは明らかに「詰んで」いた。第四戦のティップオフ前の練習で、ジェームズはそれまでバブルで見せたことのない生き生きとしたプレーを披露した。サイドライン沿いのフェンスに座り、そのままの姿勢ですばやくスリーポイントシュートを打つ。ウォームアップ中にはダンクコンテスト風のパフォーマンスをたっぷり見せ、ひとりでアリウープ〔空中でパスを受けてそのまま決めるダンクシュート〕をしては強烈に叩きこんでいた。

ふだんジェームズは、試合前にエネルギーをセーブする。だが今回はダンクシュートを決めてボールボーイを球拾いに走らせ、チームメイトと楽しげにじゃれ、アンソニー・デイヴィスがハーフコートシュートを決めるとドワイト・ハワードとハイタッチをかわした。

その陽気さは、気まぐれの産物ではなかった。レイカーズはロケッツを土俵際まで追いつめていた。ヤニス・アデトクンボ率いるバックスは週の前半に敗退していた。カワイ・レナード擁するクリッパーズはナゲッツを三勝一敗とリードしていたが、突き抜けた強さは見せていなかった。第五戦で二十九得点十一リバウンド七アシストだったジェームズは、タイトルへの道すじがクリアになっているのを感じていたのだろう。

レイカーズがロケッツを下し、二〇一〇年以来はじめてウェスタン・カンファレンスのファイナルに進出するころ、ジェームズは試合のあとカメラに追われていた。案の定といえばそうだが、『ラストダンス』の大半を撮影したアンディ・トンプソンが会場にいて、バックステージものの新たな企画の制作を進めていたのだ。ジェームズはハーメルンの笛吹きのように新しい従者たちを従えて歩き、アリーナの廊下ではデイヴィスと冗談を言いあい、記者やほかの参加者と交流していた。

昨夏のジェームズは早起きしては、『スペース・プレーヤーズ』の長時間の撮影に付きあっていた。NBAのコンテンツの王様である彼は今、マイケル・ジョーダン風のドキュメンタリーの続編に備えていた。ジェームズの試合後のコメントはつねに計算が行き届いていたが、今回は四度目の戴冠に向けて、さらに自身の物語を作りあげているのだった。

「こうした瞬間に向いている人間と、向いていない人間がいる」と、ジェームズは第三戦のあと語った。ロケッツとの対戦を、両方の視点から簡潔にまとめたせりふだった。

# 第18章　最後の追いこみ

バックスの抗議がバブルの折り返し地点だったとしたら、二回戦の終わりは高校の陸上競技用トラックの最後の一周ともいえた。わたしは月並みなランナーだったので、最後の四百メートルに差しかかると安心感と苦痛を両方おぼえた。ゴールラインは近づいていたはずだったが、脚は重く、肺は燃えるようで、四周目がいちばん長くなることはわかりきっていた。

九月中旬にカンファレンスの決勝が迫ってくると、バブルの空気は一変した。選手用にホテルが三か所用意されて始まった大会だったが、今使われているのはグラン・デスティノ・タワーだけだった。ある意味ではダヌエル・ハウスのおかげで、ロケッツもついにグランド・フロリディアンを去ることになった。バブル生活の軸になっていた、あわただしいダブルヘッダー、トリプルヘッダーの日々も過去の話だ。この先は多くとも一晩に一試合だった。

七月のバブル入りから数か月が経ち、わたしにもようやく暇な時間ができた。歩数を稼ぐかわりに、二・五キロの楕円形のループをゆっくり歩く程度にして、まわりの自然を観察するようにした。季節はまだそれほど変わっていなかったが、最悪の蒸し暑さは去っていた。動物たちが図々しい観光客から湿地帯の縄張りを取りもどそうとしている、無人の遊園地の秋のサウンドトラックには、テイラー・スウイフトの新アルバム『フォークロア』がぴったりだった。

わたしはアルマジロを追って草地に入りこみ、ナゲッツのゼネラルマネージャー、ティム・コナリーが見つけたワニを観察し、膝をついてカタアカノスリの写真を撮った。シカが林を駆け抜けていくのを目にし、毎日おなじシラサギを追うのに十五分ほど費やした。

美しい白い鳥たちは、わたしのロサンゼルスのアパート近くの湿地の常連客で、バブルで見かけると家のことを思いだして心がなぐさめられた。時間が経つにつれて、そのシラサギは一・五メートルくらいなら近づいても飛びたたないようになった。マイケル・ジョーダンにちなんで「マイキー」と名づけ、小さな湖から飛びたつ美しい姿を楽しみながら、少なくとも百枚は写真を撮った。まあ、ほかにやることもなかったのだ。

メディア関係者とNBAスタッフのあいだでは、カウントダウンが始まっていた。すべてのラウンドが七試合行なわれたとしても、残り一か月だ。夜遅く、アリーナからホテルに向かうバスに乗っていると、よくバブル後の日々が話題になった。まず何を食べるか、いつ自分の車を運転できるか、感染リスクの低いバケーション先はいちばん近場でどこにあるか。わたしはそのことを考えまいとした。高校と大学では卒業間際にがっくり意欲を失うという経験をしていたこともあって、残りの試合に集中したかった。NBAがいつ次のシーズンを始めるかわからなかったし、ファイナルが迫っていた。一年でも最も楽しみな二週間を前に、気力を途切れさせたくなかった。

バブルに対する世間のはじめのころの強い関心は薄れつつあった。MLBのプレーオフが近づき、NFLのシーズン開幕も間近で、カレッジフットボールも再開の機会をうかがっていた。ある意味で、NBAは感染対策に成功したことが裏目に出ていた。陽性の検査結果がゼロで、試合も予定どおり行なわれていたため、新鮮味が失われて野次馬にそっぽを向かれてしまったのだ。ハードコアなバスケファンからは相変わらずさまざまな声が寄せられていたが、スポーツ界の外からの取材の申し込みは減っていた。九月には友人たち数人からメールで訊かれた。「もしかしてお前、まだディズニー・ワールドにいるのか」

園内の選手が減ったことを受けて、NBAは一定の区域をメディア関係者に開放した。ディズニー・ストア、郵便や小包を発送できる小さなステーションなどで、わたしはどちらも存分に使わせてもらい、バブル土産を友人たちや家族、同僚に買った。ミッキーマウスの耳とNBAのロゴがプリントされた、やけに高価なTシャツを送るのが、わたしの新しい趣味になっていた。少しずつ自宅へ荷物を送りかえすようにもした。衣類、靴、何時間もかけて根気よく仕上げ、緩衝材でていねいに包んだレゴのランボルギーニ。帰宅を急いでいるわけではなかったが、その時がきたらスムーズに、迅速に去りたかった。

ディズニー・ワールドの園内はゴーストタウンだった。滞在しているのは二十二チーム中わずか四チームで、当初の三つの優勝候補のうち残っているのはレイカーズだけだ。彼らの優勝はますますもって固いように思われた。レブロン・ジェームズとアンソニー・デイヴィスという、残る選手のなかで最強のふたりを擁していたからだ。

ナゲッツ、ヒート、セルティックスはそれぞれ印象的かつタフな試合を展開してベスト四に進出していたが、ニコラ・ヨキッチ、ジャマール・マレー、ジミー・バトラー、バム・アデバヨ、ジェイソン・テイタム、ジェイレン・ブラウンという各チームを代表する選手たちは、全員ファイナル初出場だった。ジェームズは出場したらファイナルは十度目、そしてレイカーズはまだ彼の出場時間を抑えつつ、力半分で使っているという状況だった。「プレーオフのレブロン」だけでも「レギュラーシーズンのレブロン」より危険なところ、「体力を温存しているプレーオフのレブロン」は、残っている挑戦者たちにとって解決不能な問題のはずだった。

それでも確かなことは何もなかった。二回戦のおかげで、バブルでは何が起きるか予測できず、残酷な展開もあり得ることが判明していた。バックス、クリッパーズ、ロケッツがそろって崩壊し、ラプターズはシード順位で劣るセルティックスに接戦の末敗れたのだ。いっぽうバックスの抗議活動によってバブルが脆弱な場所だと判明したわりに、二回戦は非常にうまく進んだ。マレー、テイタム、アデバヨが一皮むけたパフォーマンスを披露し、ジェームズとデイヴィスは貫禄のプレーを見せた。アップセットが一段落すると、残っているのはレイカーズと三つの挑戦者だった。

カンファレンス・ファイナルが開幕する前、バブルはふたたびの抗議活動によってしばし中断された。九月十二日、レイカーズがロケッツを敗退に追いこんだ直後、二十人を超えるBLM活動家がディズニー・ワールドでデモを行なったのだ。八月、オーランドのショッピングモールの外でサレイシス・メルヴィンという二十二歳の黒人男性が、オレンジ郡保安官代理に射殺されていた。活動家たちはメルヴィンの遺族のための公正な裁きと、発砲した保安官代理の逮捕を求めて、零時ちょっと前にグラン・デスティノ・タワーの正面玄関近くのブエナ・ヴィスタ・ドライブに集まったのだった。

バブル内の誰にとっても不意打ちだったその抗議デモは、最大限の効果を発揮するように非常によく練られていた。警備員がいたせいでコロナド・スプリングス・リゾートの内部には入ってこられなかったが、デモ隊はアリーナと選手のホテルをつなぐメインロードを占拠していた。デモが行なわれたのはレイカーズの試合終了後で、ジェームズら一行がそこを通ることを見越したものだった。またデモ隊は、チームやメディア関係者が使うチャーターバスを特定できるよう、下調べもきちんとやっていた。ホテル近くのエリアは夜になると交通量がとりわけ少ないという事情が、彼らの仕事を簡単にしていた。

わたしがホテル行きのバスに乗りこんだ直後、運転手に同僚のひとりから無線で警告が入った。「コロナド・スプリングスの入り口にデモ隊がいる、注意しろ」。バスはいつものように出発し、約十二分の道程を問題なく進んでいったが、リゾートの近くまで来たところで停まった。目の前の道路にデモ隊があふれてきて数車線を占拠し、メディア関係者の乗ったバスを取りかこんだ。

デモ隊はおおむね若者たちで、多くは「サレイシス・メルヴィンを殺した保安官代理を逮捕しろ」と書かれた黒いTシャツを着ていた。選手に向けた直接のメッセージが書かれたプラカード（「レブロン、共に戦ってくれ」、「オーランドは二十三番が必要だ」）が、バスのまわりを囲んでいた。若者たちは「公正なしに平和なし」、「われわれはここにいる」と唱えながら、ブラックパワー・サリュート式（アフリカ系アメリカ人の力を示威する敬礼）に拳を突きあげた。何が彼らを道路に立たせているのか、それは疑いようもなかった。掲げるのに三人が必要なほど大きな横断幕に、はっきりとメッセージが刷られていた。「われわれがここにいるのは二〇二〇年八月七日、フロリダ・モールで、オレンジ郡保安官代理ジェームズ・モンティールがなんの罪もない黒人男性を射殺したからだ」

粛々と進んでくるデモ隊を、わたしたちはただ待ち受けるしかなかった。バスは三方を包囲され、どこへも進むことができない。デモ隊の何人かが強い怒りの表情を浮かべているのが、混乱とかすかな不安をかきたてた。さっきまでわたしは選手の言葉を書き起こし、ツイッターにインタビュー動画を投稿し、終了したばかりの試合について雑談しながら、自分の周囲のことだけに注意をはらっていた。気がつくと、この抗議活動がコントロール不能に陥ったらどんな展開になり得るかと想像していた。とっさにわたしはiPhoneを取りだして、まわりの様子を録画していた。

男がひとりバスの正面に立ち、悪態をついたり運転手に指を立てたりしていた。「バカどもが」と、運転手はげんなりした様子で言った。メインの入り口には警官が二十四時間配備されているはずだが、夜遅くに大勢のデモ隊を退散させるほどの人員がいるのか、わたしにはよくわからなかった。

こんな考えが頭をよぎった。警備員は敷地およびホテル内の選手の安全を守ることと、十名ほどの記者たちを救出することのどちらを優先するだろうか。こんなことも考えた。仮にデモ隊がひとりでもバスに乗りこんできたら、車内の全員が一週間の隔離を言いわたされるのだろうか。バブルにいると、妙な疑問が浮かぶようになるものだ。

こうした不安は、デモ隊が暴力に訴えようとしていないことが明らかになるとすぐさま消えた。若者たちは停車したバスに乗りこもうとすることもなければ、窓に物を投げつけさえもしなかった。彼らは行動を起こしたかっただけで、わたしたちがメッセージの拡散に手を貸すことがちゃんとわかっていたのだ。記者たちが撮影した動画はネットで拡散し、多くのテレビやラジオ局も抗議活動について報じた。

今回の一件はジョージ・フロイドの死のあと、テレビで報道されたミネアポリスでの危険な状況とは異なっていた。それでも警官たちがやってきたとき、群衆が退去しようとしなかったらどうなるのか、わたしは不安だった。ロサンゼルスのアパートの前を静かに通り過ぎていった平和のための行進をのぞき、わたしが抗議活動に間近でふれるのはこれが初めてだった。カリフォルニア州でロックダウンの日々を過ごしていたときは、抗議活動や暴力的な場面からは距離を置いており、バブルにいると夏じゅう行なわれていた路上での抗議活動からも切り離されたような感覚だったのだ。

メルヴィンの死に抗議するデモは、バスを六分ほど停車させただけで終わったが、現場ではそれより長く感じた。信号が何度か変わったあと、警官がひとりやってきて中央分離帯に移動するようデモ隊に合図した。彼らはそれに従い、バスの運転手はじりじりと交差点を通過していった。

わたしは安堵しつつ、ひどく悲しい思いに包まれていた。もし選手たちが抗議活動に加わろうとしたら、以降のプレーオフの試合への出場をあきらめるしかなかったはずだ。それはずいぶんと酷なことのように思えた。とりわけ選手たちの一部は路上での抗議活動に参加することを望み、バスケットボールの試合に出ることが活動の足を引っぱるのではないかと悩んでいたのだ。

それにも増して、メルヴィンが殺されたのはバブルからわずか二十五キロの場所で、プレーオフ開幕の数日前だったが、わたしはこの晩まで彼の名前を聞いたこともなかった。フロイドの死の場面の映像が拡散すると、多くの人間が問いかけた。「これまで何人のジョージ・フロイドがいただろうか」。今回の抗議活動は、わたしの感情をおなじ場所へといざなった。世間の注目やメディアの報道なしに、非業の死を遂げた人間は何人いたのだろうか。

デモ隊との遭遇は、わたしにとってバブルでの最も鮮烈な記憶のひとつだ。若者たちがバスの正面に詰めかけたとき、運転手の背後に立っていたわたしには、彼らの苦悩の表情がはっきりと見えた。だがあのときの、バブルという閉鎖空間を体現するようなバスの窓ガラスのせいで、わたしたちはふたつの異なる惑星にいるようだった。わたしたちの軌道は一瞬重なり、また永久に遠く離れてしまうのだ。インタビューすることも、握手することもかなわず、一キロ足らず先のプールサイドでスナックでもつまんでいかないかと誘うこともできなかった。彼らはふつうの地球にいて、わたしはいなかった。

バブルが狭い空間であることについてはよく考えたが、物理的に隔てられていることについては、より頭の中で整理するのが難しかった。感情の「区画化」、すなわちさまざまな感情を個別の「部屋」にしまって混ざらないようにしておくという、便利なスキルがある。わたしはそれを使って自分の仕事に集中し、外の世界について考えないようにしながら日々を過ごしてきた。デモ隊はそんなわたしの思考にずぶりと穴をあけたわけだが、それはむしろありがたいことだった。取り返しのつかない方法で、現実感を失っていくわけにはいかない。

偶然といえばそうだが、その週はバブルの外からの呼びかけをとりわけ強く感じた。オレゴン州の両親からは、州全体に広がる山火事のニュースがつぎつぎ届いた。両親はビーヴァートンで無事に過ごしていたが、被害の大きさは想像を絶するものだった。弟夫婦は家を失った母親と三人の幼い子どもに声をかけ、ポートランドの自宅の裏庭にテントを張って生活させていたという。分厚い灰がポートランドの都市部を何日も覆い、コロナ禍の生活をより耐えがたいものにしていた。四十年ほどオレゴン州で幸せに暮らしてきた母も、ひどく不満をつのらせ、ミシガン州に帰ると言ったそうだ。母がそんなことを言うのは初めてだったはずだ。

デモ隊にバスを囲まれた数日後、オレゴン州デトロイトについての記事を読んだ。中等学校に通っていたころ、教師のひとりが大規模な洪水に襲われた人口約二百人の小さな材木業の町、デトロイトを支援する活動を企画した。わたしたちは黄色いスクールバスに乗りこんで、南東部に百六十キロ行った土地で、家を失った人びとに缶詰や中古の衣類を配った。誰にとっても気づまりな時間だったという記憶がある。わたしたちは彼らの人生で最悪の瞬間に、まったくの第三者としてあらわれ、数時間ほど雑談して午後には去っていったのだ。

二十五年後、デトロイトはふたたび災禍に遭った。山火事が市庁舎をふくむ町の建物の多くを破壊し、ニューヨーク・タイムズには炎から逃れようとして失敗し、あわや命を落とすところだった人びとの身の毛もよだつような手記が載った。わたしが四半世紀前に会っていた子どもたちの何人かがおなじ地域で親になり、二度目の悪夢を体験していたとしてもおかしくない。

なぜ、デトロイトの遠い記憶が鮮明によみがえったのだろうか。よくわからない。あの土地にはあれから数回しか行ったことがなく、それも給油するために車を停めたり、デトロイト湖の写真を撮ったりという程度だった。それでもデトロイトは、わたしにとっての転機だった。デモ隊に心揺さぶられ、行動しなければという気になったのかもしれない。クリスマス以降、全員で集まったことのない家族が恋しかっただけかもしれない。並外れて困難な一年のなかで、無力感を覚えたのかもしれない。デモ隊とともにオーランドを一・五キロ歩くことができないのなら、五千キロ空を飛んで両親にハグをするなどとても無理だろう。

わたしはデトロイトのために募金活動を始めることにした。わたしらしくないことだった。食事を割り勘にするのが嫌いで、金が必要だと訴えることなど論外だったのだ。それでも助けを必要としている人びとのためには、そうするのが正しいことのように思えた。助けを求めているのはわたし自身であると、まもなく気づいた。

一週間のうちにわたしのポッドキャスト、グレイテスト・オブ・オール・トークのリスナーからは、オレゴンの山火事被害の支援のため約一万五千ドルが寄せられていた。共同ホストのアンドリュー・シャープとわたしはただ驚いていた。心やさしい何人かは、募金を弟夫妻の裏庭で暮らしている母子に直接渡してほしいと言ってきたほどだ。両親がそのとおりにした。感染が拡大してからはじめて、わたしたちは家族のつながりを取りもどしていた。

山火事で壊滅的な被害を受けたデトロイトとオレゴンの多くのコミュニティを救うには、一万五千ドルでは到底足りないのはわかっていた。二〇二〇年から教訓を得るとしたら、新しく起きる問題はつねに、すぐ解決するには大きすぎるということだろう。それでもバブルで過ごしているあいだで掛け値なしにうれしかったのは、募金した人もまず訪れないだろうデトロイトという土地のために、善意が寄せられたことだ。

ものの少ないホテルの部屋で、わたしはただちに善意が寄せられたことに感動していた。クラウドファンディングの依頼をネットに掲載して一時間も経たないうちに、ヴェンモやペイパルを通して寄付が殺到した。わたしはウェブサイトを何度も更新して、そのたびに金額が増えていくのに目を見張った。何日も電子マネーが届きつづけ、ヨーロッパやアジアからも気づかいの声が届いた。バスの窓ガラス越しにデモ隊と対面したときは、べつの惑星にいるような気分にさせられたが、ｉＰｈｏｎｅのスクリーンはわたしと故郷を結びつけてくれた。

＊＊＊

イースタン・カンファレンスのファイナルの行方を占うのは簡単ではなかった。セルティックスとヒートは似た者どうしでこそなかったが、多くの部分で共通していた。エグゼクティブのダニー・エインジとパット・ライリーは共に選手とコーチとしての経歴があり、「生涯ＮＢＡ」を標榜し、長年その仕事に就きつつ程よいライバル関係を築いていた。「ダニー・エインジはそのしょうもない口を閉じて、自分のチームに集中するべきだ」。判定をめぐってひと悶着あったあと、二〇一三年のプレスリリースにライリーがそう記したことはよく知られている。「選手時代から何かにつけて文句を言っていた。コーチとして彼のチームと対戦したから、よくわかっている」

ブラッド・スティーヴンスとエリック・スポールストラはどちらも優秀かつ真面目なコーチで、若くしてその地位に就き、メディアとは距離を置くようにしていた。ジェイソン・テイタムとジミー・バトラーは東側を代表するウィングふたりで、得点力があり、複数のポジションでのディフェンスもできた。ケンバ・ウォーカーとゴラン・ドラギッチは控えの強力なポイントガードで、ボールをもっと捕らえにくく、アウトサイドからのシュートもできた。

両チームとも二〇一二年のイースタン・カンファレンスのファイナルに進出し、二〇一〇年代の後半はチームの刷新に時間を費やしていた。どちらも今年の躍進は予想外だった。セルティックスはテイタムの覚醒により早々とバブル入りを確定していたが、ヒートがオフシーズンに思いきって獲得したバトラーはたちまち混乱を呼んだ。それ以上に、両チームはバブルの長期滞在を予定していた。九月になると毎日のように、午後の散歩の途中でスティーヴンスやスポールストラとすれ違った。どちらも深く集中し、厳しい戦いとなるだろうシリーズに備えていた。

ヒートはバックスを手際よく片づけていたものの、わたしの試合前の予想ではセルティックス優位だった。テイタムという最も才能ある選手の存在にくわえて、ラプターズとの戦いでは強い覚悟が垣間見えており、ダニエル・タイスはバム・アデバヨとの中央のマッチアップにも耐えられるはずだった。いっぽうバトラーが息切れしたり、フォワードのジェイ・クラウダーのバックス戦での好調が続かなかったりした場合、ヒートに爆発力とペリメーターからのシュートという武器が残っているかは疑問だった。

第一戦は拮抗した内容で、流れがたびたび変わり、期待を裏切らない出来だった。セルティックスは第一クォーターをリードしたが、ハーフタイムを前にヒートの猛追を受けた。セカンドハーフでも同様の筋書きが繰りかえされた。セルティックスが第三クォーターでふたたび試合を支配し、ヒートが第四クォーターで巻き返してオーバータイムにもつれこむ。

セルティックスは明らかにレギュレーション内で勝っているはずだった。だが一〇五対一〇〇とリードしていた残り一分強の時点で二十歳のルーキー、タイラー・ヒーローにスリーポイントシュートを許してしまう。続くポゼッションで、アウトサイドのシュートの成功率は平均以下のバトラーにも決められた。テイタムはゲームハイの三十得点だったが、レギュレーションの最後の七分間は一本も打てず、ステップバックからのスリーポイントシュートはブザーと同時に外れた。

オーバータイムに入ってからも、セルティックスはヒートの強烈かつ連動性あるディフェンスに苦しみつづけた。ゴールの可能性は一切感じられなかった。ヒートはペイントエリアをよく守り、セルティックスからジャンプシュート以外の選択肢を奪った。それでもウォーカーはミドルレンジからプルアップジャンパーを放ち、残り二十三秒で一一四対一一三のリードをもたらした。

次のふたつのプレーが第一戦を決し、シリーズの流れも決めた。一点リードされ、試合が危うくなっている状況で、バトラーはテイタムを抜いて右サイドに向かった。コーナーをうまく曲がれなかったので、大股で二歩動いてゴールへの軌道を修正し、テイタムを強引に振り切ってフェイントを混ぜたシュートを狙いつつファウルを取ろうとする。テイタムは注意ぶかくバトラーをシャドーし、より速く動いて、両手でシュートを防ごうとした。三十歳のバトラーはテイタムより八年分の経験があり、上半身の強さでも明らかに優っていた。より洗練されているのはテイタム、より強靭なのはバトラー。勝ったのは強靭さだった。

バトラーがフリースローを決めてヒートに一一六対一一四のリードを与えたあと、テイタムには逆襲の機会があった。トップ・オブ・ザ・キーから右へと猛烈に切りこみ、ボール扱いのうまさと敏捷さを生かして、ゴールへの道すじを見つける。バトラーは優秀なディフェンダーで、名前を売ったきっかけはプレーオフでレブロン・ジェームズを抑えたことだった。だがテイタムは巧みにダンクシュートを決めにいった。

バトラーが抜かれたことに気づくまでの一瞬のうちに、アデバヨが持ち場を離れ、ペイントを横切って左ブロックの自身のポジションについた。アデバヨのマークの相手はマーカス・スマートで、左コーナーに抜け出し、フリーの状態で両手を高々とあげてパスを求めていた。アデバヨにとって難しい判断ではなかった。テイタムのダンクシュートは、スマートのスリーポイントシュートより危険だ。とりわけ残り五秒の時点では。テイタムがフリーのスマートに気づき、ディフェンダーが向きを変えられる前にスマートがシュートを打っていたら、ヒートにとっては一巻の終わりだった。

だがテイタムの頭にあったのはパスではなく、ダンクシュートだった。片足で跳躍し、体を反らして右手でのシュートに備え、右のベースラインに寄ることでアデバヨをかわしてクリーンな視界で決めようとする。跳びあがっていたアデバヨはテイタムの動きをみごとに追い、左手を使って跳躍の軌道をさえぎった。テイタムはかまわず突っこんで、アデバヨの左手首ごとリングにねじ込もうとした。だがアデバヨはそれに耐え、ボールをかきだした。ブロックの衝撃でテイタムはベースラインに倒れこんだ。「何かしなければいけなかったんだ」と、アデバヨはのちに説明した。「これはプレーオフなんだ。いいプレーができたよ。あっという間のできごとだから、説明するのは難しい。どうしても答えがほしいのなら、本能だということにしておこう」

右コーナーのベースライン沿いに座っていたわたしには、アデバヨのブロックがよく見えた。肉眼で見たかぎり、二〇一六年のファイナルでジェームズがアンドレ・イグダーラを止めた伝説の場面以来のブロックだった。リングでの競り合いはよく判定をめぐって議論になるので、映像を観てファウルがなかったか確かめた。アデバヨの手首がしなり、テイタムがスローモーションで画面の外に消えていく。ファーのコーナーでスマートがボールを求めている。コンタクトはなかった。完全にクリーンなブロックだった。

「あれはポスターダンクだったかもしれず、おおかたの選手はああいった場面には関わりたいと思わない」と、スポールストラは言った。「ジェイソン・テイタムはシュート体勢に入ったが、アデバヨは決定的な守備をしてくれた」

高画質のテレビのリプレイは鮮烈だった。テイタムは最後の瞬間までボールを完全にコントロールしていて、猛スピードでシュートにかかった。アデバヨのまっすぐ出された手はリングと並行で、ネットのわずか数センチ上だった。それだけではなくアデバヨはこぼれ球を奪ってセルティックスのセカンドチャンスを封じ、フリースローを沈めて一一七対一一四の勝利をものにしたのだった。

試合後、感謝でいっぱいという様子のバトラーは、あのブロックが「試合を決めるプレーだった」と言った。アデバヨが「ライン上に身を投げた」ことを称賛し、「この一年間、さまざまな場面で救世主となってくれた」とも言った。

以降何が起きたとしても、アデバヨのブロックはバブル最高のディフェンスとして記憶されるたぐいのものだった。語り継がれる場面だった。ツイッターでは派手な言動が多いマジック・ジョンソンは「今までプレーオフで目にした最高のディフェンスだ!!!!」とつぶやいた。シーズン開始時は先発が五十試合に満たなかった二十三歳のセンターは、若いキャリアにおける最大の試合で並外れたプレーを見せ、大きく名前を売った。「おれは混乱していたが、まわりはみんな喜んでいた」と、アデバヨは言った。「こういうことは試合が終わるまで実感が湧かないんだ」

この試合でのセルティックスとヒートの差は、アデバヨの手首だけだった。メディアの前で決していら立ちを見せないテイタムは、あのブロックについて「いいプレーだった」と評し、第一戦の黒星は「世界の終わりではない」と言った。

ポストシーズンを通じて冷静沈着だったセルティックスだが、その落ちつきが失われるときがきた。第二戦では第三クォーターが崩壊し、ヒートに一〇六対一〇一の勝利を献上した。ハーフタイムの時点で十三点リードしていたが、第三クォーターで三七対一七と逆転を許し、そのあいだ四点しか決められず、七回のターンオーバーを犯す始末だった。ヒートの勢いと強さに手を焼き、セカンドハーフのオフェンスはほぼペリメーターからに留まった。テイタムは第四クォーターではシュート一本のみ、二試合連続で終盤になって沈黙してしまった。セルティックスは最後に五点のリードを手ばなした。

シクサーズをやすやすと倒し、ラプターズに二連勝していたセルティックスにとってはなじみのない展開だった。バブルで〇勝二敗になると、ある種のパニックが起きる。ここで行なわれるシリーズには二日連続のオフがほぼないので、すかさず修正を施さないかぎり、勝利がたちまち遠のいていくのだ。

例年ならば都市を行き来することで環境も変わるが、それがないことが敗戦のたびに精神的な負荷を増した。記者にとってもシリーズ〇勝二敗は罠のようなもので、結論に飛びつきたくなるのだった。およそセルティックスらしからぬ散々な第三クォーターは、これが長丁場のシリーズになるという予測に揺さぶりをかけてきた。ヒートはバックスを壊したように、セルティックスも崩壊に追いやるのだろうか。

第二戦のあと、ここ数か月のコート上およびインタビューでのセルティックスの安定感は失われた。いつものように裏の廊下に向かいながら、わたしはスティーヴンスがヒートを称賛し、ターンオーバーの回数を抑える重要性を強調し、そそくさと会見場をあとにするのを予想していた。ところがセルティックスのロッカールームから大きな怒鳴り声と、正体不明ながちゃがちゃという音が聞こえてきた。チームはいら立っていた。

NBAのアリーナの多くではプライバシーの観点から、ロッカールームの入り口は廊下から引っこんだところにある。とりわけホームチームのロッカールームは、そうなっていることが多い。中の壁には人目を惹く絵が描かれ、二重のドアで保護されている。これまでにいくつかのアリーナで、ロッカールーム内での口論に耳をそばだてたことがあったが、それが不可能な場所もあった。選手たちが胸の内をぶつけあっているあいだ、警備員が記者を耳の届かない範囲のチェックポイントに引き留めておくこともあれば、ロッカールームの密閉度が高く、音が漏れてこないこともある。

このときのセルティックスは、バックスがボイコットの最中に引きこもったのとおなじアリーナの、おなじ仮設のロッカールームを使っていた。バックスがスピーカーフォン設定で電話をしているのが聞こえたのと同様、セルティックスが失意の敗戦のあとで怒りをぶつけあっているのがわかった。記者たちはいちばん大きな声の主を壁ごしに特定しようとしていたが、そこへマーカス・スマートが足音も荒く出てきて洗面所に向かったことで、だいたいの様子がわかった。スマートは悪態をつき、すっかり機嫌を損ねているようだった。幼いころのわたしが母にスクラブル〔文字を組み合わせて単語を作るゲーム〕

で負けたあとも、こんな顔をしていたはずだ。ふだんのアリーナなら、記者たちはこうした姿を目にすることも、耳にすることもなかっただろう。

最初に怒ったのがスマートなのは驚きではなかった。スティーヴンスは根っから落ちついた性格で、テイタムも冷静沈着、ジェイレン・ブラウンは慎重だった。いっぽうスマートはバスケットボールのセンスこそすばらしかったが、感情を隠そうとしなかった。強烈なディフェンスの能力を持ち、ルーズボールを拾うことにかけては魔術師並み、挑発的でＮＢＡきっての倒れ屋。身長六フィート三インチ〔一九〇・六センチ〕のスマートだが、滑稽なほど小さなセンターとしての働きを見せることもあった。スマートはこのチームの選手として最も注意喚起するのにふさわしい立場だったが、この日の夜はメディアの前で話す気はないようだった。記者に引き留められる前にすばやく姿を消し、対応はスティーヴンス、テイタム、ブラウンにまかせた。

この種の場面、すなわち痛恨の黒星を喫してチームが熱くなっているときには、コーチの気質があらわれるものだ。フィル・ジャクソンなら巧みな言い回しで選手を鼓舞し、グレッグ・ポポヴィッチなら注意をそらすため立て板に水で話し、ドック・リヴァースなら印象的なひと言で空気をやわらげるだろう。緑のポロシャツのボタンを上まで留めたスティーヴンスは、まっすぐ背すじをのばし、膝の上で手を組みあわせ、声にはいっさい怒りをにじませなかった。高校で悪ふざけに巻きこまれ、校長の前で釈明を求められている優等生のようだった。「選手たちは厳しい試合、厳しい敗戦のあとで感情がたかぶっていた」と、彼は慎重に言った。

スティーヴンスはうまくやっていた。リーダーシップが問われるこの場面で、マインドゲームにもモチベーションを上げる戦略にも、攪乱《かくらん》戦法にもユーモアにも、否定にさえも興味がないようだった。唯一の目標は自分を律し、第三戦の前に選手たちと立て直しを図るまで、状況を悪化させないようにすることだった。激しいやりとりのあとでは、意図のあるなしにかかわらず、のちに後悔するようなことを言いがちだ。スティーヴンスはまばたきひとつしなかった。チームには時間が必要だとわかっていて、それを与えたのだ。

セルティックスは動揺していたが、崩壊していたわけではなかった。「家族にはアップダウンがあるし、喧嘩したり感情が高ぶったりすることもある」。ブラウンはそう言って、スマートが怒りをあらわにした件にけりをつけようとした。「おれたちはまさに家族なんだ。互いのことに責任を持とうとしているよ。あいつは情熱的にプレーする。熱く燃えているんだ。あの男のそういうところが、おれはいちばん好きなんだよ」

テイタムはといえば、メディアがその場面を目撃したことにいら立ち、チームにひびが入っていることはさほど気にしていないようだった。「おれたちはいらついているが、それがチームスポーツというものだ。二連敗しているんだから、ハッピーでいるわけにはいかない。それだけのことだ。試合の話をしていただけさ。それでいいじゃないか。ロッカールームで起きたことは、ロッカールームの中に留まるべきだ。ここへ出てきて、勝ったり負けたりしたあとチームとして何を話したのか、打ち明ける必要はないと思う」

セルティックスは第三戦で一一七対一〇六と勝利して巻き返し、足首の故障で十二試合を欠場していたゴードン・ヘイワードも復帰した。テイタム、ブラウン、スマートは全員いいプレーを見せた。その勝利によって第二戦後の騒動は幕引きとなり、スティーヴンスはチームの「心の強さ」を称賛しつつ、自分は「むやみに威勢のいいスピーチ」をしてチームを鼓舞しようとはしなかったと言った。「初めて感情的な負荷がかかる場面を迎えたことで、われわれはもっと強くなった。いい兆候だと思う」

ブラウンは口論に関しては「大げさに伝わっているのではないか」としつつ、バブルという環境が怒りの噴出に輪をかけたのだと言った。テイタムに言わせると、このたびの喧嘩はセルティックスの闘争心のあらわれだった。「おれたちは真剣に勝負している。バスケットボールは感情を刺激するゲームだ。真剣に勝負するには、いら立ったり動揺したりすることも必要だ。個人的な問題は何もない」

秩序が復活したが、セルティックスはまだ完全に流れを取りもどしたわけではなかった。第三戦では好調なアデバヨと、ヒート期待のルーキー、タイラー・ヒーローのファーストハーフの勢いに手を焼いた。二十二点取っても負けてしまっては意味がないが、NBAの経験が浅いことを考えれば、ヒーローの自信に満ちたプレーは驚きだった。

ヒーローはミルウォーキー郊外で育った白人のガードで、ルーキーシーズンの序盤にファンの心を射止めた。その状態はバブルに入ってからも続いていて、ヒートの応援にやってきたファンは、ロスターの誰よりもヒーローに向かって熱心に歓声を送っているようだった。

黒人選手が多数を占めるNBAで、白人選手は時にめずらしがられたり、白人が多い観客のあいだでひいきされたりする。だが派手なガナー〔点取り屋〕で、球の扱いがうまく、完全な自信を備えたヒーローの場合はそうではなかった。ヒーローは誰にも惑わされなかった。ラッパーのMVに出演したことがあり、しゃれた服やスウェットスーツが好きで、インスタグラム上の活動で有名なモデルと交際していた。いっぽう語り口は静かで、チームメイトには礼儀正しく、いつも白人としての自分と向きあっていた。バトラーはヒーローを好いていて、バスケットボールに対する姿勢にも一目置いており、ルーキーイヤーの最初のころから弟のように接していた。

ヒーローは人種をめぐる質問がついて回ることを理解したうえで、まったく気にしていないようだった。ユニフォームに「ブラック・ライブズ・マター」とプリントされていることについて、なぜそのメッセージを選んだのかと訊かれると肩をすくめてみせた。「なぜなら『ブラック・ライブズ・マター』

だからだよ。おれにとって意味のあることなんだ。チームメイトは大半が黒人で、リーグも大半が黒人だ。世界では明らかに間違ったことが行なわれている」

ここまでの対戦で、ヒートはセルティックスを相手にオフェンスを仕掛ける方法を見出していた。だが第四戦では落ちつきを欠き、スポールストラは打開策を探す羽目になった。クラウダーのシュートはセルティックス相手に精度が悪く、ヒートきってのシューター、ダンカン・ロビンソンも不調だった。セルティックスはロッカールームでやりあったあと、ディフェンスを強化していた。そしてヘイワードの復帰が、選手層に厚みを与えていた。

ヒーローのタイミングは完璧だった。第三戦の好調がまだ続いていたようで、第一クォーターの途中で試合に入るとすかさずシュートを二本打った。第二クォーターの頭ではさらに三本、連続で打った。第三クォーターの終盤、まだ試合が拮抗していると見ると二本決めて、第四クォーターに向けてチームに一点のリードを与えた。ヒートが得点を必要とする場面では必ずヒーローがそこにいて、しっかり決めてみせた。

第四クォーターはヒーローの独壇場だった。開始早々にスリーポイントシュートを決め、続けざまにシュート、スリーポイントシュート、めずらしいレイアップ。人生最大の試合においてシュートゲームで遊んでいたようなもので、投げ上げたものはおよそすべてネットに吸いこまれた。だがセルティックスはボールを奪おうとも、リズムを乱すために大きく手を打とうともしなかった。スティーヴンスは二十歳のルーキーが自分のチームを脅かすと思っていなかったようだ。バトラーやアデバヨ、ドラジッチではないからというわけだった。それは妥当な見かたのはずだった。

ところがヒーローは不可解なほど調子が良かった。残り四分足らずというところで大きなスリーポイントシュートを決めて、味方のリードを八点に広げる。そして終了間際には決定的なフリースローを二本決め、一一二対一〇九の勝利を固めた。ボックススコアは想像を超えていた。ヒーローはフィールドゴール二十一本中十四本、スリーポイントシュートは五本決めてキャリアハイの三十七得点を叩きだしていた。第四クォーターでは十七点取り、セルティックスのベンチの三十七本中二十二本をひとりで上回っていた。

プレーオフの試合で、二十一歳の誕生日を迎えるまでに彼より多く得点したのはマジック・ジョンソンだけだ。ジョンソンは語り継がれる一九八〇年のファイナルで四十二点取っていた。

「おれはミルウォーキーの小さな町からケンタッキー大に行った」。ヒーローはNCAAの有力チームに加入するまでの道のりと、ドラフト前は疑いのまなざしで見られていたことを振りかえった。「おれが大学で生き残るとは誰も思っていなかったし、NBAで生き残るとも思われていなかった。でも結局のところ、自分を信じたんだ。そうすることにしている。自分を信じるんだ。ウィングスパン（両腕を左右に水平に広げたときの長さ）が足りないと言われた覚えがある。いろいろなことを言われるが、それが何だっていうんだ。自分にできるのは努力することだけで、技を磨き、前向きな態度で臨み、まわりにいる全員に敬意をはらうんだ。そうしたらいいことが起きる」

ヒーローは印象的なパフォーマンスを披露し、ドリブルから難しいシュートを放ち、背の高いディフェンダーの頭越しに遠くからスリーポイントシュートを放った。ディフェンスを先読みし、ヘジテーションドリブルを発動し、ユーロステップを試し、リバースレイアップシュートのためにゴール下を横切った。ハーフコートで小さな隙間を見つけてはシュートを放ち、こぼれ球を拾った。イースタン・カンファレンスのファイナル一試合としてはなんとも盛りだくさんな内容だった。「ヒーローは今夜、あきれるくらい出来がよかった」と、スティーヴンスは驚きをにじませながら言った。「きっとゴールが大きく見えていたんだろう」

スター選手はどちらかというと自分に脚光が集まるのを歓迎し、それを分かちあうのを嫌がるものだが、バトラーは純粋に喜んでいて、冗談も口にした。「おれがたくさんシュートを打って勝てなかった試合がある。だが、そう決まっているわけでもないんだな」

バトラーはヒーローの爆発を意外なものとは受け止めておらず、過剰にほめようとはしなかった。かわりにヒーローがきちんと準備していたこと、試合に集中していたことを強調し、信頼できるチームの一員として仕事をしたに過ぎないと言った。「このチームでは全員がオフェンスの機会を得るんだ」。直後のチーム練習に、バトラーはヒーローがウィスコンシン州で通っていたウィットナル・ハイスクールのユニフォームを着てあらわれた。

「ヒーローはルーキーだが、コートに立てばいつでも自信あふれるプレーをするし、動きの質からしてもリーグに十年くらいいるような気がする」と、バトラーは言った。「あいつは努力をしてきた。映像も研究してきた。いつだってジムにいるんだ。ベテランのように周囲とコミュニケーションを取っている。そういうことをしているのはあいつ自身だ。おれがやらせたんじゃない。誰かがやらせたんじゃない。監督がやらせたんじゃない。おれたちはあいつに自信を持たせるようにしているだけだ。そして自分自身で二倍も自信をつけたんだろう。あいつはコートに出て行ってプレーする。その結果はほかの誰でもない、あいつ自身の手柄だ」

スポールストラは第四戦のあと、わたしが覚えているかぎりバブルで臨んだどんな記者会見よりも和やかで冗舌だった。彼にとってヒーローの活躍は、ヒートが正しい道を歩んでいることの証拠だった。ヒーローはルーキーイヤーの序盤、チームメイトたちの怪我によって先発に放りこまれ、時にはＮＢＡレベルのディフェンスをこなすのに苦心していた。だがあきらめることなく、日々の鍛錬を通してベビーフェイスのティーンエイジャーから感情を顔に出さない「殺し屋」になった。

「誰もが決定的な瞬間を見たがっている」と、スポールストラは言った。「『あの日、あいつが偉大な選手になることを確信した』と言ってみせられるのは、気分のいいことだからね。だが、一日の出来がいささか過大に評価されていないか。その陰では誰も見ていないところで何か月も汗を流し、それでこそ報われるんだ。タイラーは自分自身を容赦なく律している。誰も見ていないところで日々努力して、誰もが休んでいるときに鍛錬するんだ」

その答えはいかにもスポールストラだった。ほとんど誰も見ていないときに、何キロも敷地内を歩いていたことを思い出さずにはいられなかった。まさしく毎日の努力だ。

けれどやはり、これはヒートのシーズンにとって決定的な瞬間のように思えた。よくバランスの取れたオフェンスは、思いがけない選手によって大勝という結果を得たが、それ以降の彼らは努力の価値とチームプレー精神に集中していた。ヒートは三勝一敗でシリーズをリードし、掌握していた。ヒート・カルチャーが成熟しようとしていた。

敗退目前となったセルティックスは第五戦で逆襲し、第三クォーターの強烈なランと、アデバヨとバトラーの不調に助けられて一二一対一〇八で勝利した。誰もが疲労していた。テイタムはシーズンが懸かるなか、試合前は「ひどく不安だった」と言い、憔悴したアデバヨは敗戦の責任を負うと言った。「この試合の黒星はおれのせいだ。ひどいプレーをしてしまった。こんなことがあってはいけない。よくわかっているよ。チームメイトをがっかりさせてしまったような気がする」

だが今シリーズは、アデバヨがテイタムをブロックしたことから始まったのだ。アデバヨは第六戦であざやかなプレーを見せてセルティックスを片づけた。ヒーローが第四戦でつねにセルティックスを半歩リードしていたのとおなじように、アデバヨはディフェンダーのまわりを縦横無尽に動いて、大勝を演出した。プレーオフにおけるキャリアハイの三十二得点十四リバウンド、五アシストだった。第四クォーターではテイタムでもバトラーでもなく、アデバヨが最も優れた選手だった。

「いいプレーができなかったとき、おれがどんなふうになるか家族はよく知っている。とりわけ敗戦したときはね」と、アデバヨは言った。「失敗は自分で背負うようにしている。もっと違うやり方でできたのではないかという気がするからだ。今夜は違うやり方でできた。もっとアグレッシブにプレーしようと思っていて、集中してそれをやったんだ」

プレーオフ中、アデバヨは次のプレーについて考えすぎてターンオーバーを犯すことがあった。第六戦ではつねに判断が早かった。第四クォーターのプレーはパワフルで速く、優雅で、判断に狂いはなかった。

アデバヨはバトラーのお膳立てからベースラインでのスラムダンクを決め、左にドライブして両手でポスターダンクを決めてタイスの不意を打った。次のポゼッションではペリメーターからタイスを襲い、小刻みなステップからペイントエリアで難しいシュートを放った。

数分のあいだ、アデバヨにはアンソニー・デイヴィスかケヴィン・デュラントが乗り移ったかのようだった。繰りかえしタイスのところを攻めるので、セルティックスは彼を助ける選手を送りこまなければいけなくなった。あるところでアデバヨは右ブロックで思いきり敵のディフェンスに踏みこんだが、クイックパスをバトラーに送って逃れ、レイアップをお膳立てした。本能のなせるフルスピードの動きで、セルティックスはついてこられなかった。ヒートは一二五対一一三で勝って、六試合でシリーズの決着をつけた。

スポールストラはアデバヨのことを「すでにバスケ界の最も優れた選手のひとり」と称賛して、「優れた勝者のひとりになるだろう」と予測した。たいてい大げさな物言いを嫌うコーチのほめ言葉は、決して軽いものではない。シーズンが終了したスティーヴンスも賛辞を惜しまなかった。「アデバヨがドライブしようとするだけで、まわりのシューターたちは非常に困らされた」と、セルティックスのコーチは言った。「第四クォーターを支配していた。得点しなかった場面でさえ、彼の存在感は非常にインパクトがあった」

セルティックスはプレーオフのそこかしこに後悔の種を残して去ることになったが、シクサーズやバックス、クリッパーズのように、「実存の危機」に直面することにはならなかった。テイタムがベストの選手で、チームとしても優先順位は最も高く、彼のバブルでのパフォーマンスにはみな満足していただろう。二十二歳、キャリア三年目にしてカンファレンスのファイナルに二度目の出場を果たし、プレーオフでは一試合平均二十五・七点、十リバウンド、五アシストを達成した。効率よくシュートを打ち、ほとんど苦もなく得点した。

そんなテイタムも、ヒートとの試合の終盤では影が薄くなった。エリートのウィングとしての将来はほぼ約束されていたようなものだが、イースタン・カンファレンスのファイナルの最も重要な場面で硬くなり、試合に入れなくなってしまった。若きスターにとっては貴重な経験で、落ちこむ必要はないだろう。だがセルティックスがフランチャイズとして次のステップに進みたかったら、テイタムもさらに活躍しなければいけない。

それ以外ではヘイワードの故障と、ウォーカーの体の小ささが問題だった。ヘイワードがシリーズを通して元気だったら、セルティックスは〇勝二敗という穴に落ちこまなくてもすんだかもしれない。ウォーカーはプレーオフを通して脅威となる場面もあったが、体格のせいでトップクラスのディフェンスを相手にするとゴールを攻めることができず、敵のオフェンスの餌食になった。タイスは中央でよくやっていたが、フロントコートの選手層の薄さが一年を通してセルティックスの最大の弱点だった。ゼネラルマネージャーのダニー・エインジは、オフシーズンにローテーションを補強する必要があった。

二十三歳のブラウンは期待以上のパフォーマンスを見せ、社会の公正を求める選手会の運動においても発言力が注目された。テイタムとブラウンという若きウィングのコンビは正しい道を歩いていて、ポストシーズンの出来を見ても、この年齢の大半の選手よりも安定感があった。二〇二一年のイースタン・カンファレンスはセルティックスが優勝候補だというのが、わたしがバブルを去るときの印象だった。監督はヘイワードの状態を立て直し、フロントコートを補強する必要があるにしても。ポテンシャルという意味で長いこと話題になってきたテイタムは、バブルでリーグの上位十五人の選手といえるほど開花した。そしてまだ成長の余地がたくさんあった。

ヒートは終盤の内容で相手を上回り、バトラーとアデバヨ、ヒーローがそれぞれいいタイミングで個の力を見せたことで勝った。チームにとっては六年間の厳しい旅のあとの、二〇一四年以来のNBAファイナル進出だった。レブロン・ジェームズがキャヴァリアーズに復帰してからというもの、過去五年のうち三回はプレーオフ進出を逃し、シーズンが始まったときはイースタン・カンファレンスの三軍という立ち位置だった。

球団社長のパット・ライリーはフリーエージェントでいくつか高くつく間違いを犯したが、ドラギッチを獲得し、バトラーを招き入れ、ドラフトでアデバヨとヒーローを両方引き抜いたのは大きな功績だった。今、その四人がNBAファイナルのデビューを果たそうとしていた。スポールストラは自身五度目のファイナルで、ジェームズ、ドウェイン・ウェイド、クリス・ボッシュなしでファイナルにたどりついたのは、名声を高めるにふさわしい達成だった。「われわれのロッカールームにいる選手の多くは、力が足りないと言われてきた」。スポールストラはそう言った。彼自身もその描写に当てはまったかもしれない。「そうしたことを言うのはAAUに否定的な連中や新世代の分析家で、スタッツをもとに選手が何ができるか弾きだそうとする。でもわれわれの選手はボールを転がし、プレーし、競いあって戦いたいんだ」

ヒートの面々は深い満足感を得ていた。三回戦に至るまで、スポールストラはワンプレーごとにディフェンダーに指示を出し、敵の不意をつくゾーンの分析も怠らなかった。ヒートはペイサーズ、バックス、セルティックスよりシード順位が低かったが、十二勝三敗という輝かしいポストシーズンの成績を打ち立てた。バトラー、アデバヨ、ドラジッチ、ヒーローが随所で決定的なプレーを見せ、クラウダーとロビンソンもそれぞれ貢献した。

わたしが二〇一一年以降取材してきたすべてのファイナルのなかでも、計算上はマイアミ・ヒートが最も選手の質に欠けるチームだった。そんなチームがカンファレンスのタイトルを獲得したのだ。彼らは殿堂入りを確実視されるジェームズやデュラント、ステフィン・カリー、ティム・ダンカン、ダーク・ノビツキーといった選手を欠いていた。キープレーヤーの何人かはあまりに若かった。そのいっぽう、大事なターニングポイントではおそろしく運に恵まれていた。ヤニス・アデトクンボのバトラーに対する不必要なファウル、アデトクンボの足首の故障、アデバヨによるテイタムのシュートのブロック、ヒーローの驚くような得点力の爆発。

しかしたとえ運に支えられてきたとしても、ヒートはNBAファイナルでは厄介な存在になるだろうとわたしは思っていた。自分たちに無理な重圧をかけるようなまねはしないだろうし、失うものも何もない。「パット・ライリーは八十二試合をやって帰宅するようなつもりで、このチームを組み立てたわけじゃない」と、アデバヨは言った。「すべてはチャンピオンシップを取るための準備だ。ライリーが作ったこのチームが、おれは大好きだ。おれたちは挑戦者だ。誰のことも恐れるつもりはない」

# 第19章　マンバ・シュート

新型コロナウイルス感染症には、時間の感覚をもてあそぶようなところがあった。二〇二〇年三月は丸一年に思えるほど長く、毎日のように新しい恐怖と新しいコロナ関連の用語が生まれ、感染対策に関するガイドラインは日々変わっていった。九月の中旬、レイカーズとナゲッツのあいだでウェスタン・カンファレンスのファイナルが開始するころには、中断期間の前のできごとはすべて五年も前に起きたような気がしていた。レイカーズほど、中断前にいろいろなことを乗り越えてきたチームはほかになかった。

ごく狭義のバブルに特化した見かたをするならば、レブロン・ジェームズ擁するレイカーズがウェスタン・カンファレンスのファイナルに登場するのは当たり前だったかもしれない。ナンバーワンのシードで、バブルのオープニングナイトにクリッパーズを破り、ブレイザーズとロケッツを合計八勝二敗でやすやすと破っていたのだ。だがズームアウトしてテープを巻きもどすなら、話はまるで違った。

二〇一九～二〇シーズンのレイカーズは、リーグ史上最も急激で驚くべき変身を遂げていたが、パンデミックがわたしたちの集団的な記憶を狂わせてしまったことを思うと、その突然の運命の変転は忘れられても致し方なかったかもしれない。ジェームズが二〇一八年に加入するまで、レイカーズは五年間で百二十六勝しかしていなかった。リーグのどんなチームよりも少ない。ジェリー・ウェスト、マジック・ジョンソン、カリーム・アブドゥル＝ジャバー、シャキール・オニール、コービー・ブライアントといった華やかな選手を揃えたフランチャイズは、一九七七年から二〇一三年にかけてプレーオフ進出を二度しか逃していなかったが、ここ六年は進出が叶っていなかった。

わたしが二〇一五年にロサンゼルスに越したとき、レイカーズは惨憺たるありさまだった。五年のうちにコーチはマイク・ブラウンからバーニー・ビッカースタッフ、マイク・ダントーニ、バイロン・スコット、ルーク・ウォルトンと交代し、トップクラスのフリーエージェントの選手はこのチームに洟も引っかけようとしなかった。

ロサンゼルスで暮らした最初の二年間、レイカーズの試合に行くとしたら、試合とはやや関係のない理由だった。試合が終わるたびに、殿堂入りも果たし、二十年のキャリアの終盤にさしかかっていたブライアントはメディア関係者に対して競争のこと、父親であること、年をとっていくこと、そのほか思い浮かんだことを何でも話すという大盤振る舞いをしてくれていたのだ。ブライアントは質問に英語やスペイン語、イタリア語で答え、試合後の長時間にわたるインタビューに興味を惹かれるあまり、コート上での微妙な立場を忘れてしまうほどだった。

シューティングガードとしてのブライアントの力点はつねに「シュート」で、ＮＢＡの通算得点王ランキング第三位として引退していく。わたしの子どものころのヒーロー、マイケル・ジョーダンよりひとつ順位が上だ。彼には若くて無名のチームメイトのために自分のプレースタイルを調整したり、ボールを独占するスタイルを修正したりしようという気持ちがまるでなく、成功率が落ちてもシュートを打ちつづけ、負けが込んでもやり方を変えようとしなかった。それは二〇一三年にアキレス腱を断裂したあとも、ずっと変わらなかった。そしてレイカーズのファンはまったく意に介さなかった。ブライアントはレイカーズの象徴だったのだ。本拠地であるステープルズ・センターの観客は、チームメイトがシュートを成功させるより、ブライアントが失敗するのを見ることを望んだ。レイカーズのファンは彼の「殺し屋」としての本能を称え、ヘビにちなんだ「ブラックマンバ」というニックネームを愛し、「マンバ式メンタリティ」にもとづくアプローチを受け入れた。それはすなわち苛烈なまでの闘争心と、己に対する完全な自信だった。

外の人間にしてみたら、ブライアントの存在が最後の数年はむしろチームに害をなしていたのは明らかだった。ドラフト上位で指名されたダンジェロ・ラッセルのような選手も、彼がいる状況ではまともな成長の機会が得られず、その高額な契約と大きすぎる存在感のせいで、レイカーズは以前のようなフリーエージェントの人気の行き先ではなくなっていた。しかし二十年にわたるフランチャイズへの忠誠と五つのチャンピオンシップリングが、ブライアントに好きなようにする資格を与えていた。それが時に、フランチャイズの負担になったとしてもだ。

ブライアントの最後の試合となった二〇一六年のゲームは、この街やレイカーズ、NBAのコミュニティ全体をいかに彼が掌握していたか、完璧にあらわすものだった。その晩に至るまで、三十七歳のブライアントとレイカーズは直近の十一試合のうち十試合に負けていた。華やかに引退しようと決めていたのか、彼は五十本のシュートを放った。一九六〇年代以降、NBAの選手としては最多だ。終わってみればキャリア通算六回目となる六十得点を叩きだし、考えられない勝利を手にしていて、レイカーズの忠実なるファンにこれだけ言って去っていった。「マンバ・アウト!(マンバは去った)」

レイカーズのブライアント時代の完璧なる幕引きだったが、フランチャイズは後継者探しにめどが立たないままだった。二年ほどさまよったところで、ジェームズが街にやってきた。キャヴァリアーズとの二度目の契約をまっとうし、新しい家とビジネスを拡大するための大きなマーケットを求めていたのだ。

レイカーズはひどく低迷していて、ジェームズでさえすぐさまプレーオフに進出するようなチームに変えることはできなかった。彼がクリスマスに股関節を負傷したあとでは、レイカーズは勢いをすっかり失い、二〇一八～一九シーズンはまた不本意なシーズンとして終える羽目になった。ジェームズにとっては、己を見直す機会となる挫折だった。二〇〇六年以降はプレーオフを逃さず、二〇一一年からは毎年ファイナルに進出していたのだ。

当時はジェームズが、二年前のブライアントのように輝きを失うのではないかと思われていたが、それもしかたなかっただろう。ジェームズは三十四歳で、レイカーズのロスターに頼りになる人材は少なく、カイリー・アーヴィングもジェームズの影から逃れたいと、二〇一七年にトレードでキャヴァリアーズに移ってしまっていた。優れたチームでタイトルを獲得してきたジェームズだが、ステフィン・カリーやケヴィン・デュラントを擁するウォリアーズの覇権に終止符を打つには、トップクラスの仲間が必要だった。

さらに困ったことに、レイカーズは彼のまわりで崩壊しつつあった。球団社長のマジック・ジョンソンは、ジェームズを呼び寄せることを強く主張したひとりだったが、二〇一九年四月に突然退任してしまった。オーナーのジーニー・バスやジェームズよりその決断を早く知ったのは記者たちだった。まもなくコーチのルーク・ウォルトンの首が飛んだ。ブライアントの元代理人で、マジック・ジョンソンのもとレイカーズのゼネラルマネージャーを務めていたロブ・ペリンカがフロントオフィスの運営を引き受けた。だが人間関係の変化のせいで、ペリンカのフロントオフィスでの経験の浅さが問われることになり、ジョンソンが公の場で元片腕について「自分を裏切った」と糾弾したほどだった。

エゴ、人間関係のきしみ、大きすぎる期待に端を発した最悪の状況で、レイカーズの面々はバスケットボールではなく安っぽいドラマの登場人物となっていた。そのせめぎあいを四年間見てきたわたしは、ジェームズがレイカーズに加入したのは間違いで、リーグへの影響力も失われていくだろうという見かたを強めていた。華やかな引退の前、ブライアントの最後の数年間は見るに耐えない試合の連続だった。ジェームズの輝かしいキャリアもおなじところに向かっているのではないかと心配だった。

流れが変わったとき、自分がどこにいたのかよく覚えている。北カリフォルニアのビッグサー州立公園の、急な丘の中腹だ。二〇一九年のファイナルでラプターズが、デュラントとクレイ・トンプソンを深刻な怪我で失ったウォリアーズを破ったあとだった。ウォリアーズの五年にわたる覇権は突如終了し、わたしはプレーオフ取材のため何か月も出張していた疲れを癒そうと、新鮮な空気を吸いに行っていたのだった。ビッグサー州立公園は昔から、死ぬまでに行きたいと思っていた場所で、木々が立ちならんだトレイルを五キロほど登って太平洋を見つめていたとき、ようやく携帯電話の状態に気づいた。メール、ツイッターの通知、着信履歴はすべておなじ驚くべき緊急ニュースを告げていた。ニューオーリンズ・ペリカンズが、アンソニー・デイヴィスをレイカーズにトレードすることに合意したというのだ。

わたしは膝が許すかぎりのスピードで、急な道を下っていった。Ｗｉ－Ｆｉのつながる場所をあわてて探したが、電波網から遠く離れた場所ではかなり難しかった。ようやく一時間ほどのリサーチを終えて記事を書きはじめたときには、翌シーズンのウェスタン・カンファレンスのパワーバランスが大きく変わったことがわかっていた。ジェームズは一流のパートナーを手に入れたのだ。レイカーズにとっては高額な出費だったが、ようやく勝負の準備が整った。

その夏、レイカーズはフランク・ヴォーゲルをコーチに指名した。人材探しは簡単にはいかず、一時はジェームズのキャヴァリアーズ時代のコーチ、タロン・ルーが呼ばれるところだった。ペリンカはフリーエージェントでカワイ・レナードを獲得しようとしていたが、かわりにダニー・グリーン、ジャヴェール・マギー、ドワイト・ハワード、ジャレッド・ダドリーといった地味なベテランたちで妥協することになった。デマーカス・カズンズの獲得には成功したが、彼はすぐさまシーズンを棒に振る負傷に見舞われた。

ジェームズとヴォーゲルにまったく付きあいがなく、かつカズンズを失った状況では、レイカーズに疑いのまなざしを向ける理由はほかにもたくさんあった。レナードは一見したところ層の厚さで上回るクリッパーズで、ポール・ジョージとコンビを組むことを選んでいた。ジェームズとデイヴィスはリーグで最高のスーパースターのコンビだったが、残りのロスターは怪しかった。わたしはレイカーズのメディアデーに参加し、地方局や全国局、国外の局の関心に驚きながら去ることになったが、トレーニング・キャンプ初日の練習にはあまり感心しなかった。じゅうぶんシュートを打てる選手がいるのか。ジェームズやデイヴィスが怪我で欠場することになったらどうするのか。

フランチャイズの近年の歴史と内紛について考えると、疑いを払拭するのは難しかった。ジェームズは三十五歳で、怪我から復帰しているところで、デイヴィスもプレーオフではあまりいい結果を残せていなかった。レイカーズはそれなりの成功を収めるだろうが、結局のところ期待に応えることはできないというのがわたしの見立てだった。二〇一九～二〇シーズンが幕を開けたとき、彼らを優勝候補としては見ていなかった。それどころか、何かがうまくいかなくなるのを半ば予測していた。

プレシーズンの最中、実際に何かがおかしくなった。レイカーズが中国でエキシビションマッチをしていたとき、ロケッツのゼネラルマネージャー、ダリル・モーリーが香港の活動家たちを支持するツイートをしたのだ。どたばたの政治劇が展開するなか、レイカーズはまず中国のメディアと接触することを禁じられ、プレシーズンの試合もあわやキャンセルされるところだった。「ダリル・モーリーと対立したくはないが、今回の状況についてじゅうぶん知識を持たないまま口を開いてしまったのではないか」と、帰国後にジェームズは言った。「多くの人びとが傷を負うところだった。金銭的なことばかりではなく、肉体的にも感情的にも。どんなツイートをして何を言い、何をするかには気をつけなきゃいけない。もちろん言論の自由はあるが、それにはたくさんのネガティブなこともついてくるんだ」。そのコメントはたちまち共和党の政治家たちの非難の的となり、ジェームズはナイキのような会社とのビジネス面での利益のために、アメリカ的な価値観を二の次にしたのだとされた。だがモーリーのツイートは確かに、リーグに多大な経済的損失をもたらした。中国政府は何か月にもわたってＮＢＡの試合をテレビ放映することを拒否し、中国のスポンサーはロケッツとの関係を絶ち、おかげでリーグは二十二億ドルほどの損害をこうむったのだ。

ジェームズは政治的なことがらを含めて、物議を醸すような問題の対処についてはベテランだったが、今回の件は新生チームの船出に際しては非常にまずかった。だがレイカーズはすぐさま落ちつきを取りもどした。クリッパーズにオープニングナイトで敗れたものの、あとは二十四勝三敗という成績で、文句のつけようがない状況だった。内紛はなし、コート外でもハッピーで、互いを支えあっていた。ジェームズとデイヴィスは息がぴったりで、ステープルズ・センターの客席も活気を取りもどした。レイカーズは首位を悠々とキープし、一月の最終週の段階ではなんと三十六勝十敗だった。コメンテーターたちは、ジェームズのレイカーズがカワイ・レナードのクリッパーズをウェスタン・カンファレンスのファイナルで迎え撃つか、ヤニス・アデトクンボのバックスとＮＢＡファイナルで激突するのを楽しみにするようになっていた。

わたしは一月二十六日の朝早く、ニューオーリンズで起床した。ザイオン・ウィリアムソンの待望のデビューを取材していたのだ。期待のルーキーはその日曜の晩がキャリア三試合目、ボストン・セルティックスと対戦することになっていて、わたしは昼まで湿地帯をめぐるツアーに参加し、ワニを見物してからアリーナに行くつもりだった。ところが天気が崩れてしまい、部屋で手持ち無沙汰にしていたら、ツイッターにTMZの速報が流れた。「速報　コービー・ブライアント、ヘリコプターの事故で死亡」

誰もがそう思っただろうが、デマだと思った。そう願いたかった。ブライアントはロサンゼルスの悪名高い渋滞を避けるためへリコプターで移動するのが好きだったが、TMZはセレブに関する飛ばし記事で知られていた。続く数時間がぼんやりと過ぎていったいっぽう、NBA界隈にニュースが広まっていった。ペリカンズ対セルティックス戦を観戦しようと会場に行くと、コーチや選手が涙をこらえていて、追悼の言葉があふれていた。アダム・シルヴァー、マイケル・ジョーダン、シャキール・オニールをはじめとする大勢が、彼を悼むメッセージを寄せていた。ショックと悲しみがあふれ、リーグは日曜に予定されていた九試合の延期を一時的に検討した。

ロサンゼルスの街とレイカーズが打ちのめされているのは想像に難くなく、翌日地元に帰ったら悲しみに満ちた空気に迎えられるのだろうと思った。レイカーズのオーナー、ジーニー・バスはブライアントと何十年もの付きあいがあり、自分の兄弟だとよく言っていた。ゼネラルマネージャーのロブ・ペリンカは長年の代理人で、親しい間柄だった。コート上ではライバルだったものの、ブライアントは彼なりにジェームズのレイカーズ入りを歓迎していた。最後となったツイートでは、ジェームズが自分を超えてNBAの通算得点で歴代三位になったことを祝福していた。「いつも変わらず試合を進化させようとしている」。死の前の晩、ブライアントはそう投稿していた。「尊敬するよ、兄弟」

ブライアントとレイカーズの縁は果てしなかった。デイヴィスとは二〇一二年のオリンピックで、アメリカ代表のチームメイトだった。レイカーズはブライアントの八番と二十四番のユニフォームを永久欠番にして、ステープルズ・センターの外に銅像を建てようとしていた。ドラフトで指名されたとき、ブライアントは十七歳で、忘れられない引退試合で六十点取ったときは三十七歳だった。妻のヴァネッサと子どもたちはレイカーズのファンのあいだではよく知られていたが、十三歳の娘ジアナもヘリコプターに乗っていたという。パイロットをふくむ九名が、曇りの日の朝起きたこの事故で命を落とした。

父と娘はバスケットボールの大会に向かっていたところで、ロサンゼルス中心部から北西に五十キロほど行ったカラバサスという丘の中腹にヘリが墜落したのだった。死の一か月ほど前、わたしはコービーとジアナがレイカーズの試合をコートサイドの席で観戦しているところを写真に撮っていた。ジアナがダラス・マーヴェリックスのスター、ルカ・ドンチッチに会いたいと言ったらしい。そのときの写真を見ていると、悲劇的な墜落事故がより耐え難いものに思えてきた。コービーもジアナも、あまりに早く逝ってしまった。

ロサンゼルスに帰ってから、わたしはまず自分の目で事故現場を見に行った。チャーチ・イン・ザ・キャニオンという名の小さな長老派教会の駐車場から、傷ついた丘の中腹を眺める。おなじような丘を何度となく登ったことがある。どうして、こんなことが起きたのか。

本が山と積まれた事務所で、牧師のボブ・ビエルカースと話をした。ビエルカースはあの運命の朝について語ってくれた。大きな衝撃音がしたので日曜学校を中断していると、巨大な煙が立ちのぼって丘を覆い、消防士たちが駆けつけてきたという。それからメディア関係者が続々とやってきた。悲しみにくれるレイカーズのファンが通夜を行なおうと教会を訪れるので、ビエルカースや教会の人びとは軽食を出し、トイレを開放したという。その週は何千人もがやってきて、花束やレイカーズのグッズを置いていき、ブライアントの偉業をたたえた。チャーチ・イン・ザ・キャニオンに安息の場を求めた人びともいた。

「聖書には、われわれは人助けをするべきだと書いてあります」と、ビエルカースは言った。「わたしたちはそれを実行したのです。気持ちが追いつめられ、涙を流したり悲しみをあらわにしたりしていた人びとのために祈りました。ただハグしてほしい、『ゴッド・ブレス・ユー』と言ってほしい、短い祈りやコップ一杯の水がほしいという人びともいました。地に足をつけて、まわりの人びとと心を通わせるのが、よりよいことを成し遂げる手段だといつも思っています」

街全体がブライアントを悼む場になっていた。バスは車体に彼の名前をあしらい、ロサンゼルス国際空港は偉業を称えるべく紫と金色にライトアップされ、街角の店にはブライアントの写真をプリントしたTシャツが並んだ。レイカーズの練習用施設に一時的に用意された壁には、何千人ものファンが感謝の言葉を記していった。街の中心部のエンターテイメント地区には、紫と金色のブーケが何ブロックにもわたって山と積まれた。そこかしこの壁にブライアントの似顔絵が描かれたため、あるファンが「@KobeMural（コービーの壁画）」と銘打ったインスタグラムのアカウントを作って、記録に残したくらいだった。

ブライアントの死を受けてレイカーズの直後の試合は延期され、選手たちは何日もメディアの前に姿をあらわさなかった。一月三十一日金曜、レイカーズの本拠地で開催された対ブレイザーズ戦では、長い時間をかけて追悼のセレモニーが行なわれた。赤いバラがコートサイドのふたつの席に置かれ、隣にはコービーとジアナのユニフォームも並べられた。ポップスターのアッシャーが「アメイジング・グレイス」を歌い、ブライアントのキャリアをまとめた長尺のビデオモンタージュが大型ディスプレイで流された。天井近くでユニフォームがライトアップされ、コービー・ブライアントの背番号24とジアナ・ブライアントの背番号2を悼んで二十四・二秒の黙禱が行なわれた。コービーの人生を悼む会に参加するには、最も安い席でもスタブハブで七百ドルかかり、コートサイドの席は一席あたり一万五千ドルだった。

ジェームズは追悼として自分の脚に、ブライアントのユニフォームとヘビの絵のタトゥーを入れた。

ヘビはブラックマンバというあだ名にちなんだものだ。ブレイザーズとの対戦前にはブライアントのユニフォームを着てセンターコートに姿をあらわし、「原稿を用意してきたが読むのはやめた」と観客に告げて、コートに原稿を捨ててみせた。彼はブライアントの強い意志を称え、亡くなったあと各方面から支援が寄せられたことへの感謝の念を述べた。しめくくりに、ブライアントが六十得点した最終試合のあと口にした有名なせりふを引用した。「マンバ・アウト。だがおれたちはこう言いたい。決して忘れないよ。永遠に生きつづけてくれ、兄弟」

レイカーズはブレイザーズに敗戦し、コーチのフランク・ヴォーゲルは「これまで関わった試合のなかで間違いなく最も重かった」と語った。試合後の記者会見に登場したジェームズは、濃い色のサングラスをかけて目を隠していた。ブライアントが死んでからメディアの前で語るのは初めてだった。「ここ三年間は、コービーのいちばん幸せな姿を見ていたような気がする」と、ジェームズは言った。「娘さんたちや家族と一緒にいられたんだ。今日という日が終わったら、家族を思いきりハグしてほしい。子どもたちがいるなら、愛していると伝えてほしい」

ブライアントの追悼は何週間も続き、二月二十四日のステープルズ・センターでのお別れの会で頂点に達した。コービーとジアナ・ブライアントの背番号を意識した日づけだった。ＡＢＣのジミー・キンメルが司会を務め、ビヨンセとアリシア・キーズが歌を披露し、ヴァネッサ・ブライアントは娘について「太陽のような子」だったと語った。「お父さん子で、母親のことも愛してくれていました」

マイケル・ジョーダンはブライアントのことを、バスケットボールについて何時だろうとかまわず質問をしてくる「弟のような存在」だったと言いながら声を詰まらせた。「朝の三時に電話をしてきて、ポストアップの動きやフットワーク、トライアングル・オフェンス〔オフェンス戦術の一種〕について話しだすんだ。最初はいらついた。だけどそのうち楽しくなってきた。あいつには誰にもない情熱があった」。ジョーダンは涙をこらえられなかった。「コービー・ブライアントが死んだとき、おれの一部も死んでしまった。このアリーナを眺めるとき、あるいは広い世界を眺めるとき、誰もが自分の一部が死んでしまったのを感じるはずだ。おれにとってコービー・ブライアントとはそういうやつなんだ。どうやって人の心をつかむか知っているやつだった。面倒な男だったとしても」

　ブライアントの死はわたし自身にも影響をおよぼした。わたしはこの五年ほどのあいだに祖父母四人を全員亡くしていた。シュガークッキーやコーン・オン・ザ・コブ〔焼いたり蒸したりしてバターを塗ったトウモロコシ〕、電車での移動、ミシガン湖のさざなみといった小さなことが、気まぐれに悲しみを刺激した。床屋での会話、街角、試合などロサンゼルスではどこへ行っても悲劇の名残りがあった。その月にわたしは二回、車でパーム・スプリングスに行って、人の気配のないジョシュア・ツリー国立公園を歩き、ひと息つける場所を求めた。

　もちろんレイカーズは比較にならないほどつらい状態にあるはずで、この打撃に耐えられるチームがあるだろうかとわたしは思った。まもなくメディア関係者やファンのあいだで、レイカーズは「コービーのために」として彼の思い出を後押しにタイトルレースに臨むのではないか、という見かたが出てきた。わたしには何とも言えなかった。時期尚早だと思ったし、ブライアントの命にくらべたらチャンピオンシップなど何でもないはずだ。それでも、その物語がシーズン終了までレイカーズについてまわるのは間違いなく、彼らはその過程であらゆる機会を使ってブライアントを称えつづけるのだろうと思った。

　ヴォーゲルとジェームズ、そしてデイヴィスはうまくチームをまとめた。巷で言われていたとおり、チームのスーパースターたちは非常に調子がよかったが、有力な選手から若手までの結びつきの強さこそ、シーズンを通して大きな役割を果たしていたものだった。三月の頭、レイカーズはアデトクンボのバックスとレナードのクリッパーズに立てつづけに勝った。レイカーズは崩壊するどころか昇り調子で、ジェームズはポストシーズンの活躍に向けてふたたび態勢を整えていた。ブライアントの死から新型コロナウイルス感染症のせいでシーズンが中断される三月十一日まで、チームは十三勝四敗という成績だった。ジェームズはコロナの訪れなど予感しておらず、初めのうちは「観客席にファンがいなかったらコートには立たない」と言っていた。

バブル計画が最初に持ちあがったとき、当然ジェームズとレイカーズは参加を望むだろうとわたしは思った。ブライアントの死は言葉にならないほどの痛みをもたらした。ペリンカは「わたしの魂の一部が切断された」と表現したくらいだ。そして今、コロナがさらなる苦しみを加えていた。マジック・ジョンソンの辞任からデイヴィスのトレード、ブライアントの死まで、レイカーズはあらゆることをくぐりぬけてきた。彼らにはシーズンを戦うための目標、勝利に匹敵する何かが必要だった。

レイカーズがプレーオフを勝ち進むにつれて、年の初めごろのジェームズの言葉がよみがえるようになった。「家族をハグしてほしい」。一月のブライアントの死のあと、彼はそうメッセージを送った。だがそれから、妻と子どもたちから離れて五千キロ近くも遠くの隔離されたバブルに行くことになったわけだ。「おれはファンのためにプレーしている」。三月の中断の前に、彼はそう言った。その後三か月にわたって、わずか数百人の観客の前でプレーすることになった。バブルはスポーツ界で最もパワフルな選手を家族から引き離し、レイカーズのファンが待望の優勝争いを直接見ることも阻んだのだった。

それでもわたしは、ウェスタン・カンファレンスのファイナルを大いに楽しみにしていた。生まれも育ちも西海岸の人間として、自分のことを冗談めかして「ウェスタン・カンファレンスの申し子」と呼んでいた。ジョーダンが引退してからの西側のＮＢＡファイナルの成績は十四勝七敗で、スーパースターの数もチームのクオリティも、つねに上回っていた。わたしは長年にわたって、ＮＢＡは地理にもとづいたカンファレンスという仕組みを撤廃するべきだと主張している。現状は西側のチームが、東側の弱いチームを踏みつけにしているようなものだ。ポストシーズンのベストマッチアップといえるのが、おおむねNBAファイナルではなくウェスタン・カンファレンスのファイナルであることも、わたしはよく指摘していた。

ニコラ・ヨキッチとジャマール・マレーを擁するナゲッツは、ロサンゼルスのチームだけが勝ち進むという構図を崩した。それでもレイカーズがウェスタン・カンファレンスのファイナルに登場するのは、秩序回復という趣があった。レイカーズは一九八〇年から二〇一〇年にかけて、西側のファイナルに十八回駒を進めていた。いっぽうジェームズ自身は二〇一一年から一八年にかけてイースタン・カンファレンスのファイナルに毎年登場し、二〇一九年になってはじめて記録が途切れた。フランチャイズにしてバスケ界を代表する選手が、なじみの場所に戻ってきた。

シリーズは派手に幕を開けた。ヒューストン・ロケッツを倒したあと五日間の休養を楽しんでいたレイカーズは、ナゲッツに一二六対一一四と大勝して第一戦を終えた。ナゲッツは準備期間が二日間しかなく、多いときにはレイカーズに二十七点差をつけられ、ヨキッチは右往左往していた。

フロントコートの優秀なディフェンダーを欠くナゲッツにとって、マッチアップはどこもかしこも問題だらけだった。ポール・ミルサップは屈強なベテランで、プレーオフでジェームズと戦った経験が豊富だったが、三十五歳では体がついていかない様子だった。ジェラミ・グラントやナゲッツの若手たちには、ジェームズを抑えるだけの体格と強さがなかった。いっぽうヨキッチとメイソン・プラムリーは、デイヴィスの速さと流動性に翻弄されていた。ナゲッツが球を持っても、ドワイト・ハワードとデイヴィスがヨキッチの動きを封じた。どうやらこのシリーズは短期間で終わりそうだった。

だがナゲッツは第二戦で巻き返しを見せ、控えの選手マイケル・ポーター・ジュニアも十五得点して貢献した。ヨキッチとマレー以外はあまり目立たなかったが、レイカーズもめずらしく締まりのないプレーで自分たちの首を絞めていた。ジェームズは六回のターンオーバーを犯し、レイジョン・ロンドは五回、カイル・クーズマは四回だった。両チームを互角にするのにじゅうぶんな数だ。ヨキッチはゲームの最終盤、バックダウンして胴回りの大きさを生かしながらペイントの奥に侵入し、あざやかなジャンプフックシュートを放った。残り二十秒の時点でナゲッツが一〇三対一〇二とリードした。

続くレイカーズのポゼッションの際、ジェームズのゴールに向かうドライブからトップ・オブ・ザ・キーのアレックス・カルーソにチャンスが生まれた。だがカルーソはシュートに失敗し、リバウンド争いが起きるなか、ダニー・グリーンが左のコーナーから強引なシュートを放った。マレーとミルサップがシュートを防ぎに駆け寄り、残り二・一秒の時点でマレーがはじき出す。ヨキッチのゴールと終盤のみごとなディフェンスによって、ナゲッツは勝利に近づいた。

ファイナルプレーのため、ロンドがベースラインからスローインする。ジェームズはほとんど動かなかった。グリーンがすかさずゴールに向かうがディフェンスに遭い、ケンタビオス・コールドウェル＝ポープはコートの遠いサイドで動きがとれずにいた。残るはデイヴィスだけで、トップ・オブ・ザ・キーから左に向かって走ってきた。ロンドがヨキッチからのパスをフリックするとデイヴィスに渡り、どういうわけか彼は視界が開けていた。デイヴィスについていたのはナゲッツのメイソン・プラムリーだったが、プレーが進むなかでなぜかグラントにマークの交代を求めていたのだった。グラントは反応せず、ヨキッチがデイヴィスのシュートを防ごうと必死で走っていく羽目になった。

最悪のタイミングの、あってはならないディフェンスの連係ミスで、ナゲッツはその代償を支払うことになった。デイヴィスが二歩すばやくステップを踏んで足もとを整え、スリーポイントラインの手前から跳びあがる。ボールはあっという間に手を離れ、ブザーと同時にネットをすり抜けた。ナゲッツのコーチ、マイケル・マローンは信じられないというように頭を抱え、マレーはうつむき、混乱したポーターはベンチで頭をかきむしり、PJ・ドージーはレイカーズがゴールを喜ぶかたわらで力いっぱいボールを殴りつけた。

試合直後のレイカーズは、まるで銀行強盗を働き、車のリアミラーで警察が追ってきていないのを確かめている男たちのようだった。ロンドとコールドウェル＝ポープはあたりを歩きまわり、ジェームズとグリーンはどちらも両手を高く上げてその場に立っていた。だがゲームハイの三十一得点九リバウンド二ブロックをマークしていたデイヴィスは、喜びを抑えきれなかった。あのブザービーターはレイカーズに一〇五対一〇三の勝利と、二勝〇敗というリードをもたらしていた。それ以上に、このことは彼のキャリアにおいて意味があった。

デイヴィスはすでにバブルでプレーオフのシリーズを二勝していた。ペリカンズで過ごした七度のシーズンの合計より多い。そしてこの日、自身のスキルの幅広さを見せつけるシュートで、レイカーズに西側のファイナルでの完全な優位を与えたのだった。機動性、フットワーク、テクニック、シュートのセンス、試合後半での自信。ベンチの面々が飛びだしてきて抱きつき、大いに興奮していたデイヴィスは跳びあがったはずみでルーキーのテイレン・ホートン＝タッカーを地面に突き倒してしまった。

味方のベンチへと走っていくデイヴィスは、ブライアントを称える黒いユニフォーム姿で、スローモーションのリプレイは彼がある言葉を叫んでいるところを映していた。「コービー！」究極の瞬間、自身のキャリアのハイライトでも、デイヴィスはただちにコービーに思いを馳せていたのだった。デイヴィスのシュートはコービーの思い出を称えると同時に、クラッチタイムのレイカーズのレジェンドの名声を思い起こさせるものになった。デイヴィスはブライアントを彷彿とさせるプレーをすることで、彼を称えていたのだった。「あれはマンバ・シュートだった」と、ヴォーゲルは言った。「コービー・ブライアントもあんなシュートを打っていただろう。アンソニーはウィングに飛びこんでいき、キャッチ&シュートしたんだ。シーズンの懸かった大一番で、ただゴールを狙った」

デイヴィスの英雄的な瞬間は、個人的な旅の集大成でもあった。始まりは公の場でトレードを求め、ペリカンズから後味の悪いかたちで旅立つところだった。代理人のリッチ・ポールが糸を引いていた一連のできごとは、誰にとっても気まずいものとなった。噂が乱れ飛ぶなか、ペリカンズはトレードの締め切りまでにデイヴィスを手ばなすよう迫られても折れず、そのせいで二〇一八〜一九シーズンのペリカンズとレイカーズは最後まで難しい状況に置かれることになった。

不調に終わったシーズンの後半、ペリカンズはデイヴィスをあまり試合に出さなかった。怪我を避けて、トレードの価値が落ちないようにするためだった。NBAの規定がなかったら、まったく試合に出さなかったかもしれない。若手何人かをめぐる噂の渦中にいたレイカーズは、プレーオフの舞台まで行き着かなかった。いろいろなダメージがついてきた。デイヴィスは五万ドルの罰金を科され、ペリカンズはゼネラルマネージャーのデル・デンプスを解任し、レイカーズの社長のマジック・ジョンソンは退任、コーチのルーク・ウォルトンも首を切られた。

デイヴィスの評判にも大きく傷がついた。批判的な向きは、シーズン半ばでチームを去ろうとしたと非難し、フリーエージェントが予定される一年以上も前から策をめぐらしていたと言った。デイヴィスはそこまで目立つスターでもなかった。ポストシーズンに大きな成果を出しているわけではなく、知名度の高いシューズの契約もなく、キャラクターとしてもあまり目立たなかった。つながった眉毛が大学時代からトレードマークだったくらいで、特筆すべき物語があるわけでもなかった。そんな彼が、ドラフトで自分を獲得したチームから逃げだそうとしていたのだった。

二〇一九年にシャーロットで開催されたオールスターウィークエンドを取材しながら、デイヴィスは自分が何をしているのかわかっているのだろうか、とわたしはいぶかった。トレード希望に対するメディアの注目度の高さに混乱し、当惑しているようで、この次に向かうべきチームがどれなのか、決めかねているようだった。力のあるスーパースターが自分のキャリアをコントロールしているようには到底、見えなかった。ただ迷っているようだった。

だが四か月後に交渉はまとまり、デンプスの後継者であるデヴィッド・グリフィンはジョンソンの後継者であるペリンカから、ブランドン・イングラム、ロンゾ・ボール、ジョシュ・ハート、そして三回のドラフトの一位指名権を受けとることになった。レイカーズは持てる資産をほぼすべてひとりの選手に注ぎこんだようなもので、ペリカンズにとってもじゅうぶんだった。デイヴィスをジェームズと組ませたいというポールの願いがかなった。

一年後、マンバ・シュートがデイヴィスの移籍と、ポールの容赦ない戦略の正しさを示すこととなった。デイヴィスはそのことを隠そうとしなかった。

「あれはもちろん、おれのキャリア最大のシュートだった。ペリカンズを去ったときは、ただチャンピオンシップで戦えるようになりたいと思っていた。そしてこういった瞬間が訪れるのを信じていた。とりわけ、バスケットボールの最大のマーケットであるレイカーズで」

いっぽうデイヴィスの移籍願望とポールのタフな戦略を批判していた人びとにとって、今回の決勝弾はNBAのシステムが壊れていることの証拠だった。スーパースターがより大きなマーケットに力ずくで移籍でき、すぐにその見返りを得るのだったら、スモールマーケットには才能を引き留めておく望みがないではないか。五万ドル程度の罰金は、トッププレーヤーがデイヴィスの後を追って、自身でトレードのリクエストを出すことの抑止にはならないだろう。レイカーズは第二戦も勝ち、NBAは長いこと掲げていた均等な競争力という目標から大きく後退した。

ジェームズはといえば、ポールの綿密な計画のおかげで、試合が失意のうちに終わらなかったことを喜んでいた。「セカンドハーフではアンソニーに頼りきりだった。あいつが勝ち星を取ってきてくれたんだ」。続いてジェームズは、デイヴィスのレイカーズ加入を快く思わない人びとに反撃した。「疑いの目を向けたり、うまくいかないだろうと言ったり、親しそうなふりをして中傷したり、毎日のようにつまらないことを言おうとしたり。そういった連中はアリーナに来たことがないんだ。わかっていないんだよ。アンソニーはここへ来たかったんだ。おれも彼がここへ来てくれてうれしい。もし来ていなかったら、今夜のような場面は生まれていなかったんだ。それがすべてなんだよ。誰でも外野でしゃべっていることはできる。でもリングに上がるか、アリーナに来てみたら、賭けてもいいが全員腰が抜けてしまうだろうよ」

チーム一丸となってあらゆることを乗り越えてきたレイカーズは、晴れ晴れとこの日を迎えていた。だがこの喜びの晩でさえ、ジェームズはふとほろ苦い口調になった。「アンソニー・デイヴィスの今夜のシュート以外にひとつだけ望むとしたら、ステープルズ・センターでプレーしていたかったということだ。ファンの姿が恋しくてたまらない。きっと屋根が吹っ飛ぶほど歓声を上げていてくれただろう」

ルカ・ドンチッチが、クリッパーズとのゲームを決めるステップバックシュートを放ったときも、OG・アヌノビーがキャッチアンドシュートでスリーポイントシュートを決めてセルティックスを沈めたときも、わたしはおなじことを考えた。デイヴィスのシュートはポストシーズンのハイライトシーンとして、これから何年間も再生されることだろう。レイカーズの試合にいつも来ていたジャック・ニコルソンやリアーナといったセレブたちが、画面に収まらないのは残念だった。センターコートで選手たちが抱きあうのも心躍る場面だったが、マンバ・シュートは観客のその場での大歓声にふさわしいものだった。

この世界がもっといいところだったら、ステープルズ・センターは上を下への大騒ぎになっていただろう。コービーとジアナ・ブライアントも、コートサイドの席からひときわ大きな歓声を送っていたはずだ。

# 第20章　老練の技

アンソニー・デイヴィスのマンバ・シュートはナゲッツを敗退にこそ追いこまなかったが、事実上ウェスタン・カンファレンスのファイナルの行方を決定していた。ユタ・ジャズ戦とクリッパーズ戦で何度も死に神の目をごまかしてきたナゲッツだが、これではっきり運が尽きた。あのシュートのあとで、レイカーズを五試合で四回倒すことはできない。

だがジャマール・マレーとナゲッツは、なんとしても押しかえすつもりだった。「このチームにちょっとは敬意をはらってほしい。おれたちは結果を出しているだろう」。二回戦でクリッパーズを追い落としたあと、ナゲッツのポイントガードは言っていた。「おれたちは粘り強いチームだ。三勝一敗になるべきではなかったが、クリッパーズ相手にその状況から巻きかえしたのはちょっとしたことだろう。世間の思いこみを変えるのはいい気分だ」

ナゲッツはレイカーズに「楽勝」だったと語らせるつもりなどなく、第三戦の序盤でそれを証明した。マレーが二十八得点十二アシストでチームを牽引し、調子をつかんで、第三クォーターでは決して得意技ではないダンクシュートをあざやかに決めた。いっぽうレブロン・ジェームズとレイジョン・ロンドは二戦続けてターンオーバーに苦しみ、レイカーズは出だしから低調、ほとんど負け試合といってもよかった。

ところが第四クォーターでナゲッツは六回連続でターンオーバーを犯し、三分近く一本のシュートを打つこともできなかった。レイカーズはマレーを翻弄し、第四クォーターで二十点差を三点差に縮めた。ナゲッツよりも力の劣るチームやマレーほど能力のない選手だったら、プレッシャーに屈するか、これでバブルから解放されるという思いに囚われてしまっただろう。

だがマレーは軌道修正し、終盤にスリーポイントシュート二本を決めてポール・ミルサップのダンクシュートをアシストし、一一四対一〇六の勝利を飾った。「本当のところ、二勝一敗とリードしているのが正しいような気がする」。マレーはそう言って、デイヴィスの驚異のシュートの影響がまだ残っていることを認めた。

ナゲッツのコーチ、マイケル・マローンは主導権をにぎった状況に大いに気をよくして、チームを称賛し、とりわけマレーの試合後半での振る舞いをほめた。「理由はよくわからないが、われわれはバブルが気に入っている。うまく説明ができない。だがこのチームはバブルとうまくいっているんだ。去年の時点で、ニコラに期待できるプレーはわかっていたが、ジャマールのことはまだわからなかった。今ではよくわかっている。われわれにはニコラとジャマールというスーパースターふたりがいる。その後ろには若くて才能あふれる選手が大勢いる。去年との違いはその安定感と、ジャマールに対する全員の信頼だ」

マレーも自分自身の成長を実感していた。二〇一六年にティーンエイジャーとしてナゲッツに加入し、ルーキーイヤーは控え選手として過ごしたが、二年目のシーズンにはもうひとりのロッタリーピック、エマニュエル・ムディエイから出場機会を奪った。四年目を迎えた今はヨキッチの影を脱して、彼と肩を並べていた。「いちばん重要なのはエネルギーをもたらすことだ」と、マレーは言った。「チームメイトと話をするときは、みんなに声をかけて活気づけるようにしている。するとみんな反応してくれる」

しかしバブルのこの段階でエネルギーを生みだすのは簡単なことではなく、第三戦の翌日にも、それを証明するようなできごとが起きた。九月二十三日、ケンタッキー州司法長官ダニエル・キャメロンが、大陪審はブリオナ・テイラーの殺害に関わった三人のルイヴィルの警官を罪に問わないことにしたと発表したのだ。ルイヴィル市はすでにテイラーの遺族と約千二百万ドルで和解していたが、警官の武力の行使は正当だったとされたわけだ。テイラーのボーイフレンド、ケネス・ウォーカーが最初に発砲したからという理由だった。ウォーカーの言い分は異なり、警官のひとりは近くのアパートに銃弾を撃ちこんで「不当に他人の生命を危険にさらした」として三件で起訴されていた。

その夏、バブルで選手たちがどのような発言をしていたかと訊かれると、わたしはレブロン・ジェームズの名前が挙がることが最も多く、二番目はブリオナ・テイラーだと言った。優勝争いはレイカーズのスーパースターを軸に展開していたが、テイラーの理不尽な死は選手やコーチ、メディア関係者を一丸にしていた。七月上旬から選手たちは、試合後の記者会見でテイラーの名前を意識的に口にしていた。ジェームズは銃規制について語った際、ルイヴィルの警官たちは逮捕されるべきだとはっきり言い、マレーのシューズにはテイラーの似顔絵が描かれていた。

バブルに残っていた四チームは、それぞれこのニュースに衝撃を受けていた。ジェームズはツイッターに「ひどく落胆し、傷つき、悲しみ、猛烈に怒っている」と書きこんだ。レイカーズのガード、ダニー・グリーンは「残念なことだ」と言い、マローンらナゲッツのコーチ陣はこの件について話しあうためチームミーティングを開いた。

「ブリオナ・テイラーのボーイフレンドの立場になってみた」と、マローンは言った。「誰かがわたしの家に、明け方の二時か三時ごろ押しこんできたとしよう。追い払わなければならないと、わたしも考えるはずだ。われわれはこのバブルというプラットフォームを使い、自分の頭で考えること、とりわけブリオナ・テイラーの件の正義を求めることについて語ってきた。われわれはまだその正義を手にしていない。恥ずかしいことだ。どこかの時点で、それが変わることを望んでいる」

セルティックスとヒートはイースタン・カンファレンスのファイナルの第四戦を、この件が報道された数時間後に迎えていた。セルティックスのジェイソン・テイタムは、評決は最初から決まっていたと言った。「こうなることはわかっていた。おれたち全員にとって悲しく、腹立たしく、つらい一日だ」。ジェイレン・ブラウンも、おなじような失望感を口にした。「この社会は有色人種を守り、支えるようにはできていない。間違った決定がされるのはわかっていた」

マイアミ・ヒートのジミー・バトラーもその評決が試合中も選手たちに重くのしかかっていたと言った。「今回のようなことは、バスケットボールよりずっと重大だ。誰の身に起きてもおかしくないことだからだ。おれだったかもしれない。アフリカ系アメリカ人なら誰でもおかしくない。おれの心のどこかに、いつもそういった思いがあるんだ。ろくでもないよ。試合が始まったらたしかに勝利を目指さなくてはいけない。だが結局のところ、おれたちはアスリートである前に人間なんだ」

ヒートのコーチ、エリック・スポールストラは金銭面での和解を「あきれるほど空虚な決着だ」と言った。タイラー・ヒーローも、テイラーの遺族が公平に扱われたとは思えないとした。「金は正義ではない。そういうことなんだ」。ヒートの新鋭ガードはそう言った。

バブルの雰囲気には明らかに変化が生じていた。八月にジェイコブ・ブレイクへの発砲事件が起きたとき、選手たちの多くは目に怒りをたたえていて、バックスの面々はコートに上がるのを拒否した。一か月後、テイラーの死について誰も責任を問われていないことをどう思うかと訊かれると、選手の数人はうつむいた。長く、消耗する一か月だった。そして社会のシステムが壊れているというのは、ひとりの警官が拳銃の引き金を引くことよりも根の深い問題だった。ブレイクの一件は激しい怒りを巻き起こしたが、テイラーの事件の評決は絶望感を生んだ。

ウェスタン・カンファレンスの残りの試合が進んだのはひとえに、ニュースの衝撃が引かず、脚には乳酸が溜まるなかでもエネルギーをかき集めることのできるジェームズのおかげだった。ただしナゲッツ相手のターンオーバーの問題は疲労が原因だったようで、アウトサイドシュートもいささか精度を欠いていた。二十三歳のマレーは第四戦でたびたび輝きをみせた。ジェームズを横目に宙を舞うようにして、みごとなダブルクラッチからレイアップを決めた。いっぽう三十五歳のジェームズは試合後半のデッドボールの最中、ショーツの裾をつかんで息を整えなければいけなかった。フランク・ヴォーゲルはポストシーズンを通してジェームズの運動量を巧みにコントロールしていたが、第四戦の序盤でデイヴィスが足首をくじいてしまったあとでは、このスーパースターにより活躍してもらわなければいけなくなっていた。

息づまる攻防が続く後半、身長六フィート九インチ〔約二〇五・八センチ〕のジェームズはたびたび六フィート四インチ〔約一九三・二センチ〕のマレーのディフェンスについた。その動きは、若き日のジェームズがマイアミ・ヒートに加入したばかりのころ、シカゴ・ブルズのスターだったデリック・ローズをディフェンスしていた場面を思い起こさせた。ジェームズのウィングスパンと経験値は、マレーの敏捷さというアドバンテージを帳消しにした。マレーがペリメーターでパスを出さざるを得ないようにして、ドライブをブロックした。マレーはそれでも第四クォーターで三十二点のうち十点を決めたが、レイカーズは泥くさく一一四対一〇八で勝利を収め、シリーズを三勝一敗とリードした。序盤に捻挫して足を引きずって歩いていたデイヴィスは痛みをおしてプレーし、三十四得点して、第五戦でもコートに立つと誓った。

「ずっとコートに出ていると、いいエネルギーが湧いてくる」と、試合後にジェームズは言った。「勝利の風が吹いているとき、おれには疲れている暇も時間もない。今、おれは疲れている。試合時間じゃなくなったときは疲れるんだ。そういうときは疲れる。試合中は疲れない」

あまり納得できなかった。わたしの目に映っていたのは、疲労した選手だった。ジェームズはフィールドゴール十八本中七本に留まり、最後の十八分間はわずか一得点だった。終盤に点が必要になったときは、ファウルラインにたどり着くためあらゆる手を尽くさなければいけなかった。シリーズ前半のターンオーバーの何本かは、強引なドライブのせいで起きていた。自分の行きたい場所に行くことができず、展開を先読みするという類まれな能力がやや精度を欠いていた。ブレイザーズやロケッツと対戦したときのジェームズと違い、どこか脆さが見えていた。

だが物語はそこから別の展開をみせる。偉大な選手は敵をもてあそび、罠に誘いこんで、希望を持たせてから息の根を止めるものだ。マイケル・ジョーダンは第四クォーターの逆襲が十八番《おはこ》で、試合をひっくり返すシュートを一本ずつ決めていった。コービー・ブライアントも同様だった。兄貴が幼い弟をからかっているようなもので、第二クォーターで五点リードを許し、わざと試合をおもしろくするのだ。第五戦では、ジェームズがただ機会をうかがっていただけだったのが判明した。モハメド・アリの「ロープ・ア・ドープ」をバスケットボールのコートで行なったようなもので、それを成し遂げるのに十二分しか必要としなかった。

ジェームズは第一クォーターでシュート二本のみだったが、第二クォーターは十四本と調子を上げていった。レイカーズはハーフタイムまでに十点リードし、デイヴィスの足首にも問題はなく、ナゲッツはもはや追いつめられていた。第三クォーターでジェームズはデイヴィスに主導権を渡し、ナゲッツに三点差まで詰め寄られたところで第四クォーターに突入した。

第四クォーターはジェームズを中心に、あれよという間に過ぎていった。ジェームズはトランジションから抜け出し、タッチファウルを受けながらレイアップを決めた。ナゲッツのディフェンスをハイピックアンドロールで翻弄し、角度のあるプルアップジャンパーが打てる絶妙な位置に入りこむ。左ベースラインからのフェイダウェイシュートを狙ってペイントを猛然とドライブし、あざやかにフィニッシュする。ハイスクリーンを利用してステップバックし、遠めからツーポイントシュートを打つ。右のマレーに近づき、左に向きを変え、ペイントの中央でターンアラウンドシュートを決める。ヘジテーションでグラントの動きを封じ、目の前でプルアップシュートを叩きこむ。ふたりのディフェンダーの背後を見て、アーク手前からスリーポイントシュートを打つ。

ナゲッツ戦でのジェームズのシュートは必ずしも確実ではなかったが、第五戦では必要なとき完璧に機能していた。最終的には四十分で三十八得点十六リバウンド、十アシスト。第四クォーターを休みなしにプレーし、フィールドゴール十本中七本を決めて十六点を積みあげた。残り五分を切ったところでナゲッツが四点差まで詰めてきたときは、得点やアシストでレイカーズの十二本連続のゴールを支え、シリーズに決着をつけた。

ダンクシュートもレイアップも、ゴールに向かう高速のドリブルもなかった。すべて職人技だった。ゴール下でのテクニックだ。伸びすぎた髭に白いものが混じるジェームズの老練の技だった。ジョーダンとブライアントをレジェンドの地位に押しあげたのとおなじ、難しいシュートだ。またジェームズは、ディフェンスのマッチアップ、全体の流れ、コート上のスペーシングなど、試合のあらゆる側面を落ちついてコントロールしていた。

二〇一八年のファイナル第一戦以来、わたしはジェームズがプレーするのを七十五回ほど会場で観戦してきたが、ウォリアーズ戦の五十一得点以降では今回が個のプレーとして最も印象的だった。このたびの勝利で、ジェームズの最終戦の通算戦績は三十八勝十敗になり、直近十八試合で十七勝していた。今回は若く勢いのあるカンファレンス・ファイナルの敵を、頭を使ってしりぞけた。

「おれの肩はたくさんの荷物を運べるくらい幅があるが、頭脳はもっと頑丈だ」。一一七対一〇七で自身十度目のファイナル進出を確定したあと、ジェームズは言った。「第四クォーターで勝てるチャンスがあるのなら、もう一試合やる羽目にはなりたくない。敵にできるかぎり絶望感をもたらすような選手でいたいんだ」

ジェームズとマローンはいい関係を築いていて、ナゲッツのコーチは誰に催促されなくてもレイカーズのスターに称賛の言葉を浴びせた。ここまで六回、敗退の危機を乗り越えてきた相手をジェームズが片づけるのを見ていて、マローンは喜びもあらわだった。「史上最高の選手は誰かという議論に、みんな首を突っこみたがる。それは不毛な議論だ。レブロンは史上最も偉大な選手のひとりで、彼の経歴もそれを物語っている。試合が拮抗していたとき、誰が流れを変えただろうか。コートにいた最高の選手だ。われわれは彼から、つねにそんなものを求めるようになっている」

カメラマンを引き連れて誇らしげにロッカールームへと引きあげながら、ジェームズは二〇〇九年のファイナルでのブライアントの有名なせりふを口にした。「まだ仕事は終わっていない」。のちに彼は、自分がブライアントのメンタリティを理解できる「数少ない人間のひとり」だろうと言った。「どんな時でも勝利を求めるメンタリティだ。よく眠れなくなるし、たくさんのことを犠牲にしなければいけない。偉大な選手になるという気持ちがあまりに強いために、家族を犠牲にすることもある」

レイカーズはウェスタン・カンファレンスのプレーオフを十二勝三敗という戦績で乗りきり、残すところはヒートとのファイナルだった。四度目のタイトルを獲得するには、ジェームズは古巣を倒さなければいけない。キャヴァリアーズに復帰するため袂《たもと》を分かってから六年が経っていた。

ジェームズはウェスタン・カンファレンスのファイナルについての話を、フランク・シナトラの歌を引用してしめくくった。「おれは『マイ・ウェイ』で進んできた」。三つめの所属チームでもファイナルにたどり着いたことを指していたのだろう。いっぽうジミー・バトラーは、マイアミ・ヒートがレイカーズを倒すには「ほとんど完璧でなくてはいけない」と言いつつ、イースタン・カンファレンスのファイナルを後にした。

「このところずっとこんな感じだ」と、バトラーは言った。「勝ちたければレブロン・ジェームズが率いるチームと向きあわなければいけない。だいたいいつも、そういうことになるんだ。そこに集中しなければいけない。おなじ試験を何度でも受けて、合格を目指すようなものだ。その試験の名前をレブロン・ジェームズという」

# 第21章　グランド・オープニング、グランド・クロージング

わたしのバスケットボールの取材をめぐる大切な思い出は、ほぼすべてNBAファイナルで生まれている。

二〇一一年にはじめてファイナルの観戦に行くと、このチャンピオンシップに懸かっているものとイベントの規模の大きさが、今まで見てきたものとまったく違うことがすぐ理解できた。ファイナルはより重要で、よりドラマチックで、より緊張感にあふれ、何もかもが段違いだった。わたしは毎年ファイナルを心待ちにするようになり、新型コロナウイルス感染症が蔓延しなかったらいったいどのようなファイナルになっていたか、中断期間には想像をめぐらせてコラムを丸一本書いた。もちろんマイアミ・ヒートがイースタン・カンファレンスを制してレイカーズに挑戦するとは思いもよらなかった。

ファイナルは苦悩と喜びに満ち、胸がつぶれるような瞬間があり、すべてがほんの一瞬で終わってしまうこともある。ファイナルのプレッシャーを実感したのは最初の年、レブロン・ジェームズがここ一番で失敗して、メディア関係者と険のあるやりとりをするのを見たときだった。ジェームズははらわたを煮えくりかえらせていて、混雑した記者会見場は信じられないほど気まずい空気に満ち、試合をめぐる物語はめまぐるしい勢いで二転三転した。

それからというもの、何度か歴史に残るクラッチプレーを目撃した。二〇一三年のレイ・アレンのコーナーからのスリーポイントシュート、ジェームズの二〇一六年のチェイスダウン・ブロック。わたしはロッカールームでの祝勝会のあと、シャンパンのコルクを拾い集めた。二〇一四年、スパーズのAT&Tセンターの空調がおかしくなってしまったときは、狭くうだるようなロッカールームに待機させられていた。ジェームズの登場を待っていると、上のほうの椅子に座ったカメラマンの汗がわたしの頭に滴り落ちてきた。けいれんの治療を受けていたジェームズは、結局姿をあらわさなかった。二〇一九年には、トロントのアリーナの高層部に設けられたホッケー用のメディア関係者席に座っていて、ケヴィン・デュラントの深刻なアキレス腱の怪我について自分の中で整理しようとしていたが、うまくいかなかった。

ふだんのNBAファイナルは国を越えたバスケットボールの祭典だ。世界中から何百人という記者が集まり、セレブが大勢混じった観客もにぎやかにやってきて、六月の二週間というものスポーツ界を席巻するのだった。だが人数制限された状況ではドレイクがコートサイドに座っていることはないし、殿堂入りしたビル・ラッセルがファイナルの優勝杯を贈呈するためにあらわれることもない。ここに至るまでの厳しい試合、スケジュールの変更、隔離された環境を思うと、バブルでのファイナルはリアリティ番組『サバイバー』の最終回のようでもあった。最後まで倒れなかったチームがトロフィーを受けとり、そのあと全員帰宅するのだ。

「最初に選手たちがここへやってきたときは、当然ながら懐疑的なまなざしと好奇心があった」。NBAの副コミッショナー、マーク・テイタムはファイナルに先立って言った。「バブルはどんなふうに機能し、どんな感じがするものなのか。やがてみな適応していき、ルーティンが確立された。こうして時間が経ち、二チームしか残っていない今となっては園内の雰囲気もずいぶん違うが、レイカーズとヒートは集中していてコンディションもいい。彼らにはゴールラインが見えているし、過去数か月のあらゆる犠牲もチャンピオンシップを制するためだったと納得できているはずだ」

わたしは何か月ものあいだ、ＮＢＡはプレーオフを開催できないのではないかと恐れていたので、ファイナルが予定通り、感染対策上の問題もなく実施されることになって心からうれしかった。これ以外の何もかもが予定通りにならなかったこの一年、十回連続でファイナルを見届けることができるのは幸運だった。ファイナルを盛り上げようとするＮＢＡの努力にも感謝していた。

コミッショナーのアダム・シルヴァーがオーランドに到着し、第一戦の前の恒例のあいさつに間に合うように隔離期間を終えた。すぐさま、園内のループをきびきびとジョギングする姿が見られるようになった。アドヴェントヘルス・アリーナは、コートもサイドラインの大型ディスプレイもロッカールームへと続く廊下も、黄金のラリー・オブライエン・トロフィーの写真で埋めつくされていた。

ＮＢＡエンターテイメントのカメラマンが、参加しているメディア関係者向けにグループまたは個人の撮影の機会を設けてくれた。ディズニー・ワールドのギフトショップは、ファイナル専用のシャツや水のボトルなどのグッズを販売していた。リーグからは大量のスタッツが公開され、バブルであわただしく過ごした日々を客観的に見られるようになった。三か月のあいだ、選手やコーチに対する三千六百回のオンラインのインタビューが行なわれ、百十五台のバスやバンが輸送のために使われ、五百二十五回のガイド付きの釣りのツアーが開催され、ホテルの宿泊数は計十万六千泊になっていた。

わたしは精いっぱい努力したものの、九月三十日にファイナルが開幕する前は一種の放心状態に陥っていた。荷物のほとんどはすでに自宅に送りかえしていて、土産物を大量に買いこみ、ルームサービスのメニューは大半を試し、バブルの敷地はおおよそ歩きつくし、シラサギのマイキーの写真もたくさん撮った。レイカーズ対ヒートには心躍ったが、帰宅するというのも同じくらい期待感が高かった。ＮＢ

Aはディズニー・ワールドに「来て、見て、勝った」。ファイナルを楽しみつくそうというい つもの気持ちは、いまひとつ盛り上がらなかった。

「何かに集中して実際にやり遂げるという意味では、プロのアスリートとして挑戦してきたことのなかでいちばん難しかったかもしれない」。第一戦の前日にジェームズは言った。「体や心といった部分への負担は、相当大きかった」

八月から九月上旬は、カウントダウンをしないよう我慢していたが、今ではそれをしないでいるのは不可能だった。家に帰る飛行機の便を調べ、社会復帰することを考えはじめたが、いささか気が重かった。七月以降、コロナをめぐる状況は悪化するいっぽうだったからだ。バブルがNBAと私自身の人生にとって、より安全な未来への架け橋となるという願いは実現していなかった。これだけ何か月も経ったのに、まだ終わりは見えていなかった。

NBAの運営側はファイナルへの期待感を高めつつ、新型コロナウイルス感染症に対していっそうの警戒態勢を敷くことが求められていた。感染者を一名も出さないということが、バブルという実験の評価につながるとリーグ側では考えていた。仮にテレビ視聴率が下がり、選手たちが孤独な環境になじむことに苦心しても、少なくともバブルは中の人間たちを危険から守り、試合の続行を可能にしたと主張できるわけだ。

そう言いきれるかどうかは、ファイナルが終了するまで陽性者が出ないということに懸かっていた。その点をリーグの上層部は忘れていなかった。シルヴァーはCNNに「最近のお気に入りの絵文字は、幸運を祈って指をクロスさせているものだ」と言って、テイタムも注意を喚起した。

「コロナ禍でどうしたらビジネスを成功させられるか、われわれはそのモデルを提示できている」と、彼は言った。「そのことを非常に誇りに思っている。ここまで来ることができて喜びを感じているが、まだやらなければいけないことがある。このウイルスはきわめて予測不能なので、誰も警戒を緩めてはいけない。集団で気を引き締めることが大事だ。NBAのチャンピオンが戴冠するときが近いが、まだもう一シリーズやらなければいけない。これだけ大きな犠牲をはらったチームや選手、スタッフ、係員には感謝している」

シルヴァーが到着すると、ただでさえ厳しいルールがいっそう強化された。観戦中の食事は禁止された。記者たちはアリーナに入場する前、必ず接近アラームをチェックされた。毎日Eメールが続々と届き、さまざまな感染対策のガイドラインに従うよう、バブルの住人たちは今一度うながされた。試合後の記者会見場は厳格に管理され、選手やコーチにはふつうの椅子ではなくステージの上の席が用意され、記者たちも間隔を空けて座った。

メディア関係者のバブル参加は厳しく制限されていたので、集まりは人数を絞ったうえで行なわれていたが、今ではリーグや選手会の役員が同席するようになっていた。最も大きな点として、選手とそれ以外の人間たちのソーシャルディスタンスがさらに厳しく実施されるようになった。NBAの運営側は、残り四分間で自チームが十点のリードを保っているコーチのようだった。持てる力のすべてを使ってリードを守るように、健康とテレビ視聴率を守り、NBAの名に傷がつかないようにしていたのだ。

ファイナルに関していえば、レイカーズが明らかに優勢だとわたしは思っていた。ジェームズとアンソニー・デイヴィスはバスケ界を代表する選手のふたりで、ともにナゲッツに貫禄勝ちした勢いそのままに、ファイナルに臨もうとしていた。いっぽうヒートは、タイトル争いに必要とされる選手の質では下回っていたが、あくまで計算上はレイカーズのスターたちとうまくマッチアップしていた。ジミー・バトラーはジェームズとの対戦に前向きで、二〇一三年と二〇一五年のプレーオフで敗れたときの雪辱を果たそうとしていた。バム・アデバヨは大柄なNBA選手としてはめずらしく、デイヴィスと渡りあうことのできるスピードとリーチと身体能力を備えていた。ヒートは挑戦者という立場だったが、ジェームズとデイヴィスには点を取らせ、一丸となったオフェンスでそれ以外のレイカーズの選手を上回ろうとしていた。

　第一戦が行なわれる日の午後、わたしはワイシャツにアイロンをかけて、何か月も取り置いていた三着のスーツの一着を嬉々としておろした。ネクタイは大の苦手だが、ためらいもなく首に巻いた。夏のあいだずっと履いていたスニーカーのかわりに、革靴を一足出した。さあ、ファイナルだ。

　NBAは困難な状況のなか、ベストを尽くそうとしていたのだから、わたしもそうするべきだった。なんといってもバトラーは二〇一五年、スポーツ・イラストレイテッドにわたしが初めて書いたカバーストーリーなのだ。そしてジェームズは二〇一八年、わたしがワシントン・ポストに加入する前の最後のカバーストーリーだった。最近プレーオフでのマッチアップを観戦したのは、ジェームズのキャヴァリアーズがバトラーのブルズを、好試合となった二〇一五年の二回戦で下したときだった。アドヴェントヘルス・アリーナにたどり着くと笑みが浮かんだ。あたりを見回すと、少しだけ緊張を覚えた。いつものファイナルではない。けれどやはり、これはファイナルだった。

「NBA史上最も長いシーズンだった」と、シルヴァーは第一戦前のあいさつ（いわばバスケットボール版の一般教書演説）で語り、コービー・ブライアントとデヴィッド・スターンの死、四か月の中断、バブルという名の長い旅にふれた。「ここにいることは誰にとっても、途方もない犠牲を必要とした」

　その数時間後、すべては終わりに近づいていた。ジェイ・Zがかつて歌ったように「グランド・オープニング、グランド・クロージング」だ。ヒートは二三対一〇と先手を取り、レイカーズに厳しい試合を強いるという期待を高めた。だがそこからみるみる崩壊していった。左の足首をひねったバトラーは、おそるおそる歩いていた。ゴラン・ドラジッチは足を故障し、最後の二十八分間はプレーしなかった。

アデバヨはセカンドハーフで肩を痛め、第三クォーターの途中でコートを離れて戻ってこなかった。

ヒートの最も重要な三人の選手がそれぞれファイナルのデビューを果たし、三人とも第一戦の第三クォーターまでに大きな怪我を負ってしまった。呪われたシーズン、呪われた年、呪われた地球をあまりにもよく体現しているできごとだった。レイカーズは容赦なく序盤の点差を縮め、第三クォーターでは三十二点リードし、一一六対九八という大差の勝利を収めた。セカンドハーフが散々だったので、わたしはいつもなら決してしないことをした。第四クォーターが始まりもしないうちに、試合の記事を提出したのだ。

「初めに一発食らったよ」。二十五得点十三リバウンド九アシストのジェームズは言った。「二三対一〇になった瞬間から、おれたちは力が出てきた。縦横無尽にプレーするようになった。ディフェンシブストップが効くようになった。オフェンスでもずっとうまく球が回るようになり、すっかりいい流れになったんだ。観客がいようといなかろうと、これまでの気持ちの上での闘いと準備期間のことを思うと、ファイナルでまたプレーするのはとてもいい気分だったよ」

ジェームズは二〇一五年のキャヴァリアーズ時代、まったく反対の経験をしていた。カイリー・アーヴィングをファイナルの第一戦で欠き、六試合でウォリアーズに敗れたのだ。そして今シリーズも、複数の選手抜きで進行しようとしていた。ヒートはローテーションの穴を埋めつつ、精神的な重い負担に対処しなければいけなかった。一試合で怪我人が三人。あんまりではないか。早すぎる終わりが訪れようとしていた。レイカーズにとっては、もう試合の結末が見えていた。「チャンピオンとして名を残したい」。三十四得点九リバウンドで試合を終えたデイヴィスは言った。「それが次のステップだ」

ヒートのコーチ、エリック・スポールストラは主力たちの怪我の状態について続報を待ちながら、チームが「今晩よりもいいプレーをする」と記者たちに約束した。気持ちの面では真実だっただろうが、実際そのような展開になるのか、わたしには疑問だった。

足を引きずっているバトラーではジェームズに太刀打ちできなかった。ドラジッチはチームで最も優れたイニシエーターで、ヒートが期待できるマッチアップのアドバンテージとしてはおそらくベストだった。アデバヨはほかにフロントコートのオプションを欠くなか、アップセットを起こすのに最も欠かせない要素だった。ケリー・オリニクとメイヤーズ・レナードでは、七戦通してデイヴィスを抑える望みはまったくなかった。第三、第四試合でホームの観客の後押しを期待することもできない。どうやら一方的な展開になりそうだった。

水曜に第一戦を落としたあと、ヒートは金曜の第二戦に向けて態勢を立て直さなければいけなかった。四か月にわたってバスケットボールが中断されていたのが、今はバトラー、ドラジッチ、アデバヨを四十八時間で回復させなければいけない。バトラーなら痛みをおしてプレーすることもできるが、ドラジッチとアデバヨにそれは不可能だった。

「わたしはヘッドコーチとしてだけではなく、過去二十四時間はまるで親のように振る舞わなければいけなかった」と、スポールストラは第二戦の前の記者会見で語った。

「ドラジッチとアデバヨはすばらしい選手たちだ。われわれのロッカールームではみんなそうなのだが、兄弟のような絆で結ばれ、互いのことを気にかけている。ふたりともプレーしたいと訴えていたが、最終的にそのオプションはあきらめなければいけなかった」

スポールストラが先発させたのはバトラー、タイラー・ヒーロー、ジェイ・クラウダー、ダンカン・ロビンソン、そしてレナードだった。その一団がティップオフに臨むのを見ていると、バブルという奇妙な体験がさらに上書きされるようだった。バトラーは確かにスターだったが、ヒーローはルーキーだった。クラウダーは経験豊富なベテランだったが、ロビンソンは二年目で、レナードは過去のプレーオフ十六試合で一試合しか出場していなかった。

今までわたしは、これほど瀬戸際の状態でファイナルに挑むチームを見たことがなかった。ここまで取材した十回のファイナルで、これに匹敵することは何もなかった。二〇一五年のキャヴァリアーズには、アーヴィングの欠場を埋める全盛期のジェームズがいた。二〇一九年のウォリアーズはデュラントとクレイ・トンプソンをシリーズ後半で失ったものの、まだステフィン・カリーとドレイモンド・グリーンがいた。

レイカーズは第二戦でふたたび力を発揮し、最初から試合をコントロールして一二四対一一四で勝った。ジェームズは三十三得点九リバウンド九アシスト、デイヴィスは十五本中十四本を決め、三十二得点十四リバウンドで試合を終えた。レイカーズのオーナー、ジーニー・バスとデイヴィスの代理人リッチ・ポールがともにバブルを訪れて、第二戦を観戦していた。戴冠は間近で、歓喜が訪れるまであと二試合だった。「おれは優勝杯がほしい。レブロンは三つ持っている」。デイヴィスはジンクスの発動を恐れることもなく言った。「あまり長いこと、うらやましく思わずにすむことを願っているよ」

第二戦に緊張感はなく、わたしはここへきて初めてアリーナの人数の少なさを肌で感じた。レイカーズはその夜、機械的に動けば勝てるという状況で、週の前半に満ちていた興奮はかき消えていた。なんとも寂しいことだった。ヒートの果敢な挑戦は負傷者の多発によって封じられ、レイカーズは駒を使い果たした敵のことよりも自分たちの気の緩みを注意していればいいという状態だった。スポールストラとバトラーは敗戦のあと、表情も口調も硬かった。「言いたいやつらには言わせておこう」と、スポールストラは言った。「どうやったら勝てるか？　必要なことをすべてやるんだ。それくらいの簡単な話だ。どうしても成し遂げたいことがあるのだから、その方法は見出せるだろう」

スポールストラは一歩も引こうとしなかったが、わたしにはヒートの前進する道が見えなかった。原稿を送付したあと、デルタ航空に電話をした。第四戦は十月六日に予定されていたので、十月七日にオーランドからロサンゼルスに飛ぶ便の航空券を予約したのだ。

「史上最長のシーズン」は、最短期間のファイナルで終わろうとしていた。わたしは五日以内に帰宅する。それは間違いないように思えた。

# 第22章　まだ終わりではない

二〇一五年、スポーツ・イラストレイテッドにジミー・バトラーの記事を書いたとき、当時シカゴ・ブルズのコーチを務めていたトム・シボドーと短いやりとりをした。場所はサンフランシスコ大で、出張の最中だった。バトラーは二十五歳で、そのシーズンにブレイクし、ＮＢＡ最成長選手賞にノミネートされていた。シボドーはバトラーを四年間指導し、彼がほとんど出場機会のないディフェンスのスペシャリストからオールスター級のプレーメーカーに成長するのを見守ってきた。どちらも歯に衣着せぬ物言いをするワーカホリックで、シボドーはバトラーへの賛辞を惜しまなかった。「子犬のころ嚙まなかったら、そのあともたいてい嚙まない。ジミーは最初から嚙んでいた」

バトラーは元気がありあまっていた日々について楽しそうに語った。ポートランドの豪華ホテルで対談したとき、ルーキーシーズンは出場時間がほしいとシボドーにせがみながら過ごしたと言っていた。二年目の終わりごろには、プレーオフでいつも先発していた。ひとつだけ問題があった。昔気質《むかしかたぎ》のシボドーは出場時間を制限することに反対で、バトラーをほとんどコートから下ろさなかったのだ。二〇一三年のポストシーズンの五日間、バトラーは三試合連続でフル出場した。疲れたというせりふは許されなかった。

「おれはいつもコーチに文句を言っていた」と、バトラー。「『試合に出してくれ、出してくれ』と言いつづけていたのさ。ここまでコーチに話しかけているということで、ついに自分自身が嫌になってきたくらいだ。初めて四十八分間プレーしたとき、心の中で言っていた。『文句はなしだ。おまえはルーキーイヤーで、出場したいといつも言っていたじゃないか』。息も絶え絶えで疲れきっていたが、望みがかなったんだ」

これらのプレーオフをきっかけに、バトラーは全国のテレビの視聴者の前に姿をあらわした。ヒートとの二回戦で、二十三歳のバトラーはレブロン・ジェームズを執拗にシャドーした。五試合のうち三試合でフル出場し、二十一得点十四リバウンドで第一戦のアップセットを演出した。二〇一四年、インディアナ・ペイサーズのランス・スティーブンソンはジェームズの耳に息を吹きかけたが、バトラーはそうしたつまらない手は使わず、それでいて厄介な存在として立ちはだかった。ジェームズは二十八歳で身体的なピークを迎え、敵の多くを圧倒していた。けれどバトラーは怖いもの知らずで、隙あらばジェームズを押さえこみ、身長と体重にかなりの差があったにもかかわらずボディチェックを続けた。ヒートは比較的楽に勝利し、バトラーは知名度を得た。

二〇一五年、バトラーとジェームズはふたたび二回戦で相まみえた。ジェームズはキャヴァリアーズに復帰していて、大きな怪我と闘い、ルーキーコーチのデヴィッド・ブラットのいささか怪しい判断にも悩まされていた。ブルズはユナイテッド・センターで行なわれる第四戦に向けて二勝一敗とリードしていた。ブザーと同時に、奇跡のようなスリーポイントシュートを叩きこんだデリック・ローズの功績だった。疲れ知らずのバトラーはまたしても各試合に四十分以上出場しながら、ジェームズを抑えていた。ブルズとキャヴァリアーズはマイケル・ジョーダン時代を通して、印象に残るプレーオフの戦いを繰りひろげ、ブルズはジェームズの帰郷を台無しにしてやろうと手ぐすね引いていた。

ジェームズはそうさせなかった。スコアが八十四点どうし、残り一・五秒というところでキャヴァリアーズが左のベースラインからスローインし、バトラーがジェームズと並んだ。ジェームズはバトラーをゴールのほうに押しやり、自由になって左のコーナーに駆けていき、構えからタイムアップと同時に決勝点を叩きこんだ。バトラーは追いついてジェームズの目の前に左手を伸ばしたが、ボールがきれいにネットをすり抜けるのを見て背を向け、肩を落とした。ローズのすばらしいプレーに沸いたわずか二日後、ユナイテッド・センターは静まりかえっていた。

試合後の記者会見中、ジェームズは監督のサインプレーを「無視した」と語って、シュートにさらなる伝説をつけ加えた。ブラットはジェームズにスローインをさせたかったのだが、ジェームズはシュートが打ちたくて、そうしなかったと言う。

バトラーは敗戦にひどく落ちこみ、シカゴは六試合で敗退した。シボドーは三週間もしないうちに解任され、バトラーは二〇一九年にシクサーズに移籍するまでプレーオフで勝つことができなかった。その頭上を越えていったジェームズのシュートは、ブルズの二〇一四〜一五シーズンを事実上終わらせ、シボドーのこのチームでの五年にわたる仕事に終止符を打ち、「風の街」ことシカゴでのバトラーの彼なりのポストシーズンの成功も封じた。そういった種類の敗戦は、爪痕を残すものだ。

バトラーの「子犬」としての日々は、二〇二〇年ごろにはとっくに過去の話になっていた。シカゴからミネソタ、フィラデルフィアからマイアミへと六年かけて渡り歩きながら、彼はずっとジェームズとの再戦を待っていた。ジェームズはファイナルで二勝〇敗とリードし、バトラーとのポストシーズンの対戦成績は十勝三敗だった。二〇一五年のブザービーターからは五戦連続の勝利だ。

ところがファイナルの第三戦で、バトラーはキャリアに残るパフォーマンスを見せた。ジェームズに負けるのも、ヒートは負けるとメディアに決めつけられるのも、負傷者が続出したせいでファイナルが台無しになったと言われるのも、もうたくさんだったのだろう。バトラーは世界に対して怒り狂っていたが、それでも怒りはうまく制御されていて、身体的な強さ、スタミナ、頑固さ、勇猛果敢、知性、プライドといった彼の長所がよくあらわれていた。

その晩のレイカーズは周囲の盛り上がりに少々酔っていたのか、隙があって、おそろしく軽率にボールを扱った。相変わらず怪我でゴラン・ドラジッチとアデバヨを欠いていたヒートだが、バトラーはひたすら点を取りつづけた。試合が落ちつかない序盤、強烈なドライブからダンクシュートに持ちこみ、カッターにパスを通し、ジェームズからボールを奪いとってスラムダンクを決めようと突進していった。自分より小柄だったり屈強さを欠く敵のディフェンダーとマッチアップしたときは、強引にペイントに切りこんでいってプルアップシュートや難しいランニングシュートを決め、フリースローを狙った。ヒートのオフェンスは四人の選手がペリメーター周辺で動き、バトラーが頭を低くしてゴールに突進するという形がほとんどだった。

スリーポイントシュートがそこまで得手ではないバトラーは、その夜は一本も打とうとしなかった。そのパフォーマンスは実に一九九〇年代的だった。ポストのディフェンダーからバックダウンし、シュートを決め、マイケル・ジョーダンのような難しいフェイダウェイシュートを叩きこむ。

二〇一四年、バトラーはチーム練習の最中にミドルポストからシュートを決めると、自分のことを「ベビー・マイケル」と冗談で呼ぶと教えてくれた。第三戦はベビー・マイケルの独壇場だった。

ヒートがセカンドハーフで試合の流れをにぎり、両チームがタイムアウトでコートを去ったとき、バトラーがジェームズに大声で何か言った。のちにバトラーが明かしたところでは第一クォーターの終わりに、ヒートは「やばいことになってるぞ」とジェームズが言ったそうだ。そこでヒートが一一五対一〇四の勝利に近づいたとき、第四クォーターでそのせりふをジェームズにお返ししたのだった。

「レブロンにはあまりに何度も負かされてきた」。四十四分間で四十得点十一リバウンド十三アシストという数字で試合を終えたあと、バトラーは言った。「あの男には一目置いているが、今では状況が変わったし、まわりには違う選手たちがいる。おれたちは勝つためにここへ来ているんだ。むざむざ負けてたまるか。巻き返して二勝二敗にしてみせるさ」

バトラーのプレーと言動は、二〇〇一年のNBAファイナルでのシクサーズのアレン・アイバーソンを思い起こさせた。シャキール・オニールやコービー・ブライアントを擁するレイカーズに対してシクサーズはマッチアップで劣っていたが、アイバーソンは五十二分で四十八得点し、オーバータイムにはタロン・ルーを振りきってシュートを決め、第一戦を勝利に導いた。結局シリーズを制したのはレイカーズだったが、アイバーソンという個の力は称賛に値した。バトラーの立ち位置も似ていた。

「準備はできている」と、バトラーは言った。「大舞台でどんなことを要求されても、おれはやってみせる。みんな、もちろんおれたちは負けると思っているのだろう。誰もおれたちを信じていないようだが、かまうものか。自分たちがいいチームなのはわかっているから、自信を失ったりしない」

帰りの便を予約するなど、とんでもなかった。わたしはデルタ航空に電話して、フライトを第五戦のあとの十月十日まで延期した。ヒートの勝利のせいで、バブルにいた全員の滞在が少なくとも三日間延びた。第四戦と第五戦のあいだに一日オフの日があったからだ。「おれはさっさと帰りたいんだ」。記者仲間のひとりは、その晩シャトルバスに向かいながら言った。「ジミーはすばらしかったじゃないか」と、わたしは応じた。「さっさと帰りたいんだ」と、彼は繰りかえした。

第三戦はバトラーのキャリアにおける最高の試合だった。ほかの偉大な選手たちと優れたチームが、バトラーたちが第三戦で直面したよりずっとたやすい状況で、バブルを去る羽目に陥っていた。繰りかえしになるが、バトラーはタイラー・ヒーロー、ジェイ・クラウダー、ダンカン・ロビンソン、マイヤーズ・レナードという先発の面々に囲まれていた。誰もさほどいいプレーをしていたわけではなく、バトラーの相棒としてベンチから出てきて十七点取ったのは、それまでほとんどプレーオフの試合に出ていなかったケリー・オリニクだった。

バトラーは自分自身を痛めつけるのが好きだった。早起きして日が昇る前にトレーニングを始めることで知られ、二〇一四年の夏はケーブルを外し、インターネットへの接続を断って、一日三回ジムに行く以外は何もすることがない状況にした。今、彼はとっくに壊れていてもおかしくないヒートが壊れるのを拒否することで、バブルにいる全員を痛めつけていた。実にみごとだった。

レイカーズは黒星の理由として締まりのないプレーと危機感の欠如を挙げたが、ジェームズは敗戦という事実を一蹴しようとした。「心配することはないと思う」。そう言ってからあらためて強調した。「おれたちは心配していない」。第四戦の前にはチームメイトにグループメールを送って、二勝一敗とリードしているものの「勝つしかない」と念押ししたという。

ずいぶん前になるが、わたしはさまざまな話題についてシャヴリク・ランドルフにインタビューしたことがある。高校生のころ大きな注目を集めた選手で、NBAのほかプエルトリコ、中国、日本のリーグでプレーした経歴の持ち主だ。話題は「ヒートルズ」がマイアミ・ヒートに根づいてまもなく、ジェームズとおなじトレーニング・キャンプに参加したときのことになった。ランドルフはマクドナルド・オール・アメリカンを経てデューク大で三年間を過ごし、ポートランド・トレイルブレイザーズでオールスター選手のブランドン・ロイとプレーしていたが、ジェームズといっしょにコートに立つというのがどういうことなのか、まったく理解していなかったという。

ランドルフ曰く、ジェームズはあらゆるカテゴリのベストで、どんなメニューでも一番の成績を収めた。誰よりも機敏で、強く、賢かった。得点、パス、オンボールディフェンス、オフボールディフェンス、シュート、リーダーシップ。ランドルフはこんなふうに表現した。「ジェームズはほとんど例外なく、相手よりも優れたスキルを持っている。相手が誰であっても、どんな種類のスキルであっても関係ない」。それに加えてジェームズ自身もまわりも、そのことをよく知っていた。どんなスクリメージも、ジェームズがそうしたアドバンテージを抱えた状態で始まり、相手は運があることを望むだけだった。

そのことは十年経ってもほぼ真実だった。大事なのは、ジェームズにはバトラーとおなじくらい闘争心があったということだ。バトラーに引けをとらない負けず嫌いで、おなじくらいスタミナがあった。

レイカーズは戦闘態勢を整えて第四戦にあらわれた。ようやく両方のチームが、ファイナルにふさわしい密度の濃さでプレーしていた。ジェームズは何度かファウルが見逃されていると審判に食ってかかり、がらんとした会場に叫び声が響きわたった。序盤ではまたターンオーバーに苦しんだが、後半はバトラーの十八番を奪った。第四クォーターでなんとしても得点が必要になるとポストに行き、フリースローラインに向かって、狭い隙間が生かせるよう機会をうかがった。

残り三分弱というところで、レイカーズは九〇対八八と僅差でリードしていた。ジェームズがバトラーのミスのリバウンドを拾い、フルスピードでコートを上がっていく。フリースローラインの近くで三人のディフェンダーを引きつけ、右のコーナーにいたケンタビオス・コールドウェル＝ポープにすばやくパスを出す。プレーオフを通して地道に貢献してきたコールドウェル＝ポープはスリーポイントシュートを決めて、レイカーズのリードを五点に広げた。ランドルフの描いてみせたジェームズ像が、その大事な一瞬に浮かびあがった。誰にも負けない機敏さ、強さ、賢さ。プレッシャーのかかった状況でフルスピードで動きながら、完璧なチームプレーをする能力。

「それが大事なところなのさ。チェスのゲームのようなものだ」と、ジェームズは言った。「キャリアのこの段階にもなると、高いレベルでちゃんと考えることができるのが、身体的なことよりずっと大事だ。試合を通して考え、どこを変えたらいいのか考え、可能とは思えないタイミングでプレーすること。個人的にはそれがいちばん大事だ」

第三クォーター後半ではもうひとつ、印象的なシークエンスが生まれた。判断に迷ったカイル・クーズマがペリメーターにいたジェームズに中途半端なパスを送ると、バトラーがすかさずボールを奪ってトランジションに入った。ジェームズは猛然と追っていってレイアップをブロックしようとしたが、ファウルの笛を吹かれた。ジェームズは身をひるがえし、その判定に文句を言いながら、不用意なプレーをするなとクーズマを叱りつけた。

クーズマがパスを出した瞬間、ジェームズが怒るのは見当がついた。ファイナルの拮抗した試合の最中は、ためらったり中途半端なパスを出したりするのは厳禁だ。だがレイカーズの次のポゼッションで何が起きるか、わたしは予期していなかった。クーズマを無視したり、自分で主導権を握ろうとしたりするかわりに、ジェームズは彼にスリーポイントシュートのチャンスを作り、クーズマはそれを決めたのだった。緊迫した試合のなか、ジェームズはコート上で最も冷静な選手でもあった。レイカーズは一〇二対九六と踏んばって勝利し、ジェームズは第四クォーターをフルでプレーして、二十八得点十二リバウンド八アシストだった。

「おれのキャリアのなかで最大の試合のひとつだった」。ジェームズは三勝一敗というリードを歓迎しながら言った。「ほかのことはどうでもいい。本当にどうでもいいんだ。休みたいとは思わない。一週間くらいしたら休めるさ。一か月まるまる休めるんだ」

ジェームズはもっと大きな試合に出たことがあるはずだ。二〇一二年のセルティックス相手の第六戦、二〇一三年のスパーズ相手の第七戦、二〇一六年のウォリアーズ相手の第七戦あたりが三本の指に入るだろう。だがどうして彼がそう言わなかったのか、わたしには理解できた。バトラーはキャリア最高のプレーをしていて、アデバヨも怪我から復帰を果たし、試合はどう転んでもおかしくない状況だった。ファイナルの優勝候補として二勝〇敗のリードをふいにするのは、ジェームズの名声にとって痛すぎるダメージで、マイケル・ジョーダンのチャンピオンシップリング六個を追ううえでも大きなマイナスになっていたはずだ。ここで星が並んでいたら、ジェームズとレイカーズはさまざまなプレッシャーに直面していただろう。これほど長いことディズニー・ワールドに滞在して、優勝杯なしで帰るというのは耐えがたいことのはずだった。

今回の大事な勝利においては、アンソニー・デイヴィスも小さからぬ役割を果たしていた。レイカーズのコーチ、フランク・ヴォーゲルは彼にバトラーをガードするよう命じていた。少々珍しいクロスマッチアップで、身長とウィングスパンで上回るデイヴィスが、ゴールへ向かうヒートのスターの強力なドライブを食い止めるよう求められていたのだ。第二戦でミルウォーキー・バックスは、二〇二〇年のNBA最優秀守備選手賞に輝いたヤニス・アデトクンボをバトラーにスイッチするのをためらった。アデトクンボに次ぐ二位だったデイヴィスが、ファイナルでその挑戦を引き受けたというわけだ。

バトラーはそれでも二十二得点十リバウンド九アシストで試合を終えたが、デイヴィスのせいで前回のように躍動することはできなかった。「ペリカンズにいたころ、コーチのアルヴィン・ジェントリーにはディフェンスをしろといつも言われていた」。二十二得点九リバウンド四ブロックのデイヴィスは言った。「ペリカンズはすばらしいオフェンス能力をもつチームだったよ。だが百三十点取っても、ディフェンスをしないから二回戦を突破できなかったんだ。よく使われる言いまわしだが、ディフェンスがチャンピオンシップを制する」

試合の終了間際、デイヴィスはアデバヨの頭越しにスリーポイントシュートを決めて、レイカーズのリードを六点から九点に広げた。ジェームズはデイヴィスが球をリリースするやいなや喜びをあらわにし、ハイタッチをしようと腕を振り上げた。ふたりともサイドラインのカメラに向かって、安堵の気持ちをこめて叫んでいた。「あいつは終了間際、序盤、第四クォーター、第一クォーター、そのあいだのあらゆる時点で貴重なシュートを決める選手だ」。ジェームズはデイヴィスについてそう言った。「ぎりぎりのタイミングのシュートだとわかっていて、ずっと練習してきた自分の腕を信じたんだろう。大きなシュート、大きなプレーで、そのおかげでおれたちは試合に蓋をすることができた」

レイカーズの戴冠はもはや目前で、シリーズ後半の勝利という結果によってさまざまな「準備モード」が発動された。チェックアウトに関する説明書きが記者全員に配られた。空港までの安全な移動手段として、第五戦の翌朝の十月十日にリムジンが手配されることになった。わたしは残りの荷物をふたつのスーツケースに詰め、ティップオフの数時間前にはロサンゼルス行きの帰りの便の予約を確認した。デイヴィスは金色のナイキのシューズを履いていた。もちろんラリー・オブライエン・トロフィーにちなんでいたのだろう。レイカーズの面々はコービー・ブライアントを悼んで、黒いユニフォームを着ていた。長いシーズンの終わりを自分たちの手で演出しようとしていたのだろうが、意図するところはわかりやすかった。

ところがまたしてもバトラーが邪魔をした。第五戦は第四戦同様、乱打戦となったが、今回躍動したのはバトラーひとりではなかった。もうひとりはシリーズを通して圧倒されているようだった二十六歳のウィング、ダンカン・ロビンソンだ。かつてウィリアムズ・カレッジの一員としてディヴィジョン3でプレーし、二〇一八年のドラフトで指名されなかったあとはGリーグに行った選手だ。ヒートで二年目を迎えるこのシュートのスペシャリストは、ファイナルでジェームズとデイヴィス相手に先発を果たした。

第一戦でロビンソンは二十七分間で三本しかシュートできず、それもすべて外した。第二戦では七本中二本のみ。シリーズ序盤のデッドボールの最中、メディア関係者にはシュートを打つようスポールストラがロビンソンに荒っぽい言葉で指示を出しているのが聞こえた。リーグ屈指の優秀なマークマンに、縮こまっていてもらうわけにはいかなかったのだ。ヒートの第三戦の勝利のあと、十二本中四本でまた怖気づいていたようなロビンソンに、バトラーは公衆の面前ではっぱをかけた。

「ダンカンはもっとシュートを打たなきゃいけない。機会を見つけるんだ。あいつはおれたちがこういった試合のどれかに勝つ理由になれるんだから。六本か七本、スリーポイントシュートを決められるはずだ。そうしたらおれは飛びあがって喜び、思いきりあいつをハグするさ。頭の後ろにちょっとキスしてやるかもしれない。チームにとって本当に重要な選手なんだ」

そう予測したときのバトラーは、四十得点とトリプルダブルのおかげでいささかハイになっていた。だが第六戦の見通しはずばりと当たった。デイヴィスは第一クォーターで右足を痛めたようで、その姿は二〇一九年のファイナルでのケヴィン・デュラントのアキレス腱断裂を思わせた。幸いにもロッカールームに戻ることはなく、深刻な怪我はまぬがれたが、サイドラインで待機することになって、そのあいだにバトラーが波に乗った。

デイヴィスがディフェンスにつかなくなったことで、バトラーは第三戦での強烈なアプローチを再現できるようになった。インサイドでのアタックから、アウトサイドのロビンソンにチャンスが生まれた。終わってみればロビンソンはポストシーズンのキャリアハイの二十六点を取り、スリーポイントシュートを七本決めていて、すべてバトラーの予想どおりだった。それだけ得点があれば、ヒートは試合終了まで怒濤の攻撃を重ねていたジェームズの四十得点という活躍にも耐えることができた。

「今夜はボールを取りに行き、自分の場所を確保することにもう少し積極的になれた」と、ロビンソンは言った。「それが役に立ったし、何本かゴールが決まるのを見るのはいい気分だ。おかげで自信をつけることができた。バトラーがおれたちを導いてくれた。あいつは勝つために必要なことなら何だってやる。何本かシュートを打って、コートの両サイドでプレーした。結果を出すことを望んだ。いつもきれいにできるとはかぎらないが、あいつはいつだって道を見つける」

試合後半のシークエンスは絵に描いたようなバトラーとジェームズの直接対決で、スパイク・リーの『ラストゲーム』でのジェイクとジーザス・シャトルズワースの対決を彷彿とさせた。第五戦の第四クォーターは、まさしくバブル全期間を通して最も密度の濃い戦いだった。優勝セレモニーについての記事を書くことになるのかわからないまま、締め切りに臨んでいたわたしは、第四クォーターまでにネクタイを緩めて、ワイシャツのいちばん上のボタンを外していた。第五戦の終盤に感じたアドレナリンは、会場内に客がいなくても、過去のファイナルで味わったものに匹敵した。

ラスト三分ほどになったとき、バトラーはロビンソンのスリーポイントシュートをお膳立てした。ジェームズは二本のフリースローで応えた。バトラーはデイヴィスの頭越しにミドルレンジのシュートを放った。ジェームズはダブルクラッチからのレイアップを試みてファウルを取り、ベースラインのカメラに向かってアピールしてみせた。バトラーはふたたびベースラインでターンアラウンドシュートを決め、残り一分弱というところでヒートに一〇五対一〇四のリードを与えた。

ジェームズはすぐさまバトラーをポストに押しこみ、バックダウンからレイアップシュートを決めた。残り五十秒で一点リードされていたバトラーは、敵のディフェンスに正面からドリブルで突っこんでいき、ゴールに向かいながらファウルを取った。笛が吹かれたとわかるとベースラインに行って、コートを囲む腰の高さの電光掲示板に上半身をもたせかけた。

バトラーは両腕に頭をうずめ、クッションの入った壁にひたいを預け、胸を大きく上下させていた。十秒ほどそうしていたはずだ。ベースライン沿いの席に座っていたロサンゼルス・タイムズの記者ダン・ウォルケが、うつむいて疲れから腕を垂らしているバトラーの印象的な写真を撮るのにじゅうぶんな時間だった。

「それが特別な写真だとすぐわかった。この夜のことを、どんな言葉にも負けないくらいよくとらえるものだった」と、ウォルケは書いた。「ひとことだけキャプションをつけてツイッターに投稿した。『モンスター』と」

バトラーはタイムアウトのあいだに息を整え、フリースローをどちらも決めて、チームに一〇七対一〇六のリードをもたらした。約二分間でジェームズは七点連続、バトラーは六点連続で得点した。コートにいたほかの選手は誰も得点できず、シュートを試みた選手もひとりしかいなかった。

バトラーは立っているのがやっとだったが、屈したのはレイカーズが先だった。試合を左右するポゼッションのとき、ジェームズは残り十秒の段階で右へ強烈にドライブし、四人のディフェンダーを引き連れてゴールに向かっていった。五人目のアンドレ・イグダーラもさほど遠いところにいなかった。ジェームズはその頭越しに、トップ・オブ・ザ・キーでフリーになっていたダニー・グリーンにパスを送った。

それはいかにもジェームズらしい、試合を決めるシュートをすべて自分で打つのではなく、正しいプレーを選択するという判断だった。グリーンのスリーポイントシュート成功率はキャリア通算四十％で、少しだけずれたジェームズのパスが届いたとき、近くにディフェンダーはいなかった。

だがプレーオフを通じて低調だったグリーンは、チャンピオンシップを決めていたかもしれないシュートに失敗した。ジェームズとグリーンは、マイケル・ジョーダンとスティーヴ・カーにはなれなかった。それから四十八時間、ポストシーズンを通じてグリーンが不安定だったことを考えると、ジェームズは自分でファイナルプレーを引き受けるべきだったのではないか、という議論が盛り上がることになった。

「フリースローラインの手前でディフェンダーをふたり引きつけ、トップ・オブ・ザ・キーに味方がいるのに気づいた。フリーでスリーポイントシュートを打てる状況で、チャンピオンシップを決められそうだった」と、ジェームズは説明した。「やつのことを信じたんだ。もう一度、やり直せたらと思っているだろう。もっといいパスが送れたらよかったよ。でもしかたがない」

グリーンのミスから生まれたオフェンシブリバウンドは、残り五秒の時点でマーキーフ・モリスの手にわたった。ジェームズはフリーで、ライトウィングで球を求めていたが、モリスは時間がなくなりかけていることに焦り、アデバヨと競りあっていたデイヴィスに強引なパスを送ろうとした。ボールはコートの外に飛んでいき、ヒートは一一一対一〇八の勝利を手に入れた。コートのそばに据え置かれていた紙吹雪用の大砲は使われずじまいだった。デイヴィスが金色のシューズに合わせた黄金の優勝杯を抱えて帰ることもなかった。

バトラーの三十五得点十二リバウンド十一アシスト五スティールは、ジェームズの四十得点十三リバウンド七アシスト三スティールのわずかに上をいっていた。「どれだけガードされたところで、正しいプレーをしてみせるさ」と、バトラーは言った。「もちろん、あいつらは勝ちたかったんだろうし、勝つつもりで試合に入ったんだろう。次の試合はおれたちにとってますます難しくなる。だが今の状況が、おれは気に入っている」

試合後のシーンは第三戦のデジャヴだったが、そこにいる人びとの敵がい心は一段階アップしていた。バトラーのせいでまたしても全員の滞在が延びたわけだ。疲れきった記者たちは蹌踉《そうろう》とした足どりで歩いていた。わたしはデルタ航空に電話して、あらためてフライトのスケジュールを延期した。ＮＢＡからも、リムジンの手配をやり直したという連絡がきた。ホテルに戻るバスの中では愚痴も聞こえてきた。

一部の記者たちは、この夜帰宅するつもりでリムジンを呼んでいたのだ。ところが十月十一日の第六戦までの二日間、囚われの身となった。「信じられない」と、記者のひとりがこぼした。徹夜して、オーランドを出る朝六時のフライトに乗る予定だったという。

わたしも信じられなかった。レイカーズが負傷者だらけのヒートを相手に二試合も落とすなど、説明がつかなかった。バトラーは第六感で何かを予想していたようだが。

デイヴィスはレイカーズが「プレッシャーを感じていない」と言っていたが、わたしの頭の中では、二勝〇敗だったときには考えられなかったシナリオが展開していた。もしレイカーズが三勝一敗のリードをふいにしたらどうなるか。ジェームズのファイナルの通算成績は三勝七敗となり、二〇二〇年はキャリアにおける最悪のファイナルの敗戦の年として、二〇一一年を超えるだろう。彼のプレーオフ最大の失望で、二〇一六年にキャヴァリアーズがウォリアーズ相手に三勝一敗からひっくり返したのとおなじようなことになる。

バトラーはおよそ考えられない運命を実現しようとしていた。「おれたちは勝つためにここへ来た」と、第五戦のあとで言った。「次の二試合が勝負だ」

# 第23章　シャンパンシャワー

アンソニー・デイヴィスがレイカーズの一員として初めてロサンゼルスのメディアと対峙したのは、二〇一九年の七月だった。記者会見の最中、彼は自分のことをセンターというよりパワーフォワードと考えているとはっきり言った。ＮＢＡでどれだけスモールかつ流動性のあるラインナップが流行していても関係ないというわけだ。「聞こえのいいことを言おうとは思わない。おれは四番としてプレーするのが好きだ。五番はどうも肌に合わない」

レイカーズのコーチ、フランク・ヴォーゲルが左隣に座っていた。オールスターゲーム選出のデイヴィスは、その「覚書」を直接、新しいボスに突きつけたことになる。「もしその話になって五番をプレーしてほしいというのなら、五番をプレーしよう」

そうした立ち位置を好んだのは、デイヴィスだけではなかった。多くの大型選手は伝統的なセンターの隣で、パワーフォワードとしてプレーするほうを好んだ。フィジカルなインサイドでのマッチアップは、長期的な消耗を避けられないからだ。ヴォーゲルはデイヴィスを生粋のセンターであるジャヴェール・マギーやドワイト・ハワードの隣で先発させることで、ペイントで相手チームを苦しめたり、リバウンドを拾ったりする機会が増えると考えていた。そのラインナップのためにいくらかシュートやスペースが犠牲になっていたが、西側のトップシードを確保し、ファイナルに堂々と乗りこんでいったあとでは、誰も文句をつけることができなかった。プレーオフが進むにつれてマギーの影響力は薄れていったが、ハワードがニコラ・ヨキッチといったナゲッツの大型センターを抑えて、貴重な時間を稼いだ。

ヴォーゲルはファイナルまでのプレーオフで二度だけ、デイヴィスをセンターとして先発させた。ロケッツ相手の二回戦、第四戦と第五戦でのことだ。ロケッツはポストシーズンの面子のなかではいちばんの小兵の集団で、後ろに重心を置いたレイカーズのシフトは貫禄の二勝を呼びこんだ。いっぽうスモールラインナップを選んだときは、ジェームズはよりゴールをアタックするスペースに恵まれ、デイヴィスもペイントを独占することができ、ふたりのスーパースターは三人のシューターに囲まれつつ、最大限のスペースを利用できるのだった。ディフェンスに関してはいつも以上にすばやく、力強くプレーし、敵をターンオーバーに追いこんだり、トランジションを制したりした。

「スモールラインナップとして見てはいない」と、ジェームズは言った。「おれたちには全員ウィングスパンがあって、ハードにプレーできる。それだけのウィングスパンと身体能力の味方がいたら、リバウンドを拾い、ディフェンスし、ローテーションするのも楽だ。何かがうまくいかなくなったら、仲間が流動的に動いてくれる。おれたちにとってはいいラインナップだ」

レイカーズの伝統的なセンターは、ファイナルではあまり期待できなかった。バム・アデバヨをはじめとするヒートの大柄な選手たちが、かなりの時間をペリメーターで過ごしていたからだ。実のところマギーはヒート戦にはまったく顔を出さず、ハワードもあまり大事な場面で出場時間を与えられなかった。戴冠を目前にして、慎重なヴォーゲルが切り札を出したのだ。初めての記者会見から一年三か月後、ヴォーゲルはあらためてデイヴィスをセンターで起用しようとしていた。

対ロケッツ戦で、ヴォーゲルはマギーに代えてマーキーフ・モリスを先発のラインナップに加えた。

ヒートに三勝二敗していた第六戦はハワードをベンチに置き、アレックス・カルーソを出した。シーズン三年目のカルーソはファンの人気が高かった。後退しかけた額にバンダナを巻いた、テキサスの出身の彼はドラフトでは選ばれず、しばらくNBAゲータレード・リーグで過ごしたあとレイカーズのロスターに少しずつ入りこんできたのだった。頭のよさとフォア・ザ・チームの精神でジェームズに一目置かれていて、身長六フィート五インチ〔約一九五・七センチ〕ながら時おりダンクシュートを決めることもあった。レイカーズはヒートの泥くさい第五戦の勝利に対して、純粋にスピードで対抗しようとしていた。

それは絶妙な判断だった。ヒートは第一クォーターこそ流れをキープし、第一戦以降初めてゴラン・ドラジッチが出場したことにも勇気を得ていた。だがそこまでだった。七分のあいだにレイカーズは二六対七のランを仕掛け、ハーフタイム前には六四対三六という驚異的なリードを達成していた。デイヴィスはインサイドで躍動し、ケンタビオス・コールドウェル＝ポープはスリーポイントシュートを決めていった。カルーソはトランジションから抜け出し、ジェームズとレイジョン・ロンドは交代でチームを指揮した。過去三試合で起きたさまざまな騒ぎは完全に過去のものになっていた。

レイカーズには気が緩む心配もなければ、後半またジミー・バトラーが暴れるのを警戒する必要もなかった。ヒートは息の根を止められていた。レイカーズのスモールラインナップはハーフタイム後も調子よく点を取りつづけ、四回連続のポゼッションから得点し、リードを三十六点に広げた。このシリーズで二回目になるが、わたしは第四クォーターが始まる前に原稿を書きあげてしまった。

どうやらこれで終わりだとわかった。第七戦はないだろう。夜遅くデルタ航空に電話して、予約の変更を頼むこともうない。空港行きのリムジンの時間が調整されることもない。優勝セレモニーが見られるのだ。翌日には黒いリムジンがわたしを待っている。飛行機に乗って帰宅するのだ。これがバブルの最後だった。

ノスタルジアか緊張のなせる技かはわからないが、わたしは第四クォーターの途中にもう一度だけ、アドヴェントヘルス・アリーナを一周してみようという気になった。ボイコットの最中にバックスを待った廊下を歩き、長い時間を過ごした記者会見場に行き、蛇口からふつうの二倍も強く水が吹きだす上階の洗面所に行き、ビデオコントロールセンターが世界中に試合を配信している入り口付近に戻った。幕の隙間からテレビ放映用にしつらえられたコートをのぞくと、クロックが時を刻み、勝利の瞬間が近づいているのが見えた。レイカーズの観客席に目をやると、期待に満ちた顔が並んでいた。もうバブルに一か月以上滞在している十数人の妻やガールフレンド、子どもたちは、待ち望んだ瞬間の訪れを楽しんでいた。ヒートのもう少し小さな家族用の区画には、失望感がただよっていた。

ウェスタン・カンファレンスのファイナルの最中に、作家のトーマス・ベラーと電話をしたことを思いだした。ヨキッチの創造性とクリッパーズ相手のクラッチプレーについて、十五分近く興奮して語りあい、わたしはセルビア出身の大型選手である彼が「NBAで最高のセンターはヨキッチなのか」という議論に終止符を打ったことを思いだしていた。ジョエル・エンビード、カール゠アンソニー・タウンズ、ルディ・ゴベアといった選手たちは全員、二番手争いだ。それから話題はレイカーズ相手のヨキッチのプレーと、ナゲッツ相手のデイヴィスのプレーに移った。レイカーズはハワードを使ってヨキッチを抑えるのにある程度成功していたが、ナゲッツはデイヴィスを止められなかった。デイヴィスは第二戦でブザービーターを決め、シリーズ後半も安定して得点を重ねた。わたしは追憶にふけるのをやめて、独り言を言った。「実際のところ、NBA一のセンターは自分をセンターと呼びたくない選手かもしれない」

席に戻ると、デイヴィスが試合終了を前に喜びの涙をこらえているのが目に入った。トレードを希望したときは手厳しく批判されたものだが、二〇一九年のオールスターウィークエンドで所在なげにしていたときから十八か月を経て、今じゅうぶんに報われているのだった。ジェームズが涙をからかいにやってきて、ふたりが短いやりとりをする。ふたりには鏡映しのようなところがあった。今や四つのタイトルを持とうとしているジェームズはキャヴァリアーズを去ったあと、二十七歳のときヒートで初タイトルを取った。デイヴィスはペリカンズを去り、二十七歳にしてレイカーズで初めて戴冠しようとしていた。

レイカーズは一〇六対九三で勝った。終了直前のヒートの意味のないランを凌いだという意味で、さらに点差は際立っていた。両者は六度対戦し、最後の一六対五のランを経てバブルでの王者が決まった。デイヴィスは十九得点十五リバウンド三アシスト二ブロック、センターにシフトしたことでとうとうヒートを破った。ジェームズはすばらしいプレーオフの活躍を二十八得点十四リバウンド十アシスト、トリプルダブルでしめくくり、キャリア四度目のファイナルMVPは確実だった。そのころロサンゼルスではステープルズ・センターやサンタモニカの遊歩道が紫と金でライトアップされ、フランチャイズの十七回目の戴冠を祝っていた。ウェスタン・カンファレンスの申し子としてわたしはツイッターに、西側が過去二十二タイトルのうち十五タイトルを取ったと投稿せずにいられなかった。

ブザーが鳴ると同時に、紫と金の紙吹雪が宙を舞った。ユニフォームの裾を出し、カメラに一挙一動を追われながら、喜びに満ちたジェームズがチームメイトと握手をかわす。リーグの役員がコート上での優勝杯の授与の準備をする。ラリー・オブライエン・トロフィーがいつものルイ・ヴィトンの特製ケースから取りだされたので、わたしはサイドライン際を移動してもっとよく見えるところに行った。アダム・シルヴァー、レイカーズのオーナーのジーニー・バス、ゼネラルマネージャーのロブ・ペリンカ、アドバイザーのカート・ランビス、選手の関係者たちがコート上の選手やコーチに合流する。数か月がかりの目標を達成したことについて、わたしはNBAや選手会を称えた。

恐れていたとおり、優勝セレモニーは観客がいないとやや拍子抜けで、ビル・ラッセルの尊顔を拝することができないのも残念だった。デイヴィスのマンバ・シュートがステープルズ・センターで決まっていれば、とジェームズが言っていたように、レイカーズも戴冠の瞬間を満場の客と分かちあえたらどれほどよかったことか。それでもレイカーズの面々は歓喜していて、伝統的なチャンピオンシップ用のTシャツと野球帽という姿で、ラリー・オブライエン・トロフィーを高々と掲げてみせた。

優勝セレモニーの司会を務めたのはESPNのレイチェル・ニコルズで、会場を占めていた達成感が印象的だったとのちに語った。その達成感はレイカーズの面々のものであり、リーグのものであり、バブルに住んでいた全員のものだった。「コミッショナーにマイクを向けていたとき、ある種の人間の力の偉大さというものを感じずにはいられませんでした。逆境において人間は何ができるかということです」。ニコルズはESPNデイリーのポッドキャストでそう語った。「ただの試合だということはわかっています。これが世界の食糧問題を解決するなどと言うつもりはありません。でもこれは国じゅうのあちこちの都市に住んで、それぞれの仕事をしている大勢の人びとが、力を合わせて大きなことを成し遂げた結果なのです」

その晩、十月十一日は、わたしがディズニー・ワールドで過ごす九十二日目だった。翌朝はもう、義務であるPCR検査のために検査室へ行く必要はなかった。リーグからは接近アラームの返却を求められていた。IDカードを使って試合会場に入ることもない。もう試合はないのだ。わたしはフライトの予約確認をした。九十三日目にここを出ることになる。

レイカーズもおなじような状況だった。ジェームズはファイナルMVPのトロフィーを掲げて拍手喝采に応え、デイヴィスに勢いよく突かれて危うくバランスを崩すところだった。彼らはバブルで最も傑出した選手ふたりだったが、同時にコービー・ブライアントの悲劇的な死、そして新型コロナウイルス感染症に翻弄されたシーズンを通して、レイカーズの心身の強さを象徴する存在でもあった。

デイヴィスは怪我をおして戦い、プレッシャーのかかる状況でさらに一皮むけたプレーを見せた。ジェームズは同時代のアスリートが誰も真似できないようなやりかたで、すべてをやってのけた。「キャリアのなかでプレーオフの試合の出場を逃したことはない」。ジェームズはコート上で試合後にスピーチをしたとき、そう言った。「チームメイトに対してできるベストのことは、そこにいることだ」

その言葉はある著名なスカウトが二〇〇七年、NBAの取材を始めたばかりのわたしに対して言ったことと相通じていた。「最も偉大な能力とは、いつでも試合に出られる状態であることだ」。彼はそう言って、コンディションや耐久性、安定性が選手を評価するうえで重要なのだと強調した。それはわたしにとって、バスケットボールをめぐる最も価値ある格言のひとつで、バブルでのジェームズは「そこにいること」についてあらためて考え、より広い視点から理解するきっかけをくれた。

まさしく彼はレイカーズのプレーオフの全二十一試合にすべて出場し、キャリア通算出場試合数を二百六十まで伸ばしていた。そして最初から最後まで、バブルの力の根源だった。デイミアン・リラードのようなスター選手たちが、オープニングナイトにジェームズの試合を観にあらわれた。社会の公正を求める運動では中心的な役割を果たし、ドナルド・トランプや銃規制、ブリオナ・テイラーの事件について臆することなく発言した。メディアの前では思慮深い発言をし、十を超えるインタビューで印象的なせりふを残し、自身の旅を記録するためカメラクルーを迎え入れ、バブルの心身への負担について繰りかえし指摘した。

毎日毎晩、ジェームズはチャンピオンにふさわしい習慣と厳格なルーティンにもとづいて過ごしていた。ティップオフの前は家族から何千キロも離れながら、誰もいないジムで何時間も黙々とトレーニングした。強力なライバルたちが順々に倒れていくなか、彼はそこで先に進みつづけるための規律と内なるモチベーションを見出していた。ロケッツ戦では試合前にダンクシュート・コンテストを開き、ナゲッツ戦の最終盤では老練の技で敵の息の根を止め、ジミー・バトラーとの印象に残る戦いのあとではいっそう輝きを見せた。

さらにジェームズはリーグのスター選手たちをまとめ、バブル計画の実現に際して団結できるようにした。デイヴィスを巧みに支え、ほかのチームメイトも成功へと導いた。ブライアントの死にも正面から向きあい、ロサンゼルスに優勝杯を持ち帰った。

センターコートに立ったジェームズは右手にラリー・オブライエン・トロフィーを、左手にファイナルMVPのトロフィーを抱えていた。満面に笑みを浮かべ、軽くツーステップを踏み、膝を深く曲げて腰を左右に揺する。チームメイトはそんな彼を見て喜んでいる。レイカーズがトロフィーを囲んで写真撮影をしたとき、ジェームズは前列に座り、指を一本立ててみせた。すばらしい戦いで、あとはパーティが待っていた。

これまでの伝統と異なり、メディア関係者は感染防止のためレイカーズのロッカールームに入室を認められなかった。わたしはできるかぎりのことをするべく、ロッカールームのドアのすぐ右手、最前列に場所を取った。「おれは自由だ」。野球帽を後ろ前にかぶったダニー・グリーンが廊下を駆けていった。

「ここから出られるんだ。おれは自由だ！」

まさしくレイカーズには、祝杯をあげる理由がふたつあった。ひとつはタイトルを獲得したこと、もうひとつは勝者として家に帰る資格を得たこと。たちまち選手たちはロッカーを叩きはじめ、近くのシャンパンボトルを手にとった。胸を張って廊下を歩いてきたジェームズは、チームメイトに気づくと少しだけ避けるようなそぶりをした。「ゴーグルだ！　ゴーグルが必要だよ、まったく。いいか、おれにシャンパンをぶっかけて目玉を焼くなんて許さないからな」。彼は経験豊富な四度目のチャンピオンらしく言ってみせた。「ゴーグルはどこだ」

あいにく四度目のチャンピオンではないわたしは、ゴーグルを持ってくるなど思いもよらなかった。ポンチョを持ってくることも考えなかった。グリーンがロッカールームから最初に顔を出して、シャンパンボトル二本の中身を四方八方に撒き散らした。わたしのジャケットにも数滴かかったので、記念に自撮りした。

三分後、ジェームズがロッカールームから満タンのボトルを一本抱えて出てきた。わたしはiPhoneのカメラをかまえていることはできたが、次に何が起こるか予測できるほど賢くなかった。記者たちが叫び声をあげて身をかわすなか、そのまま立っていたわたしは大量のシャンパンをまともに顔面に食らった。眼鏡は曇り、マスクはびしょ濡れ、iPhoneのレンズも水濡れしてしまい、ジャケットとネクタイは悲惨なありさまだった。

二〇〇七年、心臓の手術を受けることになってからアルコールは断っていて、マスクに染みたシャンパンの匂いとかすかな味だけで頭がくらくらした。だが動画を見返すと、自分が笑っているのがわかる。長い三か月だった。長い一年だった。動画を見返しているうちに、また笑ってしまった。

ドキュメンタリーの撮影者が、ジェームズの肩越しにすべてを撮影していた。どうやら近い将来、わたしはすばらしいドキュメンタリーに哀れな役回りでカメオ出演を果たすことになりそうだ。ツイッターにこんなコメントをつけて動画を投稿した。「タイトル獲得後のレイカーズのレブロン・ジェームズにシャンパンをかけられるのはこんな感じだ」。何日もリプライが寄せられ、今でもそれは止まっていない。

ジェームズは祝杯の勢いそのままに廊下へ出てきて、ナイキのゴーグルをかけた姿で仰向けになった。

左手にはシガー、右手には携帯電話を持っている。子どもたちや母親のグロリア・ジェームズに電話をかける場面は動画に残さないほうがいいだろうか、とわたしは一瞬ためらった。だがシガーをふかして大声で話すジェームズを見ていると、これこそ世界中に見てほしい場面なのだと気づいた。

「母さん！　母さん！」と、ジェームズは言っていた。「なあ、母さん！　ロッカールームを出てこなきゃいけなかったんだぜ。あいつら大騒ぎしてやがる。逃げてこなきゃいけなかったんだ。誰にも邪魔はさせないさ。こんなこと、母さんが経験してきたいろんなことにくらべたら何でもないんだから」

「神さまはよいお方なのよ」と、グロリアが答えた。

「神さまはよいお方なんだ。神はすばらしい。これからも母さんの自慢の息子でいられるといいな」

「何を言っているの」と、グロリア。

シングルマザーとひとり息子の胸にしみるようなやりとりは、あっという間に終わってしまった。コールドウェル＝ポープがやってきて、ジェームズのシャンパンボトルに中身を注ぎ足したからだ。まもなくＮＢＡの広報担当があらわれ、メディア関係者との多数のインタビューに備えるようジェームズをうながした。ジェームズはシガーを噛みながらコートに戻り、周囲をチームメイトが取り巻いていた。「チャンピオンがどんな姿をしているか見たいか」。誰に訊くともなくモリスが言った。「おれを見ろってもんだ！」

試合後の公式な記者会見にあらわれたジェームズは態勢を立て直していた。ただし質問に耳をかたむけ、答えを探るあいだ、ゆったりとシガーの煙を吐きだしていた。「ちょっとした疑いの声や、この大会の『歴史』とおれを比較しようとすること」に「奮起した」という。おそらく自身とマイケル・ジョーダンをめぐる果てしない議論に言及していたのだろう。『ラストダンス』のおかげで、またその話が盛り上がっていた。

ただしインタビューの内容は、ほとんどがディズニー・ワールドでの日々についてだった。「バブルでアップダウンを経験しなかったら人間じゃないさ」と、ジェームズは言った。「時には自問自答していた。おれはここにいるべきなんだろうか。家族を犠牲にするに値することなのか。いろいろなことを考えたよ。こんなに長いこと家族から離れているのは初めてだった。Ｚｏｏｍがあるとはいえ、娘がどんなふうに幼稚園生活を送っているか見られないんだ。息子の十六歳の誕生日も逃してしまった。子どもがいるなら、それが格別な誕生日であることはわかるだろう。真ん中の子どもが成長して、個性をあらわしていくのも見られなかった」

ジェームズは感傷にひたるのをやめて、印象的なひとことを繰りだした。「亡き偉大なスティーブ・ジョブズに感謝したい。彼とそのビジョンなしでは、フェイスタイムでのやりとりは不可能だった」

プレーオフをすべて観たあとでは、レイカーズの優勝が「アステリスクつき」にはならないと確信できた。彼らは明らかに最も優れたチームで、ジェームズは明らかに最も優れた選手だった。それにもまして、全体のプレーの質は数か月にわたってすばらしかった。中断期間のあいだは、質の低い試合になるのではないかと心配したが、そうはならなかった。それどころか数多くの激闘と、印象的な得点シーンが生まれた。

「とても大きな試練で、難しかった」と、ジェームズは言った。「気持ちに影響が出てくるんだ。体にも影響が出てくる。プロとしてやっていくうえで大事にしてきた、いろいろなことと切り離されてしまうからね。バブルにいない連中は、移動しなくていいから楽だなどと言っていたらしい。ここで何が起きるのか、みんな疑いの目で見ていた。今回のことはおれが達成したなかでも、いちばん大きなことのひとつだ」

インタビューは試合が終わったあと二時間続いたが、真夜中ごろにはアリーナから人の気配がなくなりかけていた。ここを去りたくなかったので、コートに散らばった紙吹雪や、ジェームズのファイナルMVPのトロフィー、バブルの思い出を求めて残っていた何人かのメディア関係者をカメラに収めた。何もすることがなくなったのでホテルの部屋に戻ると、レイカーズが湖の向こうのレストランで夜遅くまでパーティを楽しんでいる物音が聞こえてきた。記者仲間の何人かは、すでにチェックアウトして家路についていた。

シーズンが終わったあとはいつも眠れなくなる。わたしは頭の中で、たくさんの印象的な場面を再生していた。デイヴィスの大型トレード、香港をめぐる騒動、ブライアントの死、シカゴで開催されたオールスターウィークエンド。新型コロナウイルス感染症が国を永久に変えようとしているなど、そのときは誰も知る由もなかった。ルディ・ゴベアの陽性判明、永遠に終わらないかと思った中断期間、近所を散歩した長い時間、『ラストダンス』鑑賞、シーズン再開案が成立するのを祈ったこと。

バブル開催までの数えきれないほどの会議を思いだした。参加許可が出るまでの待ちぼうけ、健康状態を証明しようとじりじりしながら待った時間、隔離期間中にホテルの部屋の中を歩きまわったこと。OG・アヌノビーの決勝弾、デイヴィスのブザービーター、バトラーが四十得点した夜の映像をあらためて鑑賞した。園内のループを歩き、シラサギのマイキーの後をつけ、NBAの重要人物たちにあいさつした長い時間を思うと、つい顔をしかめてしまった。バックスの抗議活動と早すぎる敗退、クリッパーズの崩壊、ヒートの勇猛果敢な挑戦。九十二回のPCR検査と、バブル内ではひとりとして陽性者が出なかったことを思いかえした。

マイアミ・ヒートのシーズン終了を告げる敗戦のあと、感情をこらえきれなくなったエリック・スポールストラの動画を観た。コーチは涙をぬぐい、頭の中を整理するのに三十秒近く費やした。「求めていた最終的な結末は得られなかった。今回のことは、みなで分かちあう一生の思い出になるだろう。この一年、このシーズン、この経験は記憶に残るはずだ。ロッカールームで選手たちが見せた互いへの思いやりも、ずっと忘れられない」

「この世界ではそういった、すぐれた人びとに大勢出会える。コンディションが完璧とはほど遠い選手も何人かいて、おそらくプレーさせるべきではなかっただろう。だがそれでもプレーするのが、われわれのチームだった。みんな互いのためにプレーしたがったんだ。不調を乗り越えて、シーズンを勝利で締めくくる方法が見つからなくてとてもがっかりしている」

スポールストラの心の痛みは、ジェームズの歓喜とおなじくらい生々しかった。競争という名のコインの表と裏だ。

今回のファイナルは、わたしが取材してきたなかで最もドラマチックだったというわけではなく、間違いなくもっと優勝決定戦にふさわしい試合や、もっと熱い観客を目にしてきた。だがあのディズニー・ワールドでの日曜ほど記憶に残り、満足感があり、愉快な夜は記者人生でも初めてだった。レイカーズの喜びかたは、大学の卒業式と大みそかのパーティをいっしょにしたようなもので、不意打ちのシャンパンシャワーは三か月の奇妙な日々のしめくくりにぴったりだった。スーツはひどい臭いがしたが、それもまたよしだった。

何度か疲労に押しつぶされそうになったが、わたしは懸命に自分自身の背中を押し、最後まで見届けた。二回戦以降すべての試合を観るという目標を達成し、想像できるかぎり最も視界のいい場所からジェームズの四度目のタイトル獲得を見届けた。バスケ界で誰が最も偉大かという件について、ジョーダンより上とするのはまだ少しためらうが、彼が非常に説得力あるプレーをしたのは確かだった。

ＮＢＡのバブルは感染対策という意味では驚くべきものがあり、ビジネスとしても、バスケットボールとしても驚異的だった。二〇二〇年のプレーオフが決着を迎えるころ、ＮＢＡはＮＨＬ、ＮＦＬ、Ｍ

LB、MLS、大学のアメフトとテレビの視聴者を奪いあっていた。視聴率が多少落ち、スポーツの飽和状態と先の見えないコロナ禍、大統領選挙が最終盤に差しかかったせいで、NBAのマジックもいくぶん埋もれてしまっていたにしても。

その晩わたしは、記者としてバブルでの経験に匹敵するスリルを味わうことはもうないかもしれないと思った。これより長いあいだ、偉大な選手たちを目の当たりにすることもないだろう。バブルは情報と視覚的な刺激にあふれ、あまりにも密度が濃く、狭く、引力が強く、難しかった。ジェームズという名のスターは恐ろしいほどの力と技術を兼ね備え、思慮深く、集中力があり、いつでも試合に出られる状態だった。

バブルは熱烈にバスケットボールを愛する人びとのための空間だった。そこにいたことを忘れるべきではないだろう。

# エピローグ――バブルその後

大会は終わり、二日酔いはなかった。十月十二日、わたしはクリスマスの朝のように早めに起床した。すでにパッキングを終えていて、フライトは午後だったので、敷地内をあと一周して空き時間をつぶした。

コロナド・スプリングス・リゾートは九月の時点で人の気配がなくなってきていたが、今となってはまるでアポカリプス後の世界だった。約二・四キロのループを三周しても、SUVに乗った警備員数人をのぞいて誰にも会わなかった。湖畔にたむろしている人間も、検査室の外で列を作っている人間も、ピックルボールに興じている人間もいなかったし、メディア関係者用の食堂で働いている人間もいなかった。数か月にわたって食事を提供してくれたディズニーの職員たちの姿は、影もかたちもなかった。おそらく短期の雇用期間が明けたのだろう。

チェックアウトのルールは明白だった。その一、家に帰る必要はないがディズニー・ワールドからは退去すること。その二、持ち帰りたくないものはすべて部屋に置いていってかまわない。その三、敷地を出たら電話をしてその旨の一報を入れること。

わたしは安物のモニター、かさばるマイクスタンド、履き古したエアマックス一足、開封しなかったクラッカー三袋、半分ほど残った洗面用具を置いていった。時間がくると、わたしの「別宅」だったカシータ・ホテル四四三二号室の写真を最後に一枚撮った。それから待っていた車に乗りこんだ。仕事上の必要が生じないかぎりもう二度とディズニー・ワールドには来るまい、とその場で誓った。

空港までの車の旅は、落ちつかないほどあっという間だった。運転手がスピードを出していたわけではなく、わたしは左右にカーブしながら進むチャーターバスに慣れきっていたのだ。指示されていたとおり電話をかけてから、身につけていた枷をひとつずつ外した。ＮＢＡの求めで接近アラームは返却していたので、ＩＤカードのケースはいつもより軽かった。それを首から外し、なくさないようにバックパックにしまった。つづいて指にはめていたオーラリングを取った。最後に右の手首のトラッキング用のマジックバンドを外した。帰宅したあと、部屋に入るときスワイプする必要はない。ありがたいことだ。

裸になったような気がしたので、リングをもう一度はめた。空港が近づいてくると、リアルワールドとの数か月ぶりのコンタクトに向けて身がまえた。フロリダ州のコロナ対策はうまくいっているとはいえず、オーランドの空港がどうなっているのか、見当もつかなかった。みなルールを守り、マスクを着用しているだろうか。ソーシャルディスタンスはちゃんと気にされているだろうか。ほかの旅行者たちが、バブルのような厳密なルールのもと過ごしてきたはずもない。カルチャーショックは避けられないだろう。

それはすぐに訪れた。足もとにはソーシャルディスタンスをうながす記号や絵が描かれていたものの、空港に一歩足を踏みいれた瞬間から圧倒された。空港にしては混んでいなかったが、コロナ禍でわたしが経験してきたどんな状況よりあわただしかった。ソーシャルディスタンスを保とうという姿勢はよくいって中途半端で、あちらこちらで大勢の人びとが密状態を作り、マスクに対する意識もじゅうぶんとはいえなかった。

セキュリティのチェックポイントが数か所しか開いていなかったせいで、なんとも腹立たしいことに、混雑した長い列に並ぶ羽目になった。そして理由は不明だが、運輸保安庁の職員に肩から足首までボディチェックをされた。地獄のようだった。両目を閉じて考えてみた――この職員は一日のうちにわたしの過去三か月の合計より多く他人と濃厚接触しているのではないか。計算してみると、あり得るような気がした。ようやく解放された。もうバブルが恋しくなっていた。

デルタ航空のラウンジに行って、隅のほうに隠れた。消毒液のスタンドがぽつぽつと設置されていたが、瓶のなかには空になっているものもあった。旅行者の誰かが咳をすると、まわりの人びとは立ち上がって足早に離れていった。まもなく搭乗時間になった。機内では一列にわたししか座っておらず、おかげで気持ちが落ちついて、あとは問題なく帰宅できた。

ロサンゼルスはあまり変わっていなかったが、地元のコーヒーショップが一軒閉店していて、いくつかのレストランは歩道の上に仮の屋外席を設けていた。隣人たちは几帳面にマスクをつけ、交通量はコロナ禍以前のほんの数分の一だった。自宅の近所はバブルというわけにはいかなかったが、オーランドの空港よりもはるかに感染対策の意識が高いのは、本当にありがたかった。

そのいっぽう、新型コロナウイルス感染症は収まる気配がなかった。わたしがバブル入りした七月十二日の新規感染者数は六万六千二百八十一人で、十月十二日にチェックアウトしたときは五万三千五十五人だった。国全体が秋の強力な第二波を迎えるなか、改善への期待ははかないものだった。十一月三日の大統領選挙日、新規感染者数は七万五千八百八十八人に達していた。十一月二十六日の感謝祭には十六万五千九十一人、クリスマスには二十二万千百四十五人。大人になってから初めて、わたしは両親やきょうだいと離れて休日を過ごした。旅行など論外だった。二〇二〇年末には国全体で死者が三十三万七千人を超え、一週間も経たないうちに三十五万人に達していた。頼みの綱はワクチンだけだった。

バブルが完璧な感染対策の記録を残して幕を閉じたという事実は、時間が経つにつれてインパクトを増していった。十月下旬にはロサンゼルス・ドジャースのジャスティン・ターナーが、ワールドシリーズの第六戦の最中に陽性判定を受けた。その直後、MLBのコミッショナーであるロブ・マンフレッドが優勝杯を授与したとき、マスクなしのターナーがフィールドでチームメイトや家族の輪に加わり、タイトル獲得を祝っていた。胸がむかつくようなその場面には世間の激しい非難が浴びせられ、NBAが細かいルールを用意し、ファイナルの最中はいっそう厳格に運用していたことの正しさが思いかえされた。

バブルの感染対策の成功を横目に、NBAと選手会はいつ、どこで、どのように二〇二〇～二一シーズンを開催するか、すぐさま協議を始めた。十二月、アダム・シルヴァーは八か月のシーズンを通してひとつの敷地内で暮らすのは「長期間の孤立」を考えると「不可能だ」とした。心身の健康という意味では、選手をコロナから守るだけでは足りず、NBAとそれぞれのチームはよりノーマルな状況で試合を開催せざるを得ない大きな金銭的プレッシャーも感じていた。あるチームのエグゼクティブは言った。「オーナー陣はアリーナを取りもどしたい。選手たちは生活を取りもどしたいんだ」

経済的な面からいってもバブルは成功だった。ESPNの十月の報道によると、バブルの実施には二億ドル近くかかったが、約十五億ドルの利益の損失が防がれたとのことだった。それでもその年の利益は前年比マイナス十%だった。今後の見通しはより厳しく、二〇二〇～二一シーズンはまとまった数の観客をアリーナに戻さなければマイナス四十%になるという試算もあった。

いっぽうNBAはファイナルの平均テレビ視聴者数が、二〇一九年は千五百十万人だったのが二〇二〇年は七百五十万人に落ちたとした。この急激な低下は、コロナ禍でのほかのプロスポーツの視聴者数の減少とも足並みを揃えていたが、ＮＢＡのエグゼクティブたちはすかさず、バブルを開催していなかったらより恐ろしいことになっていたと指摘した。視聴者数の減少は、視聴者ゼロよりはるかにましだ。リーグは千時間を超える放映をすることができ、五つのソーシャルメディアのプラットフォームで、五十億回を超える再生回数を稼いでいた。

バブルでのプレーオフはふだんと状況が異なっていたものの、思うように成績を残せなかったチームも、その結果を例年どおりポストシーズンに反映させていた。バックスはエリック・ブレッドソーをトレードで放出した。ロケッツはマイク・ダントーニと袂を分かち、ラッセル・ウェストブルックとジェームズ・ハーデンをともにトレードに出した。クリッパーズはドック・リヴァースを解任した。ペリカンズはスタン・ヴァン・ガンディを首にした。シクサーズはブレット・ブラウンを解任し、ダリル・モーリーを迎えいれた。リーグ全体で現実的な動きがとられていた。

いっぽうバブルで活躍した選手の多くは、フリーエージェントで見返りを得た。タイトル獲得に満足したレブロン・ジェームズとアンソニー・デイヴィスは、レイカーズと複数年にわたるマックス契約を更新した。ヤニス・アデトクンボは初タイトルに向けて挑戦を続けるため、バックスと五年間のスーパーマックス契約をかわした。バム・アデバヨ、ゴラン・ドラジッチ、ドノヴァン・ミッチェル、ジェイソン・テイタム、フレッド・ヴァンヴリート、ジェラミ・グラントなどフロリダ州でいいプレーを見せた選手たちは、さらなる好待遇を得た。コロナ感染をめぐる騒動を乗り越えたルディ・ゴベアは、ユタ・ジャズと二億五百万ドルで五年間の契約延長をした。

バブルでの政治的な活動に際して最も声高に発言した選手をふくむＮＢＡの主力たちは、ジョー・バイデンが大統領選でドナルド・トランプを破ったことを歓迎した。何か月もかけて投票をうながし、アリーナを投票所として使用するよう求めてきたことが、ＮＢＡのフランチャイズがある四つの黒人中心の都市、すなわちミルウォーキー、フィラデルフィア、アトランタ、デトロイトでバイデンが票を集め、貴重なスイングステートの票を確保することにつながったのだ。トランプがフロリダ州を押さえたのは驚きではなかった。

NBAとWNBAの選手たちは一月五日、黒人の牧師ラファエル・ウォーノックがアトランタ・ドリームの親トランプの白人オーナー、ケリー・レフラーを破ったことにも満足感をあらわした。黒人層に後押しされたウォーノックとジョン・オソフがジョージア州で勝利したことで、民主党が上院を掌握した。

一月六日、ジョー・バイデンの勝利を議会が認めるのを阻止しようと、トランプ支持者の集団がワシントンの議事堂を襲撃した。この占拠によって、消火器で殴られた議会警察官をふくむ五人が亡くなった。NBAのコーチや選手たちは、これらの暴徒と「ブラック・ライブズ・マター」の活動家への警察の対応がダブルスタンダードだとして、ケノーシャでジェイコブ・ブレイクに発砲した警官は無罪放免になり、ブリオナ・テイラーの事件でも同様だった点を指摘した。「ふたつの異なるアメリカがある」。セルティックスのフォワード、ジェイレン・ブラウンはキング牧師の言葉を引きながら語った。「ひとつのアメリカでは車の中で眠っていたり、タバコを売っていたり、自宅の庭で遊んでいたりするだけで殺される。もうひとつのアメリカでは議事堂に乱入しても催涙ガスも浴びず、いっせいに逮捕されることもない。何もないんだ」

社会の公正を求めるリーグの運動のいくつかは、バブルのあと長く続かなかった。二〇二〇～二一シーズンが始まると、ユニフォームにプリントされていたメッセージは消え、選手はおおむね立ったまま国歌を聴くようになった。いくつかのチームが議事堂の襲撃を非難し、ブレイクの事件の評決に抗議するため片膝をつく場面があったにしてもだ。シルヴァーは選手が片膝をついたとしても「今現在は規則にこだわるつもりはない」と言い、その件はいまだに「国内のどちらの立場の人間にとっても、非常にデリケートな問題だ」とした。

いっぽうＮＢＡは三億ドルの基金にもとづく案をさらに検討し、黒人コミュニティにおけるキャリア支援と、就職の機会の確保について探っていた。また新しく社会的公正の実現を担う機関のメンバーを指名し、プロバスケットボール界全体に黒人の声がより反映されるようにするとした。

ＮＢＡと選手会は何週間もかけて二〇二〇～二一シーズンの詳細を議論し、最終的に十二月二十二日開幕、七十二試合の短縮スケジュールで開催すると決定した。新型コロナウイルス感染症のせいでフロリダ州タンパに拠点を移すことを余儀なくされていたトロント・ラプターズをのぞき、どのチームもホームマーケットで試合を行なうことになった。

バブル後初めてのシーズンを左右する大きな決定には、金銭的な事情が深くかかわっていた。一月や二月まで待たず十二月に始めることで、ＮＢＡは伝統的なクリスマス・デーの試合を放映でき、二〇二一年に予定されていた東京オリンピックの開幕に先立ち、七月にファイナルを終えることも可能になった。試合数を絞ったことでプレーオフの開催は五月から七月になり、リーグのスケジュールはより通常に近いものに戻り、二〇二一～二二シーズンは例年どおり秋開幕ということになった。

隔離されたバブルではなく本拠地のアリーナを使うことで、選手たちは家族と過ごせるようになり、オーナー陣も試合の収益を見込めることになった。キャヴァリアーズ、ジャズ、マジック、ペリカンズ、ロケッツ、タンパで活動するラプターズの六チームは一定数の観客を入れながらシーズンを開始し、残りのチームは空の会場で、テレビ放映用にセットしたコートを使って試合を開催した。

ＮＢＡの新しい感染対策ガイドラインにもとづき、メディア関係者はアリーナの低層階やチームの練習用設備への立ち入りを禁じられた。アリーナでの飲食は禁止され、選手やコーチとの対面でのインタビューも一切不可となったため、オンラインの記者会見に臨むしかなかった。いっぽう選手たちは移動中に公共の交通機関を利用してはならず、レストランやクラブを訪れるのは厳禁、遠征中にホテルの部屋へ大勢の友人を招くのも不可とされた。

プレシーズンを控えて合流したとき、五百四十六人の選手のうち四十八人（八・八％）がコロナ陽性と判定された。バブル始動前の陽性率より高かった。シルヴァーは大規模な国内での移動とバブルという保護機能がないことを挙げ、ＮＢＡが「この先いくつかの困難に直面すると考えている」と言った。最終的にＮＢＡは二〇二〇年六月二十六日から二〇二一年一月二十日にかけて選手百二十八人、つまり全体の約四分の一が感染したと発表した。

ティンバーウルヴスのセンター、カール＝アンソニー・タウンズは十二月にコートに復帰したが、八か月前の母親の死をまだ引きずっていた。「四月十三日以降に起きたことしか記憶にない」。タウンズはそう言って、ほかにも六人の身内をコロナで亡くしたと明かした。「おれが笑ったりしているのを目にするかもしれないが、そのカールは四月十三日に死んだ。もう二度と戻ってこない。あの男のことは覚えていないし、よく知らないんだ。おれは物理的にこの場にいるが、魂はとうの昔に失われてしまった」。一月十五日、タウンズ自身も感染が発覚した。「甥と姪のジョラニとマックスへ。ばあちゃんの隣の箱におれが入ることはないと約束する」。ツイッターにはそう投稿されていた。

コロナ禍での試合に備え、ＮＢＡはシーズン開幕前にスケジュールの前半しか発表しなかった。感染者が出て、試合を延期または中止しなければならなくなった場合、日程を調整するためだ。開幕二晩目のヒューストン・ロケッツとオクラホマシティ・サンダーの試合は、ロケッツのロスターの半数以上がリーグの規定のもとではプレーできる状態にないとされ、延期された。複数のロケッツの選手が陽性反応を示したか、体調が不確定な状態で、ほかの関係者たちもチーム内での感染拡大を防ぐため導入されていた感染ルート追跡プログラムにもとづいて隔離された。試合は一月半ばまで通常どおり開催されたが、陽性反応の多発と感染ルート追跡のため、そのあと八日間で十二試合を延期せざるを得なかった。

シーズンが中断されるのではないかという噂が広まったが、NBAと選手会は感染対策ガイドラインを強化することで対応した。ホテルへの訪問者は一律禁止、チームどうしの試合前後のコンタクトの機会を減らし、ホームマーケットにいるときも公共の場での不要不急の活動は禁止された。ガイドライン強化の過程で、ジェームズ・ハーデンとカイリー・アーヴィングはマスクを着用せずクラブに入ったとしてそれぞれ五万ドルの罰金を科され、ドック・リヴァースも試合中シクサーズに指示を出すときマスクを何度も下げたという理由で一万ドルの罰金を食らった。

感染拡大の初期、PCR検査を優先的に受けていたとしてバッシングを浴びたことを忘れていないシルヴァーは、NBAが選手のためワクチンを手配する際「順番を無視することはない」と言った。さらに試合をフルの観客数で開催するにはワクチンの「大規模接種」が必要だろうとして、ホームマーケットという戦略が期待どおり進まない場合、二〇二一年のプレーオフのためバブルを用意することへの含みをもたせた。

こうした急展開にわたしは疲労困憊した。レイカーズやヒート同様、ディズニー・ワールドでのファイナルから次のオープニングナイトまで、わたしには態勢を立て直す時間が十週間しかなかった。最初の数週間は、リーグ史上最も短いオフシーズンになるという状況と折り合いをつけようとしながら過ごした。何もかもがいつもと異なり、あわただしかった。NBAドラフトは十一月にオンラインで開催され、フリーエージェントは約二週間で行なわれ、プレシーズンはまたたく間に終わってしまった。

レイカーズの新シーズンがステープルズ・センターで開幕したとき、レブロン・ジェームズやアンソニー・デイヴィスほか、チームに合流していた選手たちは、無観客のアリーナでシルヴァーからチャンピオンリングを授与された。「レイカーズのファンのみなさん、このことはいずれ埋め合わせしよう。会場にみなさんが戻ってきたとき、あらためてやろう」。シルヴァーはそう約束した。家族のアリーナへの入場は禁止されていたので、レイカーズの面々は近しい人間たちから大型ディスプレイのビデオメッセージで祝福を受けた。「妙な一日というだけでは言いあらわせない」と、ジェームズは言った。「とてもいい気分だったけれど、ファンや家族の前でやりたかった。みんなシーズンを通して犠牲をはらったんだ。セレモニーに参加できてうれしかったが、複雑な気分だった」

わたしはバブルに対していい思い出を持っているが、戻りたいとは思わない。今から考えると、やはり選手たちが繰りかえし言っていたように、大変な環境だった。十月に帰宅して最初の二週間は毎朝の習慣として、また心の平穏を得ようとして、体温と血中酸素飽和度を測った。どこかへ出かけたり人に会ったりする必要がないとわかると、バブル前のルーティンに戻った。結果的にバブルという隔離環境で暮らし、仕事をしていくために身につけた規律は、本を書くのに最適だった。

ディズニー・ワールドを離れてから、次の三つの質問をとりわけよくされるようになった。レブロン・ジェームズにシャンパンを浴びせられるのはどんな気分だったのか。またバブルで暮らしたいと思うか。なぜＮＢＡはあれほどうまくいったのに、バブルを継続せずアリーナでの開催に戻ったのか。

シャンパンシャワーの場面については、本書の二十三章を読むことでおそらくわかってもらえるだろう。二つめの質問だが、あらかじめ滞在期間が決まっていたらためらわず戻る。ひどく難しい環境だったことは確かだが、三か月ならもう一度こなせるはずだ。とりわけ、またファイナルを取材することができるのなら。

三つめの質問に対する答えはシンプルだ。選手たちは、もうじゅうぶんだったのだ。バブルの求めに応じて生活の質を妥協することは、彼らにとって陽性者ゼロという結果と見合っていなかった。八か月を隔離状態で過ごすというのは、あまりに無理難題だった。幸か不幸か、選手たちは国内の人びととおなじように、ウイルスと共存することに慣れてきてもいた。もちろんそうした選択は、陽性反応を示した選手のほとんどが無症状で、症状が重かったのはわずか数人、誰も命を落とさなかったことにも関わっていただろう。

わたしは彼らの結論を尊重した。そのいっぽうで感染がますます拡大するなか、国内各地で七十二試合が開催されることに、もろ手を挙げて歓迎はできなかった。メディア関係者に課された厳しい行動制限とウイルスの感染拡大の速度を考えて、二〇二〇〜二一シーズンは自宅で仕事をし、ロサンゼルスでの試合もたまにしか観に行かないつもりだ。選手やコーチ、チームスタッフ、アリーナの係員、遠征中のメディア関係者の無事を祈っている。

最後のひとことこととして、ＮＢＡの二〇一九〜二〇シーズンは新型コロナウイルス感染症に翻弄されたが、崩壊することはなかった。バブルを象徴したのは創意工夫と忍耐で、リーグも選手もこの先のコロナ禍を乗りきり、どんなことがあっても対処するために、このふたつの精神を備えておくべきだろう。

人生で最もクレイジーだった一年と、ＮＢＡ史上最も長いシーズンのおかげで、わたしの頭はいまだにくらくらしている。バスケットボールから逃れる暇は一瞬もなかったが、それもまたよしだ。ＮＢＡは失った時間と金銭を埋め合わせようと、新しいシーズンに向かって突っ走っていった。わたしも取り残されたくはない。

ベン・ゴリヴァー

カリフォルニア州プラヤ・デル・レイにて
二〇二一年一月十七日

# 訳者あとがき

新型コロナウイルス感染症の恐怖が全米を覆いつつあった二〇二〇年三月、選手一名の陽性が判明して、ＮＢＡはシーズン中断を余儀なくされた。その約四か月後、本書の著者ベン・ゴリヴァーは、フロリダ州のディズニー・ワールドにおそるおそる足を踏み入れる。ディズニー・ワールドを「バブル」と呼ばれる隔離空間に仕立て、外部との接触を厳しく制限するという方法で、シーズンが再開されたのだ……。

コロナ禍の二〇一九～二〇シーズンにおいて、ＮＢＡはどのようにして選手やスタッフの安全を守りつつ試合を開催したのか。ワシントン・ポストのＮＢＡ担当記者である著者がその内幕をルポルタージュした本書は、「三つのＢ」をめぐる物語である。ひとつめは当然ながら「バブル」。シーズン中断ののち、紆余曲折を経てＮＢＡが発表したのは「試合はディズニー・ワールド内の施設で行ない、選手と関係者はシーズン終了まで近隣のホテルに滞在する」という思いきった計画だった。バブルには八村塁選手と渡邊雄太選手も参加している。第五章で著者が手に入れる資料などから分かるように、ＮＢＡの計画は綿密そのものだ。

「……まず大原則として、選手はディズニー・ワールド到着後ホテルの部屋で三十六時間の隔離状態におかれ、公共の場ではマスクを着用してソーシャルディスタンスを守り、いかなるときも他人の部屋に入ってはならない。いつバブルを離れるのも自由だが、戻ってくるときは最長十日間の隔離を課される。

二十二チームからディズニー・ワールド入りできるのは各三十五人で、例外は認められない。遠征チームは選手最大十七名、コーチングスタッフ、用具係ひとり、セキュリティ担当者ひとり、経営側から任意のひとり。家族の帯同は最初のうちは不可で、外部の人間とのフィジカルな接触は禁止だ」。

著者は「現地入りした記者」という立場を最大限に生かし、九十二日にわたってバブル内の動静を詳しくルポしていく。シーズン続行へのＮＢＡの執念、そして各方面が連携した緻密な計画。さまざまな条件に違いはあるにしても、これほどの規模のプロジェクトが日本のスポーツ界で可能だろうか。本書はコロナ禍の貴重な記録であると同時に、日本のスポーツ界のコロナ対策を検証するうえでも、大いに参考になるはずだ。

だが、この計画を「よくできている」のひとことで済ませてよいものか。著者自身が指摘するように、フロリダ州に出現したのは一種のディストピア小説の世界である。現地入りした著者は最初の七日間、ホテルの部屋に隔離され、ヘルスチェックのため一瞬テラスに出る以外は百％の缶詰め状態におかれる。ほんの少しでもルール違反があればカウントはゼロに戻り、また隔離のやり直しだ（実際、シーズン中にはこの種のルールに抵触する選手が何人もあらわれる）。ようやく外出可能になり、記者会見など通常のシーズンを彩るイベントも始まるが、ソーシャルディスタンス確保用のアラームの携帯を義務づけられ、うっかり誰かに近づきすぎると「ピー」と無情な電子音が鳴り渡る。著者は目にするものを淡々と記述していくが、ひとつひとつの事実が、わたしたちがもう長いあいだ特異な状況で生きていることをあらためて思い出させる。

ふたつめのBは「BLM（ブラック・ライブズ・マター）」だ。ちょうどNBAがバブル計画の実施に向けて協議を重ねていたころ、アメリカ国内ではジョージ・フロイドの死をきっかけにBLM運動に火がついた。黒人選手が多数を占め、人種をめぐる問題に比較的敏感なNBAは、バブル期間を通して「ソーシャルジャスティス（社会的公正）」実現の後押しという難題と向き合うことになる。BLMを前面に出したオープニングナイトの演出、ミルウォーキー・バックスによるボイコット、ブリオナ・テイラーを射殺した警官たちが罪に問われないとの報道に接してバブルに広がる重苦しい空気。ただでさえ困難なバブルでのシーズンは、BLMという要素が加わったことで空中分解寸前になる。試合に出るのか、黒人コミュニティを脅かす暴力に抗議するのか――。難しい判断を迫られた選手たちが、悩みながらも自身の言葉で語り、コミッショナーのアダム・シルヴァーらと談判して具体的なアクションを引き出していく過程は、示唆に富んでいる。世界は不公正に満ちている。「スポーツ選手は政治に口を出すな」などという声に惑わされている場合ではないのだ。

そして最後のBは言わずもがな、「バスケットボール」だ。変化に乏しい毎日を送り、感染対策に神経をすり減らしながらも、著者のバスケ愛は揺るがない。バブルで思わぬ弱点をさらけ出して崩壊していくチーム、バム・アデバヨら新たなヒーローたちの台頭、優勝杯を抱えたレブロン・ジェームズの腰振りダンス。著者がかぶりつきの席から描写する名場面の数々に、バスケットボールのファンは二〇一九～二〇シーズンを、懐かしさとほろ苦さのまじった気分で思い出すことだろう。なおバスケットボールにそれほどなじみのない読者のために、説明的な箇所で登場するバスケ用語には極力訳注（　）を入れたが、試合の場面ではある程度割愛したことをご了承いただきたい。スピード感あふれるバスケットボールの試合をご想像いただけたら幸いである。

さて、ＮＢＡのバブル計画という試みは、最終的にどう評価されるべきなのか。陽性者ゼロという結果を残したいっぽう、「長期にわたって関係者をひとつところに集めておくのは難しい」といった理由で、二〇二〇～二一シーズンは各地の会場で試合を行なう方式に戻された。またバブル滞在中、著者が繰り返し自問自答する「まわりの世界が危機に瀕しているとき、安全なバブルでスポーツに興じるのは正しいのか」という問いも避けて通れないだろう。ＮＢＡにかぎらず、各種スポーツがバブル方式を採用しつつある今、本書が思考の材料となることを願っている。

著者ベン・ゴリヴァーはオレゴン州ビーヴァートン生まれ。ジョンズ・ホプキンス大学のライティング・セミナー・プログラムを修了している。二〇〇七年ごろから自身のブログにバスケットボール観戦記を投稿するようになり、やがてスポーツ記者の道へと進んだ。二〇一八年にワシントン・ポストに入り、以来同紙のＮＢＡ記事を担当している。バブル滞在中のツイートやポッドキャストはいずれも（著者本人が驚くほど）大きな反響を呼び、それらをまとめた形となる本書も「ＮＢＡの野心的な実験についての興趣あふれる記録」（"Action, boredom, protest and celebration inside the NBA bubble" ワシントン・ポスト、二〇二一年六月四日）などと高く評価されている。

新型コロナウイルス感染症が終息し、鮮やかなブザービーターに満員のアリーナが沸きかえる日を待ち望みつつ。

小林玲子

二〇二一年一〇月二〇日

BUBBLEBALL
by Ben Golliver



小林玲子（こばやし・れいこ）
国際基督教大学教養学部卒業。早稲田大学大学院英文学修士。訳書に、M・エジル『メスト・エジル自伝』、A・ファーガソン『アレックス・ファーガソン自伝』、K・バーミンガム『ユリシーズを燃やせ』、E・ホーキンス他『妖精図鑑』など多数。

# NBA《エヌビーエー》の対《たい》コロナ作戦《さくせん》　バブル方式顛末記《ほうしきてんまつき》

2021年11月20日　初版印刷
2021年11月30日　初版発行

著　者　ベン・ゴリヴァー
訳　者　小林玲子
装　幀　岩瀬聡
発行者　小野寺優
発行所　株式会社河出書房新社
〒151-0051　東京都渋谷区千駄ヶ谷2-32-2
電話　(03)3404-1201［営業］　(03)3404-8611［編集］
https://www.kawade.co.jp/
組　版　株式会社創都
印刷・製本　三松堂株式会社
Printed in Japan
ISBN978-4-309-25435-7